El Proyecto de Dios y Juan

Juan Carlos Martino

El Proyecto de Dios y Juan,
Versión 1,
Libro 3 de la Serie,
Hechos,
La Manifestación de Dios Tal Como Sucedió.
Primera versión publicada del original registrado en la Librería del Congreso de los Estados Unidos bajo el mismo título y número de registro,
Hechos,
La Manifestación de Dios Tal Como Sucedió,
TXu001236143/2005-06-10.

Otros libros de la Serie,
Hechos,
La Manifestación de Dios Tal Como Sucedió,
Libro 1, *¿Qué Le Sucedió a Juan?*
Libro 2, *El Regreso a la Armonía.*

Printed by CreateSpace.

Fotografía de la portada,
Amanecer en Melbourne, Florida, USA, 29 de Diciembre de 2014 a las 6:07 AM, tomada por Juan Carlos Martino.

Diseño de la portada por el autor.

DEDICATORIA

Para quienes buscan la Verdad, la relación entre el proceso SER HUMANO y el proceso ORIGEN del que provenimos.

Para quienes las interpretaciones racionales y diferentes aproximaciones culturales de Dios que prevalecen en el mundo, en el modelo de asociación de la especie humana en la Tierra, no responden a lo que ellos sienten en sus corazones.

Para quienes desean conocer a Dios, más que creer en Él, y establecer y cultivar, por sí mismos, una relación íntima con Él por la que puedan entenderle y desarrollarse conforme a los atributos del ser humano que son *imagen y semejanza de los de Dios*, de los del proceso ORIGEN del que provenimos, entre ellos el poder de creación de potencial ilimitado, para alcanzar las experiencias de vida que desean, libres de sufrimientos e infelicidades en toda y cualquier circunstancia de vida temporal que enfrenten o a partir de la que ya se encuentran.

CONTENIDO

AGRADECIMIENTO

A Dios,
por haberme estimulado, acompañado y orientado para alcanzar
la consciencia de ser Él y yo, en realidad Él y la especie humana
toda, compañeros inseparables en el Juego de la Vida, en el
proceso existencial eterno consciente de sí mismo.

Introducción

El proceso existencial, desde el punto de vista energético y de consciencia, tiene una estructura en "capas de cebolla", en niveles, de la que nosotros, seres humanos, somos un sub-espectro y ocupamos una de esas "capas".

Yo estaba pasando, "cruzando" semi-conscientemente por esta estructura, con mi propia identidad temporal cultural de la trinidad *alma-mente-cuerpo* que me define como proceso SER HUMANO, al recibir información que mi mente estaba "interceptando" y a la que se esperaba que yo aprendiera a procesar para experimentar el *mecanismo de conscientización universal*. Experimentar para luego entender este mecanismo era el propósito de la nueva acción de Dios que se ponía en marcha y que veremos en esta participación.

Sin ser consciente de ello todavía, yo estaba creando otra vez los parámetros para una interacción íntima, y Dios, proceso existencial consciente de Sí Mismo, respondió, fiel a Su promesa eterna: *« Tú Me llamas, y Yo te respondo »*.

La Noche de la Garcita Blanca

Es una bonita noche de Marzo.

Como todas las noches, estoy caminando por el vecindario con los perros. Hoy traigo a los dos, Casey y Chester, a pesar de que usualmente no los saco juntos porque Chester molesta mucho a Casey.

Chester ya está nuevamente con nosotros, Norma, yo y Casey, de regreso a casa desde San Antonio donde lo dejamos por un tiempo en casa de Mariano, luego de mi "escape" de mis perturbaciones después de mi encuentro con Dios el 4 de Julio del año pasado. Norma quiere entrañablemente a estos dos perritos y fuimos a buscar a Chester una vez que todo indicaba que yo había superado ya lo que me perturbaba, y que estaba de regreso en pleno "servicio" activo regular en BCHS.

Aunque siempre cariñoso y comprador, Chester está ahora mucho más efusivo que nunca antes, con sus saltos y festejos alrededor de Norma o de mí, tal vez por haber dejado atrás esa separación a la que lo forcé.

La caminata es rutinaria, el mismo recorrido usual, pensando, reflexionando sobre mis pasos, y sólo interrumpido por atender a los perros y retenerlos con sus correas retráctiles para que no salgan corriendo detrás de quién nos pase en bicicleta.

De pronto, al dar la vuelta en una esquina y dejando atrás a unos tupidos arbustos que se encuentran muy cerca de la calle en la esquina de la casa, algo atrae mi atención a mi izquierda.

La luz amarilla de calle, proveniente de la potente lámpara de gas de mercurio en el poste que se alza por encima de los arbustos esquineros, hace resplandecer la blancura de una garcita cuya graciosa silueta contrasta fuertemente con las oscuras y difusas formas de otros arbustos detrás de ella a lo largo de la pared de la casa. La avecilla atrae fuertemente mi atención porque a pesar del tono amarillento que esta luz da a todo lo que alcanza, la garcita luce muy blanca.

"Dios mío, ¡qué belleza!", me digo a mí mismo.

Hay algo más que me atrae muy fuertemente. No es solo la esbelta ave.

"Hay algo más que su belleza", aparece en mi mente.

Reteniendo a los dos perritos muy cortitos con sus cuerdas retráctiles, muy cerca mío para que no asusten a la garcita, me detengo a contemplarla muy absorto por unos segundos.

De pronto, algo ocurre en mi mente y, como en una breve película, "veo" aspectos acerca de la pareja humana frente al proceso existencial. Por un instante, mi mente deja este entorno físico en el que me encuentro, en el que está la garcita espectacularmente blanca...

La relación en la pareja humana, como en todas las formas de vida, es parte del proceso de re-creación de la Fuente misma (el universo todo, la Unidad Existencial, Dios) que incluye su re-energización y la re-estimulación de su estructura de interacciones inteligentes (estructura consciente de sí misma).

La Fuente es de naturaleza binaria, conformada por dos componentes inseparables, por dos dominios de interacciones entre complejos arreglos o constelaciones de información inteligentes que son representados en nuestro dominio material temporal por las parejas de re-creación macho-hembra.

La unión de la pareja humana sirve al propósito de la re-creación biológica, al propósito de dar vida a nuevas generaciones de seres humanos, y sirve al propósito de experimentar la conscientización de sí mismo del proceso existencial, del proceso que siendo de naturaleza binaria no puede tener lugar sino por la interacción de dos dominios energéticos representados entre nosotros por el hombre y la mujer.

La información del proceso existencial y el algoritmo para desarrollar la identidad consciente de sí misma en las formas superiores de vida están en el arreglo molecular de todas las formas de vida.

El desarrollo de las especies es estimulado desde el universo, desde el manto energético universal, sobre las asociaciones de las especies, individual y colectivamente. La estimulación de evolución está en el manto energético universal (en la atmósfera que nos rodea, en el caso de la Tierra), en una dimensión energética (primordial o espiritual) frente a la cuál la forma de vida reacciona conforme a las condiciones locales en otra dimensión energética (material).

...

Más adelante me preguntaría a mí mismo,
"¿Es posible eso que vi, que reconocí aquella noche?",
y recibiría la respuesta desde la Fuente,
« *Sí. Estás en mi Vientre* ».
« *Tú y Yo estamos hechos del mismo polvo que las estrellas (de sustancia primordial de la que todo se genera y se recrea)* ».
Estamos inmersos en nuestro universo, y éste en la Unidad Existencial, Dios. Todo es parte del cuerpo de Dios.
Las propiedades inherentes al manto energético universal inducen, estimulan y sustentan la propiedad de isomorfismo universal[*] de las formas de vida. A esta propiedad se deben que los individuos de la especie humana, todos, sean las recreaciones de la Fuente a *imagen y semejanza de sí misma, a imagen y semejanza de Dios.*

El proceso SER HUMANO es una individualización o sub-espectro del proceso ORIGEN, del proceso UNIVERSAL, y por lo tanto conserva sus atributos, en otra escala.

[*]
Isomorfismo es la propiedad por la que sustancias diferentes que tie-

nen estructuras similares pueden asociarse para formar una nueva estructura también similar a la que cada una tiene.

En las formas de vida, isomorfismo es la propiedad por las que individuos de diferentes tiempos evolucionan convergiendo hacia la misma entidad.

Por las imágenes que pasaron por mi mente aquella inolvidable noche de Marzo es que luego me referiré a este episodio como la "noche de la garcita blanca".

Muy lejos estaba yo de imaginar en ese momento a donde me llevarían las revisiones y reflexiones sobre esas imágenes con el correr del tiempo.

No fue un proceso de reflexiones exento de equivocaciones iniciales, razón por la que Dios actuó nuevamente para re-orientar mis reflexiones y estimularme hacia una interacción plenamente consciente con Él por la que llegaría al *Modelo Cosmológico Consolidado*, años después.

Imagen

¿Cómo una imagen puede conducir a entender una compleja información que se encuentra en otro dominio del proceso existencial, fuera del dominio material que se alcanza por los sentidos?

La imagen excita al proceso racional, es decir, al arreglo de relaciones causa y efecto que define la identidad del individuo, y éste cambia su estado de vibración, de pulsación de la trinidad por la que se establece y sustenta el proceso racional, al reconocer que la imagen proviene de la Consciencia Universal.

El cambio de vibración o de pulsación del proceso SER HUMANO permite la expansión de la mente a otras dimensiones del proceso existencial. Es lo que ocurre al imaginar; es lo que tiene lugar al desarrollar la capacidad de percepción; es lo que permite a algunas personas a ver en otras dimensiones de realidad.

Para la ciencia.

El reconocimiento ocurre por interacción entre las vibraciones de la entidad que reconoce (el proceso racional consciente de sí mismo) y el objeto reconocido.

El cambio de pulsación del proceso racional es hacia la pulsación de la estructura de la imagen que reconoce (*es la que excita, la que induce*) cuya frecuencia portadora es del espectro primordial, en otra dimensión superior de la consciencia universal, no de la estructura de consciencia colectiva de la especie humana en la

Tierra.

Una vez que se reconoce y entiende la estructura en "capas de cebolla" de la Consciencia Universal, estructura que es describible matemáticamente, esta inducción de una imagen conformada en un sub-espectro de pulsación sobre un proceso que tiene lugar en otro sub-espectro es fácilmente visualizable.

Creer

¿Por qué limitamos el potencial natural de nuestra capacidad racional?

Se dice que usamos el diez por ciento de nuestra capacidad racional instalada, inherente al proceso SER HUMANO, y es cierto conceptualmente, aunque quizás no exactamente la proporción útil real.

La razón por la que no podemos incrementar la capacidad útil de la capacidad instalada es por no desarrollar lo que se cree.

Para Todos.

Si no se hace realidad lo que se cree es sólo por no trabajar (mentalmente) para hacer realidad lo que se cree.

Aunque se haga realidad lo que se cree, nunca nos conducirá a la felicidad en toda circunstancia de vida a menos que lo que se cree esté en el dominio primordial.

Especialmente para Ciencia y Teología.

El proceso racional se desarrolla estimulado por lo que se cree o acepta. Esto responde al principio de inducción primordial por el que se transfiere la información de vida y el algoritmo de interacciones para la evolución de las especies.

La inducción primordial es inherente a la configuración de distribución espacial de la energía universal. Esta configuración se describe en el *Modelo Cosmológico Consolidado* del que se presenta un resumen conceptual para Ciencia y Teología en el Apéndice II, referencia (1). Esta inducción obedece a la *armonía universal* de la que se deriva la propiedad de *isomorfismo de las formas de vida en el universo*, en la Unidad Existencial. Dos células son estimuladas a asociarse y la asociación contiene las dos pulsaciones originales y una común a ambas. Esa frecuencia común la provee el manto energético universal.

Creer o aceptar es establecer un vínculo, una asociación energética real entre el arreglo de identidad que cree y el objeto que ella cree o acepta.

Si se cree lo que alcanzan los sentidos (si nos limitamos a las manifestaciones del proceso existencial que tienen lugar en el sub-espectro que es alcanzado por los sentidos y dejamos fuera el resto) nos desarrollaremos racionalmente sólo sobre el sub-espectro existencial alcanzado por los sentidos.

Si se cree en lo que alcanza la mente fuera del dominio de los sentidos, entonces el desarrollo racional se expande al espectro alcanzado (o reconocido) por la mente.

Creer es asociar; por lo tanto, creer cambia el estado de pulsación del arreglo de identidad (de la estructura de relaciones causa y efecto que establece y define la identidad del proceso SER HUMANO) a una frecuencia común con la del objeto que la identidad cree o acepta.

Si el objeto que se cree es del dominio primordial, entonces la mente, al reconocer ese objeto y aceptarlo, toma su frecuencia de pulsación portadora y la hace parte del sub-espectro sobre el que tiene lugar el proceso racional. A partir de ese momento, el proceso racional expande su sub-espectro de pulsación, y por lo tanto, expande su sub-espectro de interacción consciente.

En realidad, es siempre el manto energético el que está induciendo o estimulando la asociación que una vez conscientes llamamos creer.

La Segunda Manifestación
de Dios a Juan

A raíz de los pensamientos que aparecieron en mi mente en la "noche de la garcita blanca" comencé mis reflexiones sobre las unidades de re-creación de vida en el proceso existencial, la interacción de la pareja humana para la reproducción de la vida, y el disfrute de la complementación integral de dos seres para formar, precisamente, una unidad de re-creación de vida.

Como ya dije, no fue un proceso de reflexiones exento de equivocaciones iniciales. Describir para mí mismo aproximadamente lo que vi y luego reflexionar e interactuar con la Fuente sobre ello me tomó un largo tiempo.

El aspecto fundamental del proceso universal de conscientización que otra vez se ponía en marcha era mi determinación a interactuar con la Fuente de esas estimulaciones: Dios.

Estar en el "Vientre de Dios" es un concepto nada simple de asimilar si se está orientado a asociar a Dios sólo con inmaterialidad. Reconocer, más adelante, que Dios, la especie humana y todas las formas de vida comparten las moléculas de vida ADN (ácido desoxirribonucleico que contiene la información de vida) es un "salto" colosal dentro de la estructura consciente de sí misma del proceso existencial del que somos un sub-espectro.

Pero no vamos a estos aspectos todavía; no en este libro.

Vamos a continuar con el proceso de interacción con Dios; éste es el aspecto de nuestro interés inmediato y está al alcance de todos.

Vamos al proceso de interacción con Dios porque de nuestra relación con Dios depende nuestra realización como seres humanos y el regreso a nuestro estado natural de sentirnos bien en toda circunstancia de vida. Luego, nos interesa saber del mecanismo de interacción con Dios, cómo establecerla y mantenerla.

No se debe pasar necesariamente por mi experiencia en particular, pero mi experiencia contiene información primordial válida para todos acerca del *protocolo de comunicaciones primordiales* que cada uno debe desarrollar por sí mismo junto a Dios.

Entonces,

vamos a la Segunda Manifestación de Dios a Juan para continuar explorando el mecanismo de la interacción entre el ser humano y el proceso universal, Dios. La interacción tiene inicio con un acto de FE, un reconocimiento primordial (ver detalles en el Libro 2). La decisión de interactuar con la Fuente es un acto de FE que se ejecuta buscando la "conexión" y esperando por la respuesta de Dios. La búsqueda se lleva a cabo por las *actitudes racionales primordiales.* Referencia (2), I.2.

Las estimulaciones, orientaciones y revelaciones de Dios a mí que se listan en el Apéndice I, constituyen una invitación de Dios para todos.

Las versiones culturales que hoy tenemos de esas mismas estimulaciones, orientaciones y revelaciones en las diferentes sociedades de la civilización humana en la Tierra se originaron por el mismo proceso universal que se describe en estas participaciones.

En las revelaciones de Dios a Juan pueden encontrar estimulaciones para explorar, cada uno por sí mismo, las versiones culturales inconsistentes e incoherentes que hasta hoy son tomadas por individuos intelectualmente muy desarrollados que, a pesar de sus desarrollos, sustentan esas versiones como la Verdad, negándose, por temor, a considerar esas incoherencias e inconsistencias; solo por temor. Esgrimen el argumento de FE para invalidar las orientaciones de Dios mismo que no pueden reconocer en sí mismos, precisamente por negarse. No se puede reconocer lo que se niega de antemano. No se puede reconocer la Verdad bajo un estado mental de temor. El temor inhibe el proceso racional hacia lo que produce temor.

Puede resultar extraño que luego de que yo estuviera en camino de regreso a la armonía, como vimos en el Libro 2, trabajando otra vez con pleno rendimiento en nuestra compañía y haciendo planes con Norma para dejar atrás los efectos en ella de la experiencia de mi encuentro con Dios revisada en el Libro 1, ocurra otra vez un evento tan disruptivo para ella como esta Segunda Manifestación. Pero somos nosotros, la especie humana en la Tierra, el mundo, quiénes no conocemos el proceso de interacción con Dios. Es algo en lo que insisto muy a menudo.

Si el lector desea íntimamente conocer este proceso, tiene una gran oportunidad a través de estas participaciones. Si además desea establecer una interacción personal con Dios, ahora cuenta con las orientaciones eternas y las estimulaciones de Dios a Juan que son válidas para todos.

¿Toda interacción con Dios acarrea confusiones, perturbaciones, efectos indeseados?

No necesariamente.

En quién recibe la acción de Dios se pone en marcha un proceso transitorio que el mundo no conoce; es el proceso del que nos hemos venido ocupando y volveremos a revisar en este libro, pero el proceso con las características de mi caso fue eso, mi caso particular, y por las razones que han sido explicadas en el Libro 2 y se expanden en éste.

Otra vez se abren

"Las Puertas del Cielo"

Notas sobre nuestro español.

Las interacciones entre Norma, mi esposa, y yo, tienen lugar en castellano argentino, empleando el voseo típico de nuestro país de origen, que hace uso del pronombre *vos* en lugar de *tú* y las conjugaciones alternas particulares correspondientes del presente indicativo e imperativo de los verbos. Nuestra relación, iniciada y cultivada desde muy jóvenes, tuvo lugar en esta versión del español, por lo que es nuestra versión íntima.

Con el fin de enfatizar en algunos aspectos y, o conceptos descriptos por palabras, hago uso de separaciones en palabras que usualmente no la tienen pero la permiten, como re-creación (volver a crear) para no confundirla con recreación (entretenimiento), y para acentuar el concepto en otros casos como re-definir (la fe, creencia), re-distribución (energética) y re-ajuste (del arreglo de identidad temporal, cultural).

Empleo las dos palabras *conciencia* y *consciencia*, para destacar con *conciencia* al aspecto moral del reconocimiento de sí mismo del ser humano y, o su estructura de referencia, de normas y reglas que rigen su comportamiento, mientras que con *consciencia* me refiero al *reconocimiento con entendimiento* del proceso existencial y sus manifestaciones, particularmente en el dominio energético primordial (o espiritual).

De la Familia de Dios a la Trinidad Primordial

Antes de retomar los eventos que condujeron a la Segunda Manifestación de Dios y el Proyecto de Dios a Juan a que dio lugar, es conveniente revisar unas reflexiones e interacciones en relación a la estimulación en la "noche de la garcita blanca" por la que Dios esperaba que yo iniciara un proceso con Él para llegar a la Trinidad Primordial.

La Trinidad Primordial es la estructura en tres dimensiones energéticas de la Unidad Existencial, Dios. Es la estructura que en teología Cristiana se reconoce como *Padre, Hijo y Espíritu Santo.* Ver Apéndice II, Referencia (1), Para Teología.

No vamos a ocuparnos de los aspectos energéticos sino de la interacción con Dios y los aspectos de interés para todos.

Esas reflexiones e interacciones conforman un proceso típico que en el momento tuvo lugar con elementos de información "desconectados" entre sí. Puesto que es un proceso sobre el que no nos detendremos en el resto del libro, creo oportuno mostrarlo en este momento. Además, es realmente importante por la naturaleza de la información que Dios deseaba, o estimulaba, que yo reconociera. Veamos rápidamente su importancia para todos.

Yo ya tenía las orientaciones para llegar energéticamente a la Unidad Existencial. Me faltaba el arreglo particular por el que se sustentan las interacciones conscientes de la Unidad Existencial, arreglo en tres dimensiones energéticas dispuestas en dos dominios. Ese arreglo en tres dimensiones es la Trinidad Primordial de la que la trinidad *alma, mente y cuerpo* del ser humano es un subespectro.

No es consciente Dios ni la especie humana por sí solas,

sino la interacción entre ambas.

En otras palabras,

Dios y la especie humana son los componentes insepa-
rables de la unidad binaria de la estructura de interacciones
que definen la Consciencia Universal.

Estas reflexiones e interacciones tuvieron lugar en los meses de Marzo y Abril, previas a la Segunda Manifestación de Dios del 30 de Abril de 2002.

La estimulación de Dios acerca de la familia humana aquella "noche de la garcita blanca" la asocié inicialmente con la interacción sexual en la pareja humana con la que se inicia la reproducción que conduce a la familia.

La asociación que hice respondió a la misma estimulación primordial siempre presente en el manto energético universal, por la que se induce la interacción sexual en todas las formas de vida, inducción a la que luego con consciencia le llamamos *deseo sexual*.

Recuerdo haberle comentado a mi querido amigo y hermano espiritual Marcelo, erróneamente, sobre lo que Dios espera y dispuso acerca de la relación sexual humana, como un mecanismo de reproducción conforme a Su plan (tomando Plan como el Proceso Existencial) y no solo por placer, aunque sí podíamos disfrutar del placer asociado a la unión biológica si ésta tenía lugar fuera de los períodos naturales de la mujer para la concepción.

- Es muy duro - me dijo mi hermano espiritual, y agregó con su natural predisposición para acercarse a Dios - pero si Dios lo dice, hay que hacerlo.

- Sí. Dios lo dice - le aseguré convencido de que yo había entendido bien a Dios.

Pues no, no era así.

Yo estaba distorsionando seria y feamente uno de los aspectos fundamentales de la relación y experiencias entre el hombre y la mujer; un aspecto que es la analogía en nuestro dominio temporal y material de un evento primordial que tiene lugar a nivel de Dios.

Una cosa es reproducción de vida, y otra cosa es re-creación del proceso existencial.

Uno, el primero, es un acto puramente mecánico, inducido por la naturaleza, por el proceso existencial.

El otro es un acto que comienza también siendo mecánico, pero evoluciona hacia un acto consciente que no sólo tiene como fin la reproducción sino conducir a una extraordinaria experiencia de la especie humana que es totalmente análoga a otra que se da en el dominio primordial (o espiritual). Obviamente, por entonces yo no estaba preparado para reconocer esta analogía.

No, yo no podía llegar a esa analogía todavía mientras insistiera en revisar aspectos de la vida universal en general, y de la especie humana en particular, con concepciones limitadas a nuestro dominio material. Luego es que entendí correctamente.

Yo todavía no había entendido mucho de la estructura energética de Dios mismo.

De acuerdo, y eso podría justificar mis equivocaciones.

Pero no, no era así sino que el problema era que yo estaba sacando conclusiones a partir de algunos pensamientos que no estaban siguiendo las orientaciones de Dios.

Lo que le aseguré a Marcelo no solo no era la verdad sino que constituía una distorsión muy grande para el desarrollo del ser humano, y Dios comenzaría una acción para sacarme de tamaño error, y de algunos otros más en los que yo estaba incurriendo por dejarme influenciar, una vez más, por versiones o interpretaciones culturales.

Por una parte, yo todavía iba de vez en cuando a la Biblia.

—

Dios me había dicho que no tomara las interpretaciones de la Biblia como ciertas, pero en mi afán por entender aspectos de interés que surgían en el curso de mis reflexiones, y de la lectura misma de la Biblia, yo continuaba leyendo este libro, aunque había dejado de hacerlo tan intensamente como comencé luego del encuentro con Dios.

Por otra parte, la influencia cultural religiosa remanente en ese momento me hizo seguir la línea prevalente de que el acoplamiento en la pareja humana tiene la finalidad exclusiva de reproducción, pero se permite disfrutar de la experiencia sexual durante los períodos no fértiles de la mujer.

Pues no, no es así. Esta línea de interpretar la interacción sexual sólo como un medio de reproducción, todavía prevalente en gran parte de la civilización humana en la Tierra, es errónea, o al menos, es limitada.

La verdadera relación es otra, y mucho más amplia.

La relación e interacciones sexuales de la pareja humana son parte del proceso primordial de re-creación de la Fuente misma, el que incluye tanto a la re-energización que conduce a las re-creaciones materiales como a la re-creación de la Unidad Existencial de naturaleza binaria, cuyos dos componentes inseparables son representados en nuestro dominio temporal por las parejas de re-creación macho-hembra.

La unión de la pareja humana sirve al propósito de la re-creación biológica, al propósito de dar vida a nuevas generaciones de seres humanos, y <u>sirve al propósito de experimentar en</u>, y <u>por los seres humanos</u>, la conscientización de los sub-procesos o sub-espectros del proceso ORIGEN, proceso que siendo de naturaleza binaria no puede tener lugar sino por la interacción de dos dominios energéticos inseparables representados entre nosotros por el hombre y la mujer.

Ahora bien.

<u>El problema no está en leer la Biblia</u> sino en tomar como ciertas (es decir, en armonía con Dios) a las interpretaciones conteni-

das en ella. No obstante todo el avance que yo había alcanzado en los meses previos, aún me faltaba consolidarlo, y por ello seguía incurriendo en errores al forzar mi mente y saltear orientaciones ya recibidas, sin advertirlo.

Dios me había orientado ya acerca de buscar la Verdad en "la letra pequeña", detrás de las versiones religiosas, de las interpretaciones del hombre, cuando comencé a buscar la verdadera Palabra, la orientación de Dios, en la Biblia y otros libros religiosos.

« La Biblia (o cualquier libro religioso) no es Palabra de Dios, pero la Palabra de Dios está en la Biblia ».

Esto quiere decir que las interpretaciones del hombre no son la Verdad. Verdad son las manifestaciones espirituales, las manifestaciones de Dios que originaron las interpretaciones.

Buscar la "letra pequeña" es tener en cuenta las orientaciones eternas y el Espíritu de Vida; obviamente, yo no estaba todavía muy claro acerca de la aplicación de la guía del Espíritu de Vida en ese momento, cuando concluí lo que luego participé a Marcelo. Ver Guía del Espíritu de Vida en el Libro 2.

Más adelante, Dios me dijo,

« Tú eres (tienes) la Biblia »,

indicando que la experiencia de Dios en mí es mi Verdad, y es mi referencia personal para mi búsqueda de entendimiento con la ayuda de Sus orientaciones eternas.

Dios insistió particularmente en este aspecto, en la búsqueda del entendimiento, el 4 de Julio del año pasado, durante la "caminata que dimos juntos por la eternidad",

« Detente, siéntate, observa, cruza. Luego vuelve a bajar la cabeza »,

para interpretar correctamente y entender aspectos existenciales en armonía con Dios, tomando nuestros propios pensamientos además de la información e interpretaciones del mundo, y luego compararlos todos con las *orientaciones eternas* (recibidas antes, durante y después del 4 de Julio de 2001, el día de mi encuentro con Dios), siguiendo siempre la guía del Espíritu de Vida.

Tuve otra orientación apropiada en la mañana de mi encuentro con Dios,

« Reflexiona »,

y una advertencia muy clara recibida poco después,

« Cuando se desea algo intensamente se ponen en marcha fuerzas más allá del control del hombre ».

Mi afán por entender no fue realmente lo que me llevó a conclusiones precipitadas, sino el no haber dedicado más tiempo a entender las *orientaciones eternas* antes de que me lanzara a leer otros escritos o considerar prácticas culturales que me confundirían.

Si yo ya tenía las orientaciones eternas, no debí haber retomado viejas versiones para entender las inquietudes que surgían en mí, puesto que yo las podía entender correctamente por mí mismo a la luz de las *orientaciones eternas* ya recibidas, y por la guía del Espíritu de Vida.

Si yo estaba recibiendo nuevas estimulaciones de Dios era para crecer a partir de las que se interpretaron antes; de lo contrario, Dios no me hubiera dado nuevas estimulaciones sobre un aspecto que ya estuviera resuelto.

Yo todavía seguía siendo afectado por remanentes de mi identidad cultural desarrollada por inducción, por la enseñanza desde la consciencia colectiva, y que no habían sido totalmente removidos por la acción de Dios el 4 de Julio. La remoción era parte del proceso de re-creación y, o re-definición de mí mismo, que si bien estaba en marcha no había sido concluído. Yo debía ir reconociendo las equivocaciones conscientemente, para entonces realmente vivir en mí el proceso de la conscientización universal de manera consciente, valga esta redundancia, para saber de esas equivocaciones, no solo eliminarlas por acción de Dios.

La acción de Dios es para orientar nuestras decisiones, para ayudarnos a ver las equivocaciones y tomar la decisión personal ejerciendo nuestra voluntad.

El proceso de conscientización es crecer en consciencia, en

—

entendimiento, hacia otro nivel que es el propósito del proceso, desde un nivel de consciencia previo que sirve de base para sustentar el proceso.

Dios nos orienta, Dios no actúa por nosotros, excepto cuando hemos tomado una decisión que implica una misma voluntad, como por ejemplo, buscar la respuesta en la Fuente.

Somos Uno en la Fuente, energéticamente; Somos Uno con la Fuente, en consciencia; luego, *decidir buscar en la Fuente la respuesta que deseamos es hacernos Uno en la Fuente*, Uno con la voluntad de la Fuente para alcanzar esa respuesta. Esta decisión primordial es un acto de FE consciente. Es lo que nos mostraba Jesús en su tiempo,

« Mi Padre y yo somos Uno ».

Mis interpretaciones con respecto a la relación sexual y su propósito, y sobre otras cosas particularmente aquélla de la esperanza que veremos luego entre los eventos, eran distorsiones serias, pero Dios, una vez más viendo mis intenciones y determinación por una parte, y siendo desviaciones inconscientes por otra parte, volvería a actuar,

« Tú Me llamas y Yo te responderé ».

Ya veremos que si bien yo me equivocaba al interpretar racionalmente algunos aspectos relativos a la unidad de re-creación de vida, a aspectos prácticos y específicamente a la interacción sexual, al reconocer más adelante la naturaleza de la relación entre hombre y mujer como una *unidad de re-creación de vida* y no solo para la reproducción, estaría reconociendo a la relación primordial del arreglo energético que define a Dios mismo en otra dimensión existencial, aunque yo no fuera consciente de ello en ese momento. Y Dios no podría dejar de responder a algo que es parte de lo que Le define (como ocurrió con *eternidad*, Libro 1).

En la estimulación de la "noche de la garcita blanca" Dios me

—

confirmaba (por medio de lo que pasó por mi mente, o por lo que mi mente vio allí, adonde sea que llegué), algo a lo que yo alcanzaría posteriormente por un exhaustivo proceso de reconocimiento de los arreglos energéticos de las trinidades de Dios y el ser humano.

Sí, así es. Dios me confirmaba ¡por adelantado! al darme unas analogías, imágenes, a las que yo no llegaría sino hasta más tarde.

¿Por qué Dios me adelantaba Su confirmación?

Porque Dios es nuestro futuro.

En la "noche de la garcita blanca" algo más tuvo lugar en mi mente. Algo más había entrado en mí, a mi mente, y días más tarde me sorprendió lo que visualicé y reconocí al estar revisando y reflexionando sobre otras cosas que me fueron conduciendo, sin que yo lo advirtiera, a lo que había "visto" aquella noche,

« La familia humana es analogía de la Trinidad Universal de Vida (¡de Dios!) en la Tierra ».

(La familia humana no es solo marido, mujer e hijos, sino la asociación de la especie humana toda, aunque tenga lugar como una asociación de grupos de células, grupos sociales pequeños, de diferentes comunidades y culturas).

En esos momentos yo pensé,

Tantos billones de años que Dios ha esperado por nosotros, los seres humanos, luego aparecemos en la Tierra, y aún no hemos entendido nuestras propias "desobediencias" (desarmonías) a pesar de las centenas de miles de años que ya tenemos caminando por el planeta.

Con una profunda sensación que me embargaba íntimamente regresé a casa después de haber estado pensando en esto mientras supervisaba mi gente.

"¿Puedo ser yo, uno entre cinco o seis mil millones de seres humanos que habitamos la Tierra, uno de los pocos, sino el único, en pensar lo que estoy pensando?".

"¿La familia humana es análoga a la Trinidad de Dios, que algunas religiones la definen como Espíritu Santo, Padre e Hijo?".

[La realidad es mucho más que esto; es la relación entre las trinidades energéticas de Dios y la humana, *además de la naturaleza binaria de Dios (que se define por dos componentes inseparables) análoga a la de hombre y mujer en nuestra especie humana*, referencia (2), II.4, vol. 1, pero esto es lo que yo manejaba en mi mente esa noche].

"¿Es posible?", me pregunté a mí mismo.

"Sí, si Dios alimenta mi mente", me respondí sin pensar (es la respuesta del alma que se expresa por la identidad temporal, cultural).

El mundo no entiende nuestra relación energética con Dios.

"Todo el mundo no puede ser ignorante", argumentan algunos excépticos invalidando la orientación de Dios acerca de la analogía entre la Trinidad de Dios y la del ser humano, cuando la participo y les digo que estamos equivocados sobre nuestra interpretación de la pareja humana muy limitada frente a su naturaleza divina.

"Pues sí, verás que sí creo que el mundo es ignorante con respecto a muchas cosas y muy particularmente a Dios y nuestra relación con Él", les respondo. No tengo duda al afirmarlo con profunda convicción que sentí en aquel momento en el que me respondí a mí mismo y que no ha cambiado en absoluto. "Sí, podemos relacionar energéticamente a Dios con el ser humano. ¿Acaso no somos Su recreación *a imagen y semejanza*? ¿Cómo no podríamos alcanzar esta relación si somos resultado a imagen y semejanza de nuestra Fuente, Origen, proceso que nos ha dado lugar? Podemos introducirnos a la estructura energética de Dios".

"¿Cómo va a ser posible que tú insistas en semejante pretenciosa afirmación? ¿Quién te crees tú que eres? ¿Acaso eres científico?", me preguntó alguien allegado a la disciplina racional de teología.

"No soy nadie en especial; sólo soy alguien que buscando a Dios va sabiendo porque Dios me responde y yo reconozco Sus respuestas, aunque luego tengo que trabajar para entenderlas".

Ya me lo dijo Dios,

« Al Conocimiento se llega a través del Amor »,

« No por estudiar teología te acercas más a Mí ».

No creo en lo que digo sino que sé lo que digo. El mundo está equivocado en muchas cosas importantes para el desarrollo y convivencia de la especie humana y dirá que no, sin sustentar coherentemente sus negaciones.

Sin embargo, a pesar de mi relación y la interacción consciente creciente con Dios, al tratar de entender los aspectos prácticos de la orientación primordial, en la interacción sexual específicamente, me equivoqué, y feamente. Caí en el error de los interpretadores previos desde los que se suponía que yo debía crecer.

Inmediatamente después de la "noche de la garcita blanca" yo tenía en mente que,

"La relación que hemos perseguido y cultivado en la pareja humana no es lo que Dios esperaba, y por la que espera todavía",

y entonces, pensando en la interacción sexual (me pareció obvio empezar por ella) me fui a considerar las prácticas culturales y la Biblia y algunos otros libros, cuando no debí haber hecho eso, como ya dije, porque hacia donde Dios deseaba orientarme era hacia *la naturaleza de la pareja humana como unidad de re-creación, a la analogía entre las trinidades de Dios y el ser humano, entre las asociaciones energéticas primordial y humana, y a la naturaleza del acto sexual como un acto de comunión primordial que comienza con un propósito puramente reproductivo inducido naturalmente y que luego incluye la experiencia de placer*, para que yo llegara a entender, por mí mismo, precisamente, el error en las prácticas culturales de la relación entre hombre y mujer y de la actividad sexual, por la revisión a partir de esas orientaciones eternas que Dios me daba. En cambio, yo me fui por las interpretaciones equivocadas prevalentes y las validé, sí; validé que la relación sexual era solo para nuestra reproducción cuando se suponía que por una revisión bajo las orientaciones de Dios vería que tan equivocados estamos ahora con nuestras interpretaciones religiosas, culturales, y sus prácticas.

Dios me orientaba en esa oportunidad porque no hemos entendido ni la naturaleza de la relación hombre y mujer ni el propósito de la actividad sexual más allá de la simple reproducción.

No hay nada "sucio" ni pecaminoso en la relación sexual como una experiencia de placer, además de ser instrumento de reproducción. Pero también es cierto que la experiencia sexual, naturalmente, es mucho más profunda que lo que alcanzamos hasta ahora: es una comunión de dos seres con sus propias individualidades conformando una unidad de re-creación de vida a imagen y semejanza de la Unidad Existencial.

Dios es orientador de desarrollo de nuestra consciencia, de entendimiento del proceso existencial y nuestra relación con Él.

Dios nos orienta siempre sobre el origen, la naturaleza de lo que existe y los aspectos absolutos a seguir para el desarrollo de nuestra consciencia, entendimiento, y nos deja la creación de las experiencias a nosotros, es decir, la práctica de las interpretaciones incluyendo el hacernos conscientes de nuestros errores para lo que necesitamos, siempre, de Sus orientaciones eternas que son únicas y válidas para todos.

Dios también nos orienta con respecto a lo que podemos hacer para tener experiencias de vida exentas de sufrimientos e infelicidades. Referencia (2), I.2.

Familia de Dios.

Llegar a entender las orientaciones de Dios no es posible sino luego de un proceso para eso, para entender; proceso que podemos definir como *proceso de conscientización*, proceso para darle entendimiento o significado a un conjunto de información, a una constelación de información.

Es importante este ejemplo que revisaremos en esta sección porque, como Dios mismo insiste a menudo,

« Creer no es suficiente para llegar a Mí »,

no es suficiente para "saltar", trascender a otro nivel de consciencia del proceso existencial, sino trabajando a partir de lo que se cree, primero validando o no lo que se cree (para eso tenemos la guía del Espíritu de Vida) y luego interactuando con Dios, con el proceso existencial mismo para crecer en Él, en consciencia, en entendimiento.

La interacción con Dios nos provee las vinculaciones correctas entre los elementos de información de ambos dominios, material y espiritual (o primordial), para terminar de "armar" el arreglo de información para que se haga entendible. Es absolutamente análogo al proceso de razonamiento que seguimos frente a una referencia para establecer relaciones causa y efecto de los eventos existenciales en nuestro dominio material temporal.

Una vez más luego de la "noche de la garcita blanca", pero ahora con una variante, yo estaba particularmente interesado por un aspecto de las interacciones sexuales en la pareja humana y su importancia en el Plan de Dios, en el proceso existencial. Estaba tratando de entender la actividad energética biológica-espiritual, desde el impulso sexual inicial, luego deseo, hasta su realización, desde ambos puntos de vista, biológico y espiritual. Intuía que "por diseño" no era solo biológica la naturaleza y propósito del deseo sexual. (El deseo es estimulado por el proceso existencial, por Dios. Lo que nos debe ocupar es saber cómo responder y manejar el deseo, la estimulación natural).

Entoces una mañana, de pronto y mientras supervisaba el trabajo de mi gente, tuve el pensamiento,

"La familia de Dios está compuesta de padre, madre y tres hijos".

El pensamiento surgió en un momento en que yo estaba pensando específicamente acerca de la interacción sexual en la pareja hombre y mujer, de manera que me extrañó que se "cruzara" en mi mente ese pensamiento acerca de la familia con Dios en el cual yo no tenía puesta mi mente, al menos no conscientemente.

"Algo se me quiere decir", me dije. "¿Qué será?".

Primero se me ocurrió que este número de hijos, tres, habría permitido un crecimiento controlado de la población en la Tierra, aunque a muy largo plazo y de haber sido así desde los comienzos de los tiempos; y se me antojó que había sido sugerida así en el Libro Génesis de la Biblia por medio de las figuras de Abel, Caín y Set (y pensé que la mención posterior de otros hijos de Adán y Eva pudo haber sido una adición del hombre y no una información de Dios). [Había regresado a la Biblia, tomando la primera parte del recuento como la Verdad en vez de una interpretación limitada].

Más tarde pensé en que Norma y yo teníamos tres hijos.

"Quizás Dios quiso decir algo por esta dirección", me dije.

"¡Tenemos la familia de Dios!", me dije a mí mismo muy excitado. Más lo pensé, más creció mi excitación. "¡Eso es!", me repetí recordando el pensamiento recibido,

"La familia de Dios está compuesta de padre, madre y tres hijos".

En la tarde, todavía trabajando, llamé por teléfono a mi amigo y hermano espiritual Marcelo, y al no encontrarle a él no pude dejar de participarle con gran excitación a su esposa que Dios nos había elegido a ambas familias; que tenía que ver con nuestros hijos, el número de ellos, y con ciertas virtudes que se completan en el grupo familiar. Yo no cabía en mí del gozo.

Luego fui advirtiendo que el pensamiento recibido tenía otros aspectos a considerar, más que ése que me había llevado a un estado de gran excitación.

Continuaba sintiendo algo mal en nuestra relación humana de la pareja como compañeros, de vida, no entre Norma y yo específicamente sino en general, en la especie humana.

Sentía que algo en nuestra pareja humana no estaba bien de acuerdo con el Plan de Dios, con el proceso existencial, pero ¿qué sería? Yo había tomado hacia el lado sexual, pero ese pensamiento acerca de la familia de Dios me sacó de eso y fue por algo.

"Sí, somos la familia de Dios", me repetía una y otra vez, pero ¿por qué precisamente el número tres? Por un lado continuaba excitado al saber que tenía una familia de Dios, que todas las familias con tres hijos formaban la familia de Dios, pero por otra lado me preguntaba ¿por qué tres hijos? ¿Qué haría especial a una familia de cinco miembros?

Continué con mis reflexiones.

Nota 1.

Lo importante no son mis desviaciones del tema a partir del aspecto primordial sobre el que Dios trataba de orientarme y del que yo no me daba cuenta, como acabamos de ver, sino mi determinación de buscar entender y de hacerlo en relación e interacción con Dios, con nadie más.

Hago notación esto ahora porque luego Dios me hablaría de estas reflexiones, durante nuestro segundo encuentro en la noche del 30 de Abril, corrigiendo y, o validando, según fuera el caso.

Veamos algunas de las otras reflexiones y breves interacciones que tuvieron lugar ese día y los siguientes en relación a la Familia de Dios, que me conducirían finalmente a donde Dios había visto que yo estaba preparado para llegar.

Nota 2.

Los próximos tópicos no tienen nada que ver con lo que venimos revisando, pero se presentaron así, de esta forma desconectada y yo no podía dejar de atenderlos. Yo los incluyo a continuación para enfatizar la manera en que se desarrollaba mi interacción con Dios, incluso hasta el presente año, 2015. Estas breves interacciones no eran suficientes por sí mismas. Yo tenía que reflexionar sobre ellas y desarrollar mis propias preguntas, para luego regresar a interactuar con Dios.

Sigamos leyendo para ver cómo fue mi regreso a la Familia de Dios y la Trinidad Primordial, más adelante, a partir de reflexiones que inicialmente no tenían nada que ver con esos tópicos. Con el correr del tiempo todo estaría interconectado.

...

Estaba pensando sobre los ayunos y las abstinencias sexuales cuando de repente recibí pensamientos "aislados",

« La Buena Nueva en Jesús fue "El Reino de los Cielos está aquí entre nosotros";

La Buena Nueva en Juan, hoy, es "El Reino de los Cielos está aquí, en la familia" »,

e inmediatamente escribí sin pensar,

« Provenimos de una evolución planificada »,

"¿Cuando comienza el ayuno?", pregunté, a pesar de que mi pregunta no tenía nada que ver con el pensamiento recibido en ese momento.

No obstante, apareció la respuesta en mi mente,

« Cuando somos transformados, convertidos. Cuando se hace la concepción. El ayuno termina cuando se busca el próximo hijo, o cuando se adopta el hijo ».

No pude dejar de reconocer Su procedencia. Dios estaba respondiendo en mi mente, en realidad sobre el arreglo de mi identidad temporal, cultural, que estaba re-ajustándose poco a poco en armonía con Él.

[Lo que se entiende de buenas a primeras es que hay que "ayunar", abstenerse sexualmente entre una concepción y la búsqueda de la próxima].

"¿En qué consiste el ayuno?", pregunté a continuación.

« Abstinencia sexual en la pareja. Abstinencia de alimen-

tos en el enfermo ».

"¡Es muy pesada la carga, Señor!", protesté pensando en la abstinencia sexual, y agregando, "¿hay alguna opción?".

« Sí. Arrepentimiento, y reparación ».

No entendí de inmediato.

[En aquél momento yo no estaba listo para entender todavía, pero seguía buscando sin cesar, lo que me abriría otra vez las *"Puertas del Cielo"*. La abstinencia se refiere a que el hijo debe ser esperado, *debe ser resultado del amor*, de una acción con ese fin y no como accidente. Si no se desea el hijo se puede tener la interacción sexual tomando previsiones para evitar que se produzca la concepción, para evitar que se fecunde el óvulo en la mujer. (No se están avalando aquí todos los medios de previsión ni nada con respecto a acciones después de la fecundación)].

Tiempo después apunté las reflexiones que siguen.

Cuando nos reconocemos frente a Dios, Dios nos "perdona". En realidad nosotros nos perdonamos a nosotros mismos; entramos en armonía con Dios, nos hacemos Uno con Dios (es lo que los religiosos dicen *entrar en comunión con Dios*). Dios no tiene que perdonar lo que por amor incondicional ya no necesita hacer, que bajo nuestro concepto racional es perdonar. Perdonar es aceptar, y Dios ya nos ha aceptado desde la eternidad, sea lo que sea que hagamos, pues <u>eventualmente frente a las consecuencias temporales entenderemos y dejaremos de hacerlo</u>. Arrepentirse es reconocer íntimamente el error, la equivocación o la mala elección, y moverse hacia la rectificación, hacia no hacerlo más. Esto es necesario para nosotros, no para Dios. Dios no nos exige arrepentirnos y rectificar, sino que sugiere hacerlo, rectificar, para poder ir hacia otra experiencia de vida libre de consecuencias que no nos gustan. Recuerdo cuando Dios me dijo, **« Puedes irte »** (que puede tomarse como "Estás perdonado").

La abstinencia a la que se refiere Dios es dejar de hacer lo que no está en armonía con el proceso existencial, no por exigencia de Dios sino como sugerencia para que no nos enfrentemos a las consecuencias indeseadas, dolorosas.

Una vez más, entonces yo interpreté inicialmente, para el caso de las interacciones sexuales, que no había que realizar el acto sexual sino para re-crear vida, y para placer solamente durante el período no fértil de la mujer. (Igualmente ha ocurrido en el pasado con otros receptores de las orientaciones de Dios en este aspecto, quienes tomaron interpretaciones iniciales sin más reflexiones, sin interacciones con Dios, y sobre ésas se elaboraron diferentes reglas de comportamiento sexual).

Abstinencia sexual no es dejar de disfrutar la interacción sexual dentro y fuera *del propósito no único* de re-creación, sino re-orientarla en armonía con el proceso existencial del que proviene y del que es análoga.

La interacción sexual no es sólo para la reproducción. Es parte de un mecanismo primordial de re-distribución energética y de desarrollo de la unidad de re-creación (de naturaleza binaria).

Abstinencia en el enfermo es dejar de comer lo que nos enferma.

La opción, el *arrepentimiento*, es en realidad una estimulación a dejar de hacer lo que nos afecta y tomar la responsabilidad por lo hecho, y por buscar repararlo, y, o evitarlo. Es la estimulación que correctamente ejecutada nos lleva a interactuar con Dios y encontrar con Él las respuestas que buscamos. Al ejecutar la reparación, sin saberlo comenzamos a hacer algo fundamental en el proceso existencial, que es *reconocer que somos creadores de las consecuencias que experimentamos*, y como tales asumimos la responsabilidad de reparar, rectificar. *Somos creadores* es una declaración fundamental frente al proceso existencial, a la que debemos hacer realidad, ejecutarla. **El creador es responsable de su creación.**

...

Estoy reflexionando sobre la importancia de revisar el significado de palabras y algunos de nuestros conceptos racionales frente a los primordiales desde los que ellos se derivan.

No siempre nuestras palabras pueden expresar lo que sentimos o describir lo que reconocemos.

Nuestros conceptos son versiones, interpretaciones conforme a nuestros desarrollos de la habilidad de uso de nuestra capacidad racional "instalada", es decir, inherente al ser humano, a su arreglo biológico.

Veamos que empiezo con algo "aparentemente desconectado" con lo que, sin saberlo de antemano, voy a llegar a algo relevante partir de eso con lo que comienzo.

Este caso es una orientación de lo que debemos hacer en todo momento cuando una respuesta del mundo no nos satisface. Buscar por nosotros mismos nos va a llevar a la Fuente porque somos partes, unidades inseparables de la Fuente, y al buscar por nosotros mismos ejecutamos nuestra decisión de renunciar a depender del mundo, lo que automáticamente nos pone más "cerca" de la Fuente; hace que los prejuicios desde el mundo (que actúan sobre nuestra identidad temporal desarrollada bajo su inducción) se disipen y no afecten nuestra búsqueda.

Dios nunca emitió Mandamientos para el ser humano.

Si Dios nos ordena a actuar de determinada manera, entonces no somos realmente libres frente a Él.

Si Dios no nos hace libres, Su amor no es incondicional, no es perfecto.

(Ya hemos revisado en el Libro 2 que *obediencia* es una versión racional de *armonía*).

Por lo tanto,

Dios nos sugiere, no nos ordena los Diez Mandamientos que entendió Moisés (o que otros tomaron como tales).

Si nosotros nos abstenemos de hacer lo que nos ocasiona sufrimientos e infelicidades, entonces nos libraremos de esas consecuencias indeseadas. El proceso existencial va a reaccionar, y de alguna manera rechazar lo que no está en armonía con él. Ese rechazo genera las consecuencias indeseadas en nosotros.

Si nosotros decidimos actuar en contra de las Sugerencias, las que se interpretaron como Mandamientos, tendremos consecuencias que nosotros creamos con esas acciones, pero Dios no va a castigar a nadie por eso; nosotros mismos nos "castigaremos" generando consecuencias que no deseamos. Esto es lo que Dios nos previene, y por eso nos sugiere observar sus Diez Sugerencias, no Diez Mandamientos.

Todo es cuestión de consciencia o entendimiento del concepto de amor, y libertad por la que se expresa el amor.

Ahora pensando en consciencia, debemos entenderla como *reconocimiento* en un nivel de la entidad consciente, y como *entendimiento del reconocimiento* en otro nivel de la consciencia universal. Por ejemplo, *reconocemos* la presencia de unas nubes (tenemos consciencia de la presencia) pero no *entendemos* por qué están allí (no tenemos conocimiento, consciencia a otro nivel).

Consciencia es el entendimiento del reconocimiento de la existencia, de toda la vasta manifestación energética en la que nos hallamos inmersos, pero particularmente del proceso existencial, del proceso de re-distribuciones energéticas e interacciones entre constelaciones de información.

Conciencia es la estructura de normas que rigen el comportamiento del ser humano (en base a referencias creadas por nosotros a partir de las orientaciones primordiales), y es el grado de reconocimiento y aceptación del ser humano de esas normas.

Reconocimiento es el efecto o la experiencia dada por una capacidad inherente a la existencia por la que una entidad existencial "sabe" de la presencia de otra.

Ahora bien.

Buscando analogías, se me ocurre pensar en lo siguiente para continuar con esto de la consciencia.

Supongamos tres individuos adultos que tienen consciencia del ambiente que les rodea y de sí mismos, pero que viven aislados entre sí.

Tener consciencia inicialmente es sólo tener reconocimiento de las cosas que existen. Sin especular racionalmente, solo pensando, evocando memorias, ellos saben qué hacer para sobrevivir, cazar, protegerse del medio ambiente. (Sin especular es pensar sin elaborar conscientemente actos ni desarrollar experiencias de vida a hacer realidad).

Esos tres individuos se conducen por sentimientos primordiales: se sienten bien o no. No necesitan pensar para saber si se sienten bien o no. La capacidad de reconocer este sentimiento ya vino con ellos.

Hay hasta este momento, dos sentimientos: *sentirse bien*, o *no*. Mejor dicho, hay solo un sentimiento, *sentirse mal*, cuando se deja de estar en un estado natural en el que no sentiría nada. Es decir, la referencia es sentirse bien, y si el ser humano es sacado de la referencia natural, entonces experimenta el sentirse mal y busca regresar al estado de sentirse bien. Si está bien y algo lo mueve fuera de ese estado, lo sabe porque comienza a sentirse mal, se resiste, expresa su voluntad. Este nivel de consciencia, de reconocimiento de sí mismo, existe hasta en el animal. Vemos que hay un reconocimiento de sí mismo, una consciencia sin pensar. Pero esto no es suficiente. Necesita otro sentimiento para crecer desde el estado de sentirse bien.

Si estamos hablando de un animalito, en realidad no hay ningún pensamiento en el animalito. **El universo es consciente del animalito, pero no él mismo de sí mismo.** Él es resultado de la convergencia desde el universo de un sub-espectro de relaciones causa y efecto que lo establecen y definen. Es un sub-espectro de convergencia de relaciones causa y efecto en el entorno energético que define al animalito, en el "punto" del espacio en el que se halla, en el "punto" de la estructura consciente universal que ocupa.

Luego viene el nivel de pensar, de evocar imágenes, recuerdos, memorias, por las que el animalito, que ahora es más evolucionado, en el momento en que tiene hambre puede traer imágenes de cuando estaba siendo enseñado a cazar por su madre.

Hambre es una señal natural para despertar el proceso racional de traer imágenes asociadas con esa indicación, *hambre*, de estar fuera del estado natural de sentirse bien.

Luego el animal sigue "creciendo", evolucionando en el proceso universal; ahora es un ser humano, y siente la necesidad de crear un lenguaje para interactuar con los demás individuos de su especie; sigue una estimulación natural, pero el desarrollo del lenguaje le permitirá crear un espacio racional temporal, virtual, mental, en el que puede crear con los símbolos del lenguaje que relaciona con los objetos del espacio real que le rodea.

El ser humano crea un espacio virtual, sí, un espacio que usa en la mente para generar cosas nuevas, y desarrollar ideas ¡antes de comenzar su ejecución en nuestro dominio material, nuestro dominio de realidad temporal! Sobre ese espacio virtual es que tiene lugar lo que se llama *especulación racional*, el "jugar" con diferentes posibilidades con información que se extrae desde la memoria real. En cambio, *imaginar* tiene dos espacios en los que tienen lugar: el espacio virtual temporal (espacio mental) de nuestra creación, y el espacio real, absoluto, más allá de nuestros sentidos, que se "penetra" con la mente.

Estoy maravillado con lo que estoy entendiendo.

Continúo.

Me imagino a los tres individuos que estaban aislados entre sí, ahora encontrándose y comenzando a interactuar de una forma u otra para desarrollar un lenguaje…

Al pensar en la interacción entre los tres individuos aparece en mi mente,

« Trinidad de interacción ».

Y de pronto… ¡Eso era!

Ahora entiendo qué me había querido decir Dios con aquéllo de que tener tres hijos era tener la familia de Dios.

¡Los tres hijos indicaban los tres niveles o dimensiones de consciencia en la trinidad energética que nos define y sustenta como seres humanos!

« Tú tienes la familia de Dios, tres hijos »,

significaba que nosotros, los seres humanos, tenemos tres niveles de consciencia que son "hijos" de la estructura de consciencia universal (que tiene un arreglo en "capas de cebolla"); nuestra estructura de consciencia en tres niveles es parte o sub-espectro ("hijo") ¡de la estructura de la Trinidad Primordial! que establece y define a Dios, a nuestra Madre/Padre en el proceso existencial, a nuestro Origen.

(Recordar la interpretación racional de *hijo* por *fruto primordial*, la *consciencia*, en Abraham, Libro 2).

Es decir, estas dos estructuras trinitarias y el nivel de referencia del manto energético en el que se hallan inmersas <u>conforman los siete niveles</u> de la estructura de Dios, de la Unidad Existencial. Por eso Dios "habló", en el Libro de Génesis en la Biblia, de "seis días de creación y otro de descanso", y de tres hijos, Abel, Caín y Set, pero luego el hombre, el ser humano (ya sea el individuo que recibió la información de Dios o quienes la contaron) agregó cosas que interpretó adicionalmente llevado por las prácticas culturales de entonces.

En un instante pasa por mi mente y entiendo que tengo la información para conciliar lo siguiente (no se dejen intimidar por los nuevos conceptos; enseguida regresamos a lo que interesa a todos, al alcance de todos):

1. La célula de vida consciente, el ser humano, se define por un arreglo energético de cinco variables primordiales que tienen que ver en la estructura de identidad con lo que se reconoce como las *Cinco Actitudes Primordiales* y las *Cinco Emociones Primordiales*. Referencias (2), I.2 y II.4, vol. 1.

2. **Las dos trinidades, primordial y humana, son las estructuras energéticas de los componentes del Universo Absoluto (Unidad Existencial Binaria) por cuya interacción se establece y sustenta la consciencia del proceso existencial, Dios.**

La naturaleza de la existencia es binaria.

En nuestro universo se expresa esta naturaleza, de dos dominios energéticos para conformar la Unidad Existencial, en el modelo cosmológico prevalente espacio-tiempo.

El compañerismo a que tanto se refiere Dios entre hombre y mujer en la Tierra como la analogía del *compañerismo entre Dios y la especie humana*, es la relación entre las dos estructuras trinitarias de la Unidad de Consciencia.

3. Las dos estructuras trinitarias inmersas en un manto energético absoluto que es la referencia, definen una estructura heptaria, ¡en siete dimensiones energéticas! que se entendieron como "siete días" en el Génesis.

4. Somos parte de un arreglo de consciencia en "capas de cebolla".

    Por eso es que estando en una "capa" dentro de nuestra propia estructura local trinitaria, "filtramos" la información que proviene de la Trinidad en la que estamos inmersos y de la que somos un sub-espectro energético.

    Nuestra identidad primordial, el alma, se encuentra en una "capa", y la identidad temporal en otra.

Pareja. Unión entre hombre y mujer. Familia.

¿Orgasmo Cósmico?

Cuando se entiende la Trinidad de Vida, Dios, compuesta por Espíritu de Vida, Padre e Hijo, entonces no puede haber dudas de que el estado natural para el hombre y mujer es la familia; es el estado que el proceso existencial, Dios, estableció sagrado, natural, intocable a Sus ojos. Es obvio. La especie humana, y todas las especies, se asocian naturalmente, conformando familias, colonias. Dios es la consciencia de la Unidad Existencial y ésta es la asociación de Todo Lo Que Existe, Todo Lo Que Es. Todo es parte del "cuerpo" de Dios.

La familia es la analogía en la Tierra (en la especie humana) de la Trinidad Universal de Vida.

Hombre y mujer, compañeros de vida para ser ambos uno, una unidad de re-creación, en familia, porque ese es el Plan de Dios (entendido Plan como Proceso Existencial) por el que hace realidad Su promesa: la vida eterna. (De la familia inmediata hay que extenderse a la familia humana, a toda la especie hecha a sí misma *Una* para sustentar la realización de sí mismas de todas las individualidades dentro de ella).

La relación entre hombre y mujer no necesita de papeles, de documentos que certifiquen la relación frente a los ojos de Dios.

La pareja que se define como una unidad de re-creación de vida frente a Dios es inseparable, con papeles o sin papeles.

Sólo la pareja puede definir su relación, y disociarla si dentro de ella no realizan lo que ellos desean.

Si la sociedad exige papeleo, entonces cumplimos con el papeleo ya que la exigencia de la sociedad no interfiere, no menoscaba la santidad ni la validez de Dios por una relación natural que priva por sobre todo el papeleo del hombre.

La relación hombre y mujer es físico-espiritual; es una relación que teniendo que ver con el Espíritu de Vida solo atañe a la pareja y su relación frente a Dios. Nadie puede determinar la validez por ellos, sino sólo regir para velar sobre los aspectos temporales, siempre en beneficio de ambos como unidad, de cada uno frente al otro en caso de disociación, y teniendo en cuenta el impacto en los hijos.

La promesa de fidelidad entre esposos no implica obligaciones entre ellos de mantener la relación. La relación entre esposos es una oportunidad para experimentar fidelidad a lo que uno cree, ¡frente al otro! La sociedad tiene la responsabilidad de velar por quién sea afectado por la falta de consciencia del otro, pero no juzgar su conducta.

Ninguna institución del hombre, ninguna iglesia, tiene autoridad para obligar a mantener una relación distorsionada que no cumple ningún propósito positivo para la pareja ni para quienes dependen de ella. No se puede obligar a nadie a sacrificar felicidad en nombre de una relación con Dios.

¿Cómo usar una relación con Dios, <u>a la que no se conoce</u>, como la razón o base para hacer, o exigir hacer esto o lo otro, en una relación íntima que solo puede ser diseñada por la pareja, de mutuo acuerdo, en ejercicio de la voluntad natural?

¿Cómo regirse por interpretaciones de la Voluntad de Dios cuando esas interpretaciones van contra el Espíritu de Vida a Quién no se le toma en cuenta?

Inicialmente creí que la relación sexual estaba dispuesta solo para re-creación de vida y para disfrutar de ella durante el período natural no fértil de la mujer.

Pues, no hay nada que desde Dios se nos exija hacer algo de una manera u otra.

Todo es cuestión de consciencia del proceso existencial que vamos alcanzando y por la que vamos actuando.

Si deseamos actuar en armonía con el proceso existencial entonces, antes que nada, antes que ponerse a regir qué hacer o no, cuándo hacerlo y cómo hacerlo, <u>debemos conocer el proceso existencial</u>.

¿Qué hacer cuando no "sabemos" qué hacer?

Ya nos ha sido dicho,

« *Amar*.

***Extender a todos lo que se desea para uno mismo* ».**

Podemos hacer todo lo que deseemos siempre y cuando no dañemos la vida ni el ambiente energético que la permite y sustenta, no afectemos los derechos naturales de los demás, demos a todos las mismas oportunidades que desea-

mos para nosotros mismos, y pongamos a disposición de todos lo que es de todos.

Con el tiempo llegó la validación en los casos antes revisados, con algunas correcciones y, o extensiones. Particularmente en lo que se refiere a la actividad sexual, además de ser medio de reproducción de la especie es un instrumento de la relación entre el hombre y la mujer, de la re-creación como *unidad de re-creación del proceso existencial,* e instrumento de re-distribución energética en el ser humano, individualmente y en pareja. Más aún, la relación hombre y mujer es análoga a la relación entre Dios y la especie humana, y todo lo que ocurre entre ambos en la Tierra, hombre y mujer, tiene lugar entre Dios y la especie humana, en otra dimensión energética y bajo otro concepto primordial del que derivamos nuestro concepto racional y sus prácticas, y los prejuicios por temor por ignorancia del proceso existencial. ¿A quién se le ocurre pensar en un *orgasmo cósmico* que efectivamente tiene lugar en el universo, y al que lo observamos, exploramos, y con el que nos deleitamos como un fenómeno energético a otra escala y bajo otra percepción mental? Sólo el temor y la ignorancia nos impiden reconocer este fenómeno primordial en la Unidad Existencial, en Dios.

Entrando a la Primavera

Marzo de 2002

- ¡Es increíble! Ya dejamos atrás el invierno y estamos otra vez llenos de trabajo - me dice Norma luego de regresar de otro día de plena actividad, y agrega,

- Casi no me la creo que estemos en Marzo... ¿eh? ¡Ya mediados de Marzo! Tanto que yo había esperado el invierno para descansar y mirá ahora, estamos otra vez a pleno trabajo... y tanto que a mí me gusta cuidar de mi casita y mis plantitas... atender mis perritos y disfrutar mis pajaritos que me cantan tan contentos cuando me ven por aquí, en la cocina... - y se dirije ahora a sus dos canarios,

- ¿Cómo están mis bellos pajaritos?

Los dos canarios se miran entre sí una y otra vez, y luego a Norma que agrega,

- ¿Extrañan a Pipo? ¡Oh, sí, claro que sí! Yo también extraño a mi pobre Pipo, mi... - y suelta su llanto.

Me acerco a ella y tomándola entre mis brazos la estrecho contra mí, y le digo,

- Ya vamos a buscar otro lorito...

Norma no me deja seguir.

- Pero es a Pipo que yo quiero.

No sé que decirle ahora y soltándola poco a poco la dejo para irme a la oficina mientras ella se enjuga sus lágrimas.

Me siento frente al escritorio.

Me duele haberme venido a la oficina, pero tuve que hacerlo.

No sé cómo expresar todo lo que siento dentro de mí. Por una parte, por lo que ella todavía sigue sufriendo, "por lo que Dios hizo con vos pero olvidándose de mí" como dice porque no puede aceptar que nosotros somos quienes tenemos que buscar entender, y es lo que yo tanto busco completar; y por otra parte, ¿cómo voy a negar a Dios a pesar de lo que veo en ella?

Norma soltó a Pipo en San Antonio en un arrebato de frustración por todo lo que estaba ocurriendo conmigo en Julio pasado, luego de que fuera necesario irme allí escapando de mis perturbaciones. Norma amaba a ese lorito y ahora siento yo una gran pena y no me resulta fácil contener mis propias lágrimas que responden a una confusa mezcla de sentimientos y emociones dentro de mí.

En un instante cruza por mi mente todo lo acontecido en Julio pasado.

Me veo a mí mismo pasando por todas las diferentes fases: aterrorizado, angustiado, ausente, sorprendido, extasiado, maravillado, confuso, perturbado, calmo... finalmente liberado después de casi llevarme por delante aquella telaraña. Y la veo a Norma junto a mí en todas esas fases, sola, simple e inmensamente sola, sin tener idea de lo que me estaba ocurriendo a mí... y yo sin poder hacer nada. ¿Cómo podría ella entender lo que el mundo no puede enseñarnos sino sólo Dios?

Si queremos entender, tenemos que ponernos a entender.

...

Yo ya le he dicho a Norma en varias oportunidades que tenemos que aceptar lo que ocurre, para tranquilizarnos; y luego ir a Dios para entender, pero ir a Dios dentro nuestro, no al Dios del mundo. Tenemos que ir a Dios en nuestro corazón, en nuestra esencia, en el alma, que se manifiesta en los sentimientos profundos, originales, no en las distorsiones que vamos acumulando por la inducción o la influencia desde el mundo.

Cada vez que tengo oportunidad me recuerdo a mí mismo una orientación de Dios, en voz alta frente a Norma para estimularla y engancharla en una interacción conmigo,

« En la aceptación se abre el camino al entendimiento ».

- Yo no tengo nada que aceptar. Yo no he hecho nada - me responde últimamente sin agregar nada más.

Yo le he pedido que acepte lo que ocurrió tal como le digo, y que trate de comprender que yo mismo todavía tengo que entender bien por qué pasó todo eso. Sí, tengo mucho que entender todavía, pero no tengo ninguna duda de lo que sé, que fue Dios y sigue siendo Dios, y que la acción de Dios es siempre para el bien aunque ahora para Norma parezca todo lo contrario. Tenemos que aceptar que algo hacemos mal, que estamos en desarmonía con Dios, para entonces poder "entrar" a la armonía a través de nuestra aceptación. Si no aceptamos que estamos equivocados en nuestra relación con Dios tal como cree y nos lo enseña el mundo, no podremos rectificar, corregir.

Aceptar es decirle a Dios que deseamos ir hacia Dios.

- ¿Aceptar qué? ¿Qué he hecho yo mal sino trabajar, ocuparme de la familia, de todos, ganándome todo a costa de esfuerzos y renunciamientos, dejando mi país, mi tierra, mi familia, todo lo que yo amaba, lo mío, mi cultura, para seguirte a vos, a tus sueños? Yo voy hacia Dios con mis sentimientos, siempre. ¿Vos hiciste algo mal? Yo no" - fueron casi invariablemente sus respuestas a esas "invitaciones" mías para motivarla a revisar juntos mi experiencia de Dios.

- No vos sino todos en general... - he tratado de explicarle.

- Yo no tengo la culpa. ¡No tengo la culpa!, ¿sabés? ¡Yo no he hecho nada malo! - responde, y con mucha verdad desde donde ella alcanza a visualizar estas cosas.

- No, no se trata de la culpa de nadie sino de reconocer que no estamos en armonía con Dios, con el proceso existencial, y por eso sufrimos...

- No, no, no. Qué armonía ni qué nada. Esto es lo que me hace sufrir: el perder todo el trabajo, el esfuerzo, lo que amo... - Norma no puede dejar de interrumpirme. Realmente le duele todo lo que ha pasado y no puede aceptar todavía.

A veces me cuesta sobreponerme a mi frustración por no poder abrir una puerta para Norma para que me entienda lo que trato de decirle. Supongo que es cuestión de tiempo. Tengo que encontrar una forma de explicarle a ella, y a todos.

- No es la culpa individual - insisto, y agrego,

- Es la culpa de todos, de la civilización, del mundo, por la falta de consciencia de Dios que tiene el mundo y que se transfiere a nosotros y por ello no entendemos y sufrimos. Todos tenemos a Dios en el corazón, pero necesitamos desarrollar consciencia, entendimiento de Dios que está en el corazón. Nosotros, cada uno, debe ocuparse de hacer lo que sea para entender a Dios que está en el corazón.

[Culpa es un concepto racional distorsionado de una orientación primordial para reconocer el error; distorsión derivada de la falta de consciencia, de la falta de entendimiento de Dios, del proceso existencial y nuestra relación con él. Sentir culpa es un llamado a rectificar].

- ¿Y por qué Dios no me hace entender, eh? ¿Por qué no? - reclama Norma.

- Algo tenemos que hacer por nosotros mismos. Todo esto que está pasando desde Julio pasado es parte del proceso para entender a Dios y que está siendo orientado por Dios, pero necesitamos tiempo, no podemos hacerlo de un instante a otro, y además... - trato otra vez, y deseo agregar que siempre es necesario aceptar lo ocurrido pues nada puede cambiar lo ocurrido...

- No, no, no. ¡No! Dios no actúa así - me corta Norma.

- ¿Hablaste con Dios?

- ¡Todos los días hablo con Dios! - me responde.

- ¿Entonces por qué no le preguntás vos misma qué debés hacer para entender lo que Él está haciendo o dejando de hacer con vos?

La falta de entendimiento del mundo, de la consciencia colectiva de la especie humana en la Tierra, nos afecta individualmente si no sabemos hacernos libres del mundo, en este caso, hacernos libres de sus intepretaciones racionales y prácticas culturales en lo que respecta a Dios. Pero, ¡cuidado! Hacernos libres no significa renegar ni destruir, sino crecer desde ella, desde la consciencia colectiva. Tengo muy presente la orientación de Dios,

« Rectifica, no destruyas ».

Siempre que toco este aspecto también tengo en mente lo que Dios le dijo a Moisés,

"La falta de los padres (la falta de consciencia, falta de entendimiento) se pasarán a los hijos hasta la cuarta generación (hasta innumerables siguientes generaciones)",

lo que me dijo Dios a mí,

« En la aceptación se abre el camino al entendimiento »,

y también,

« Al Conocimiento (consciencia, entendimiento) se llega a través del Amor ».

Amor es expresión de la consciencia de armonía, siendo armonía la característica de la interacción entre dos partes por la que resulta el entendimiento de sí misma de la interacción. Si no es fácil es porque no nos ponemos a entender interactuando con la fuente del entendimiento, con Dios. Tenemos que recorrer un camino que nadie hará por nosotros, que nadie puede hacer por nosotros.

...

Estar sentado en la oficina frente a los borradores de estimados y las listas de trabajos hechos en los últimos días, la luz roja titilando en el teléfono indicando mensajes de los clientes, y el fajo de correspondencia que saqué del cartero al entrar hace un rato y acabo de dejar en la bandeja, me dicen que efectivamente estamos ya en una nueva temporada plena de trabajo.

"Sí, se fue el invierno; hace rato ya", me digo a mí mismo.

Y una vez más, antes de comenzar a hacer el trabajo rutinario de oficina de esta hora del día, fijando mi vista en la pared frente a mí, "salgo de mí" para vagar con mis pensamientos por los últimos meses. Después de todo, algo tengo adelantado y ya vi que solo hay dos llamadas por responder y una por hacer por el estimado que tengo listo. La correspondencia puede esperar hasta el fin de semana.

El invierno es nuestro tiempo de descanso para ambos, Norma y yo.

Durante todo y cada año de trabajo los dos esperamos con ansias crecientes a lo largo del mismo la llegada del invierno, y muy especialmente Norma, que además de su amor por la casa y todo lo relativo a ella y los animalitos y las plantas, tiene una gran presión por la gente con la que debe trabajar y manejar. No es mala gente, no, pero culturalmente no están acostumbrados a ser supervisados por una mujer, mucho menos en este tipo de trabajo. Sin embargo, aunque tal vez Norma no se da cuenta, es un gran logro para ella, ha venido haciendo un excelente, extraordinario trabajo.

Sí, es un gran logro para Norma, a pesar de que hay quienes se burlan de ella, y hasta la rechazan por su trabajo, simplemente por absurdos prejuicios culturales. Se entiende que por razones culturales se me rechace más a mí por permitir, y hasta "por obligar", como se me dijo, que mi esposa trabaje fuera de la casa. Sin embargo, no me siento mal, ni por el rechazo hacia mí ni por permitirle a Norma trabajar en algo "tan fuera de lugar para una mujer, y más para ella en particular teniendo a su esposo profesional", según consideran algunos allegados. No puedo sentirme mal por algo a lo que hemos llegado juntos, algo que hemos decidido juntos sin que yo la presionara, a pesar de todo lo que pueda decirse de las características del trabajo, pues precisamente por eso es que resulta ser un logro extraordinario el trabajo de Norma, que habla de la clase de mujer que es Norma, dispuesta a lo que sea necesario para hacer realidad los proyectos en los que nos embarcamos toda la familia. Ella quiso renunciar a la limpieza de casas, servicio que manejaba totalmente sola y por su cuenta, para tomar el mando de una de las camionetas de trabajo de

BCHS, y que yo le enseñara a manejar la camioneta con el trailer y el equipo de trabajo. Para manejar la gente Norma cuenta con una habilidad natural; yo sólo le señalé algunos aspectos que ella tiene que tener en cuenta y que sólo la experiencia nos da. Pero, a pesar de las habilidades para manejar la gente, Norma pasa a veces muy malos ratos con los empleados por sus actitudes de desafío a ella sólo por su condición de mujer; no es nada fácil que la gente supere sus prejuicios culturales. Sin embargo, Norma trabaja todo el tiempo a la par de ellos y su grupo tiene el mismo rendimiento de trabajo que el mío. No obstante, quienes están cegados por sus prejuicios no podrán ver lo que realmente cuenta. Lo realmente penoso para ella es cuando quienes están cegados son amigos y familiares.

Cuando pienso en estas grandes cosas de Norma, su entrega a la familia y al trabajo, me duele que ella haya tenido que pasar por aquéllo de "dejar todo" en Julio pasado, pero yo no podía hacer absolutamente nada sino lo que de alguna manera era llevado a hacer para "escapar" de mis perturbaciones, siguiendo algo, u-na fuerza que yo no controlaba y a la que no podía oponerme por-que necesitaba salir de mis perturbaciones, y menos me opondría si yo no sentía emociones por ella frente a su sufrimiento por de-jar todo. Simplemente yo sentía que debía dejar todo y debía ha-cerlo. Yo veía sufrir inmensamente a Norma, sí, yo era conscien-te, pero, y a pesar de ello, yo no podía hacer nada. Yo no tenía e-mociones en ese momento.

Ya recuperado de los efectos de la experiencia del "infierno" y mis "desobediencias" o desarmonías con Dios, y seguro de que todo iba retomando el camino de la normalidad, le propuse a Nor-ma hacer un arreglo especial en el jardín de nuestra casa, en el frente y atrás; en el patio se extendería a todo lo largo de la gale-ría junto al amplio ventanal de la sala diaria y al jardín abierto ha-cia el riachuelo que corre por los fondos del terreno.

Lo haríamos durante el invierno.

Norma aceptó con un cauteloso júbilo. La entendí, aunque yo hubiera querido disfrutar una reacción más efusiva. Todavía no se había disipado totalmente en ella el recuerdo de lo que había pasado en Julio cuando "la hice dejar todo". Sí, entendí, pero a pesar de entender yo ya tenía mis emociones totalmente de regreso a mí. Allí fue cuando terminé de darme cuenta de que las emociones son parte del proceso de entendimiento; suministran variaciones que no podríamos generar si no fueran por ellas, variaciones necesarias para hallar el "punto medio" en el que nos sentimos bien. Entonces vino a mi mente lo que Dios me había dicho el 4 de Julio, muy poco antes de nuestro encuentro en la Luz,

« Siempre vas a caminar por el borde, entre el verde y el concreto ».

Se redujo drásticamente nuestro trabajo regular luego de los arreglos de jardines antes de la Navidad, y entonces comenzamos a trabajar en nuestro propio proyecto, trayendo piedras y comenzando a trabajar Norma y yo con ellas en el diseño, acomodando algunas piedras por aquí, viendo el arreglo, luego modificándolo y viendo otra vez, y así hasta tener idea de la disposición final; y también haciendo yo los preparativos de lo que iba a hacer en madera.

No trabajamos en la compañia las dos semanas de Navidad y Nuevo Año.

No fue un invierno tan frío como habíamos pensado.
Para mí fue un invierno muy diferente a los anteriores en otros aspectos.
Los inviernos pasados yo los había esperado para "descansar" trabajando en el taller, haciendo siempre algo más en mi interminable gran proyecto de construcción, descansando así de la rutina del trabajo en los jardines. Y antes de Julio pasado esperaba como siempre el próximo invierno, para seguir la construcción de la planta alta. Pero no este último invierno, ya que quise dedicar-

me a mis reflexiones y pasar en limpio parte de los nuevos escritos y las notas tomadas durante el trabajo luego del 18 de Agosto; particularmente quería ordenar las orientaciones de Dios y lo que venía entendiendo de ellas.

En el tiempo en que yo mismo me tenía asignado dedicarle al taller, como todos los inviernos, aproveché a estar allí con nuestro mecánico para hablar un poco de todo por un rato, y luego, mientras él se ocupaba del trabajo de limpieza y reparación de las máquinas, yo me dedicaba a mis escritos.

...

- Buen día don Juan - me saludó Rogelio, el mecánico, que ya estaba esperándome frente al portón de barras verdes del taller, agregando,
- ¿Vamos a soldar hoy?

Yo venía postergando reparar un trailer y la semana anterior le había dicho que ese día, ese fin de semana, lo haríamos; no obstante, una vez más decidí postergar la soldadura. Además de que quería continuar con mis escritos, había algo sobre lo que quería pensar antes de volver a soldar, algo acerca de la radiación que emite el arco de la máquina de soldar. Por otra parte, esa mañana, estando en el baño de casa después de levantarme, había venido otra vez a mi mente,

"...Y Dios hizo la luz".

"Sí", me dije a mí mismo, "Dios lo hizo, pero la energía ya estaba presente". Entonces quise dedicarle algo de tiempo a la luz, y esa mañana lo haría luego de escribir.

- No, no, Rogelio. Definitivamente vamos a hacerlo un poco más adelante, en la primavera. Quiero seguir dedicándole tiempo a mis papeles - le respondí.

- Está bien don Juan, entonces voy a seguir con las sopladoras.

Seguimos conversando un rato, mientras tomamos café él, y té yo; y luego me puse en lo mío.

Ordené todas las notas por fechas y las engrapé por semana.

Más tarde traté de comenzar un relato secuencial en un cuaderno grande que había comprado para eso, pero no pude. No sé por qué, pero no pude sino escribir algunas reflexiones aisladas con respecto a las orientaciones; eso sí. Algo me impedía crear un relato secuencial coherente.

Recordando las orientaciones de Dios,

« Detente, siéntate, observa, cruza. Luego vuelve a bajar la cabeza »,

"Si no sabes qué hacer con respecto a algo en particular, no hagas nada hasta que recibas la señal",

desistí de hacer un relato secuencial por el momento. De algún modo yo sabría cuando ya estuviera listo. "Esto es algo con Dios", me dije. Esperaré.

Entonces me puse a hacer dibujos sobre el universo y el mecanismo por el que se hace eterno. Obviamente, eran primitivas versiones gráficas de los *super conocimientos* que había recibido en Junio pasado y lo que había venido pensando sobre ellos después del 18 de Agosto; dibujaba y engrapaba esas primitivas interpretaciones junto a todo lo que yo había re-escrito luego de mi experiencia de la armonía frente a la telaraña.

Hice muchos dibujos, ¡vaya que sí!

Alterné mi tiempo de dibujo con las reflexiones, y ponía lo que concluía junto con las notas correspondientes.

La caja de escritos y dibujos fue creciendo poco a poco.

Con nuestros empleados comenzamos a trabajar en el proyecto de nuestra casa a mediados de Febrero.

Fuimos haciéndolo poco a poco, alternando con el trabajo a nuestra clientela regular que todavía se encontraba reducido.

Fue un gran trabajo. No fue totalmente concluído, pero quedó muy bonito todo lo que se hizo. Terminamos el trabajo más grande con las vistosas piedras lajas rojas en los canteros para flores en el frente y atrás, y alrededor del árbol del frente; empedramos un área en el patio, enfrente de la galería; y comenzamos lo que será una amplia jaula para pájaros, de forma octagonal, enfrente de la galería y debajo de un gran árbol viejo de roble al que le dimos forma podándolo alto, para darle espacio a esta jaula debajo de él pues será suficientemente grande como para entrar de pie.

A finales de Febrero comenzó, como siempre, la temporada de los estimados para las grandes limpiezas de los jardines después del invierno.

Le dediqué algo más de tiempo al hacer los estimados. Aproveché a hablar un poco de mi encuentro con Dios cuando se me daba la oportunidad.

Una tarde estaba en casa de un cliente para hacer el estimado de un trabajo grande de limpieza. No era nada complicado pero el terreno es extenso, especialmente atrás que se confunde con el campo de golf, y tiene muchos árboles y arbustos. Había mucha hierba alta en los canteros. Por otra parte, el cliente es una persona conocida desde que llegamos a Texas, tenemos confianza y a veces esa relación personal no es la mejor para hacer negocios. Hubo algún regateo en el estimado. "No es un trabajo difícil, es verdad", le dije, "pero toma buen tiempo hacerlo, y si se hace mal tú vas a ser el primero en reclamar", agregué.

- Está bien hombre. ¿Y qué más? - me dijo una vez acordado todo, invitándome a una cháchara, conversación.

- Tuve una experiencia… un encuentro con Dios - le dije luego de un intercambio de otras cosas sosas.

- A ver, a ver. Cuéntame hombre - me alentó.

Y le conté por un largo rato.

- ¡Déjate de majaderías[a] hombre! - me sorprendió de pronto, y agregó antes de que yo tuviera tiempo de decir algo - tienes que dejar todo en manos de Jesús. Para eso vino al mundo, ¿no?, para salvarnos. Para eso lo mataron. ¿Para qué quieres complicarte la vida buscando a Dios, y dónde está y nuestra relación con Él, si te dice esto o aquello? No, no hombre. Jesús es nuestro salvador.

Jesús murió para salvarnos a nosotros, a tí, a mí, a todos. Sólo hay que creer en él, y eso es todo amigo mío. Te estás haciendo todo muy difícil para ti mismo por nada. Mira, deja todo quietecito, calladito, y te pones en manos de Jesús. Además, ¿qué es eso de que el universo es la Casa de Dios, ah? La casa de Dios es la iglesia. ¿De dónde sacas tú esas cosas? No, no, yo estoy claro en lo que creo y eso es. La Biblia, Juan. La Biblia es lo que te hace falta.

- ¡Oh! Tú la has leído, ¿eh? ¿Te conoces toda la Biblia? - le pregunto con cierto asombro pues nunca antes habíamos hablado de estas cosas - y agrego para animarlo a extenderse más - entonces tú puedes decirme qué parte de la Biblia sería la mejor para empezar para entender a Dios...

- No hombre, no. ¡Qué va! El padre de la iglesia la lee para nosotros los domingos, y yo hago lo que él dice porque eso que él dice está ahí, en la Biblia. "Yo soy tu salvación" dijo Jesús, y sí, yo creo, yo creo mi amigo.

- Voy a pensarlo - le dije para no seguir con aquella línea de interacción.

Me puse a reflexionar mientras me iba en la camioneta lentamente dándome tiempo a revisar en mi mente lo que me había dicho. Luego escribí por un rato a la sombra de unos árboles en un parque cercano donde me detuve para eso.

En la interacción con todos es que voy a ir aprendiendo a reconocer quién está listo y quién no, y aprendiendo a conducirme yo mismo frente a lo que yo creo y entiendo, y a lo que otros crean y entiendan.

Creemos en Dios, es verdad. Estamos "diseñados" para creer en Dios, aunque a veces Le neguemos porque no entendemos lo que ocurre en nuestro mundo y entonces nos resistimos a creer en las versiones o interpretaciones racionales de Dios, Quién no es sino el Origen del ser humano y de todo lo que existe, de todo lo que es.

Pero, una cosa es creer y otra cosa es saber, tener convicción absoluta, tener FE.

Creer está basado en esperanza; FE no es esperanza sino la convición, el saber sin dudas, sin especulaciones. Sólo el reconocimiento íntimo, por sí mismo, primero, y luego la confirmación por la experiencia, nos conduce a la FE.

Creer no es FE, sino la aceptación de algo que nos llega por otros; es fe si se refiere a aceptar lo que otros nos dicen acerca de Dios.

Creer como usualmente lo entendemos es una versión cultural de esperanza; es una expectativa, una especulación racional basada en la estimulación primordial de *armonía* que nos orienta a asociarnos con el objeto en el que se cree.

FE es un <u>reconocimiento</u> primordial, viene del alma.

Esperanza es también de origen primordial, pero <u>es una estimulación a asociarnos</u> que *si se hace en relación a Dios es creer (como fe). Asociarnos cuando la asociación es para extender lo que nos hace felices es* <u>*amor*</u>.

***Emite* esperanza la Fuente.**

***Recibe* esperanza el ser humano, en el alma.**

Si la identidad temporal del ser humano receptor reconoce la Fuente de la esperanza, entonces el receptor tiene FE.

La versión cultural de tener FE es creer, tener fe, aceptar.

Esperanza es lo que tiene la Fuente, la que también es el origen de los deseos primordiales.

Esperanza tiene la Madre, la Fuente, en la eternidad; y FE tiene (desarrolla) el Hijo, el ser humano en su presente. (Ver más adelante al regresar a Abraham).

***Emite* deseos la Fuente.**

***Recibe* deseos el ser humano.**

Pero vayamos con cuidado, pues hay versiones culturales de esperanza y deseos que se desarrollan en la estructura de identidad temporal del proceso SER HUMANO.

Hay que entender la interacción entre alma y cuerpo, interacción entre las *dos identidades*, <u>natural</u> en el alma, y la <u>temporal</u>, cultural, en el cuerpo, que tiene lugar en la mente. Ver referencia (2), para todos (I) I.1 a I.3, y más avanzada (II).4, vol. 1.

Hay un gran error cultural acerca de Jesús como Hijo Único de Dios (la relación primordial entre Dios y Jesús y todos los seres humanos es la misma); y la misión que le trajo a Jesús a este mundo fue una misión escogida por él, no por Dios.

Yo no había entendido lo suficiente todavía cuando hablé con mi amigo-cliente, y menos cómo motivar otra aproximación a la Verdad. Por eso no quise engancharme en una discusión con alguien que siendo buena persona no estaba racionalmente preparada para un cambio de esta naturaleza. No hay problema; después de todo <u>su aproximación a la Verdad es simplemente parte de un proceso de evolución de la consciencia</u>, del entendimiento, y nada puede ni debe hacerse contra la voluntad; es desarmonía con Dios el tratar de forzar la voluntad de otro, excepto si es para evitar que dañe a otro u otros.

Necesitamos entender la diferencia entre religión y espiritualidad. Y me puse a entender esta diferencia entonces, a la que reconociendo no sabía explicarla en ese momento.

Religión es la interpretación racional y sus prácticas culturales de las manifestaciones espirituales, primordiales o eternas.

Espiritualidad es el sentimiento de Unidad Existencial, *Somos Uno*; sentimiento de infinidad a través de la eternidad. Infinidad es eternidad. Infinidad no es un espacio abierto absolutamente, sino finito, aunque sea inalcanzable por sus dimensiones; es eternidad por su re-creación infinita, por una sucesión infinita, absolutamente interminable, de las re-creaciones de sí mismo del espacio cerrado.

[a]
Pistoladas en Venezuela; macanas en Argentina; tonterías en buen español.

- ¿Vas a cenar ahora? - Norma me saca de mis pensamientos.

- Sí, ahora voy.

- ¿Hiciste ya las cosas para mañana?

- Sí, ya tengo casi todo listo - le miento en parte, pues aunque no he hecho nada ya tengo desde anoche adelantadas las listas de trabajo para mañana y sólo tengo que imprimirlas.

- Yo no te oí contestar los mensajes - me dice todavía procupada porque se me olvide algo debido "al tiempo que le dedicás a tus cosas" como ella me suelta a menudo.

- No, solo hay dos llamadas esperando... bueno, tres en realidad, y que las hago enseguida, después de comer. Es temprano todavía.

- Está bien, está bien. Pero que no se te olvide, ¿eh?, y no lo hagás tarde que vos sabés que a la gente acá no le gusta que le llamen tarde. Y a ver si seguís yendo a la cama temprano, ¿eh?

Norma se refiere a que por fin vengo reduciendo el tiempo de lectura de la Biblia en las noches.

Ya en el mes de Abril.

Dios comienza a "llamarme" otra vez.

Dejamos atrás el período más pesado de limpieza de jardines después del invierno. Ahora estamos a pleno con la instalación de abono y protección de los canteros con corteza de pino (mulch), y con las flores.

Continúo con las reflexiones e interacciones crecientes con Dios, particularmente en las noches cuando salgo a caminar con los perros. Sigo recibiendo un incesante flujo de orientaciones, y teniendo sueños casi siempre en la madrugada.

Vamos ya adentrándonos en la temporada fuerte de servicio con un trabajo creciente. Todo indica que vamos a poder hacer un plan para trabajar a un ritmo sostenido y que sea realista para

ambos, Norma y yo, ya que hemos encontrado buenos empleados para hacer frente a la creciente demanda de trabajo y a los
compromisos financieros que hemos contraído en los dos últimos
años. Consolidaremos las deudas después de reducirlas con un
fuerte pago al que vamos a destinar la mayor parte de las utilida-
des de este año, y entonces bajaremos el trabajo al nivel que
podamos hacer frente con un solo grupo de trabajo que manejaré
yo para que Norma vuelva a casa. Tenemos que poder hacerlo.
Ha sido mi error haber contraído demasiadas deudas dejándome
llevar por el entusiasmo de los proyectos. Ahora tengo que hacer
lo que sea necesario para resolver esta situación e ir reduciendo
la carga de trabajo a Norma, aunque por ahora, inmediatamente,
no es posible. Pero, también me pregunto casi a diario, cuándo
dispondré de algún tiempo para mí, para pasar los borradores y
apuntes del recuento disperso de todo lo sucedido, de las orientaciones, los *super conocimientos*, y las reflexiones.

Yo ya tengo un ordenamiento de mis notas engrapadas por semanas, pero dentro de cada semana y desde el principio de las
reflexiones, yo vengo "saltando" durante las reflexiones de un aspecto a otro totalmente diferente, para luego regresar a alguno de
los anteriores. Hay una permanente revisión cuando algo que luce
bien en un caso no es consistente luego frente a otro. Mis reflexiones sobre las orientaciones no siguen ningún orden racional ni
el orden de su aparición sino que responden a un impulso dentro
de mí.

Anticipo que ordenar todas las reflexiones por aspectos será
una tarea agotadora.

"Me servirá para revisarlas", me digo, y no me asusta; no, no,
nada de eso. El problema es por el tiempo que requerirá revisarlas porque ellas irán en aumento con las reflexiones diarias, y porque el flujo de orientaciones y los sueños no cesan (¡gracias a
Dios! que no cesan, pues no deseo interrumpir mi interacción con
Dios) pero me pregunto cómo manejar este volumen de información, reflexiones e interacciones, y sus revisiones.

—

Mantengo una continua comunicación con mi hermano espiritual Marcelo; es la única persona que creyó en mí totalmente desde el principio, sin dudar, y que continúa haciéndome inmensamente feliz por dejarme participarle esta maravillosa experiencia con Dios.

A mediados de Abril, Dios comienza a llamar mi atención.

Yo lo sé, es inconfundible, aunque no entiendo aún la razón.

Sé que es Dios porque de aspectos sobre los que en un momento dado estoy reflexionando o explorando surgen fuertes pensamientos "desconectados", sin relación aparente directa con esos aspectos en curso; son pensamientos a los que no puedo dejar de prestarles atención.

[Yo no lo sabía en ese momento, pero otra vez había puesto en marcha una interacción con Dios al reconocer aspectos primordiales referentes a la relación entre Dios y la especie humana a través de la familia de tres componentes (que se refería a la *Estructura Trinitaria Primordial*, que ya vimos).

Esto comenzó desde que tuve el encuentro con la garcita blanca. Desde esa noche yo me puse a pensar a menudo para reconocer completamente y entender el mensaje que contenía esa imagen.

Con esta dedicación mental fui estableciendo los parámetros de "sintonización" con Dios.

Veamos a continuación algunos de los temas en los que yo estaba ocupado, antes de que nuevamente se abrieran de par en par las *"Puertas del Cielo"* y comenzara un flujo de orientaciones eternas por varios días previos a la Segunda Manifestación de Dios a Juan, la noche del 30 de Abril].

—

45

Semillas Espirituales. Virtudes.

Espíritus de Vida.

Etapas de Re-Creación Universal.

« El universo es una colosal forma de vida ».

Había estado reflexionando sobre las *semillas espirituales*, las virtudes que Dios nos concede a cada uno de nosotros en el instante de nuestra concepción, las que luego en la vida y conforme vamos desarrollándonos, dan la característica particular a nuestra vida, nuestra personalidad. Las virtudes crecen con nosotros mismos; lo hacen para definir y reforzar la particularidad individual como ser humano a la que llamamos *identidad,* sea frente a nuestros hermanos, al prójimo, o frente a Dios, dentro de nosotros mismos.

Estaba viendo la virtud original, natural, y cómo luego se modifica por la interpretación racional y práctica cultural que nos llegan desde la consciencia colectiva de la sociedad a la que pertenecemos y bajo la que nos hemos desarrollado.

Cuando cultivamos esas virtudes conforme el mundo las reconoce decimos que tenemos virtud, que somos virtuosos.

Por ejemplo, decimos que tenemos *virtud de prudencia* cuando nos caracterizamos para identificar todos los potenciales problemas en nuestra vida, en las relaciones, en el trabajo o negocio, y analizamos todas las variantes que podemos imaginar antes de tomar una decisión final en algún aspecto que surja en el curso de las actividades, para prevenir la aparición real de problemas potenciales y evitar efectos. Es la versión de la *prudencia racional.*

Pero cuando la prudencia se define como el anticipar aspectos que pudieran perjudicar a nuestro hermano o prójimo, es decir, definimos la prudencia desde el punto de vista natural, entonces esa virtud de la prudencia que poseemos y usamos para acercarnos a Dios, aún inconscientemente, es una característica espiritual, es una *virtud espiritual de prudencia*.

Podemos en un momento dado hablar de *espíritu de prudencia* si la práctica de esa virtud rige nuestra vida por sobre todas y cualquier consideración material, incluso personal; es decir, cuando anteponemos al prójimo por sobre todas las consideraciones para evitar perjudicarle, dañarle.

Más aún.

Estaba viendo una relación entre las <u>virtudes</u> y <u>los Espíritus de Dios</u>, los cuáles, a su vez, guardan una relación con las etapas universales de evolución (más adelante consolidaría todo esto),

Concepción, Desarrollo (en una dimensión, ambiente energético de transición), Nacimiento (en este ambiente, el mundo), Crecimiento, Reproducción, Reflexión, y Trascendencia (regreso a Dios, al dominio primordial).

Las etapas de re-creación de todo lo que es, todo lo que existe son universales. Se dan en nuestro dominio material también.

Siete días en la Biblia no son siete días sino siete etapas.

Las siete etapas son también siete dimensiones energéticas, una de base sobre la que se hallan inmersos dos dominios trinitarios (tres dimensiones energéticas cada uno)[b].

Si hay vida en la Tierra es porque estamos en un universo vivo. "El universo es una forma o manifestación de vida", pensé.

Dios me lo confirmó,

« El universo es una colosal forma de vida ».

"Nada se crea de la nada".

Nada que no sea inteligente y consciente de sí mismo puede dar lugar al proceso que se reconoce a sí mismo, el proceso SER HUMANO.

---

[b]
Esta estimulación me llevó finalmente a completar el *Modelo Cosmológico Consolidado* que es la descripción de la estructura energética de la Unidad Existencial, Todo Lo Que Es, Todo Lo Que Existe, Dios. Resumen en la Referencia (1) e introducción energética en la Referencia (2), II.4, vol. 1, del Apéndice II.

Nuestro Origen, la Verdad.

Nosotros somos manifestación de la Verdad, Dios, Espíritu de Vida Eterno.

Si provenimos de un proceso energético, el que sea, Creación o por evolución, entonces nosotros traemos en nuestro arreglo energético toda la información del proceso del que provenimos. Ver la misma referencia anterior[b].

No hay tal cosa como muerte.

Muerte es lo que queramos creer.

Nosotros somos los que generamos, con nuestro poder de creación inherente al ser humano, nuestras propias experiencias de paso por la muerte, por el cambio a otra manifestación de vida.

Muerte es cambio a otra manifestación de vida.

No perdemos jamás el reconocimiento de sí mismos al pasar de una a otra manifestación. Perdemos los elementos de la identidad temporal, cultural, que no están en armonía con el proceso existencial.

« Todo lo que te acerca a Mí te lo traes contigo ».

La experiencia del infierno es la experiencia de la "separación" de Dios.

"No tenemos vida sin Dios" quiere decir que Somos Uno con Dios, que **ambos, Dios y el ser humano, son componentes de una unidad binaria inseparable**; también significa que nosotros no creamos inteligencia, capacidad racional ni consciencia sino que desarrollamos esos *atributos concedidos a imagen y semejanza de la Fuente, Dios*, interactuando con Dios.

Desear y Querer.

En las reflexiones iniciales (en la versión original del libro en la Librería del Congreso) me equivoqué muy feamente al concluir que desear era contrario a Dios, que desear estaba en desarmonía con Dios.

Interpreté incorrectamente al confundir *desear* con *querer*.

El deseo proviene de Dios.

El deseo es una estimulación primordial.

El problema no es desear sino cómo manejar el deseo frente a las circunstancias impuestas por el ambiente cultural que practica versiones de las estimulaciones primordiales, precisamente por la falta de desarrollo de consciencia, de entendimiento del proceso existencial y sus elementos.

Querer es una interpretación racional de desear; querer implica demandar, exigir.

No tenemos en cuenta la validez de las palabras dependiendo del nivel de nuestra estructura de identidad en el que las aplicamos. Los seres humanos estamos definidos por un arreglo energético en los dos dominios, material y espiritual (o primordial), y tenemos dos identidades: **una natural, en el alma, es la que desea, y otra temporal, cultural, es la que quiere (demanda).**

Armonía. Obediencia.

En el universo solo hay cabida para la armonía.

La armonía exige que cada uno ocupe el lugar que le corresponde.

No hay lugar más importante que otro.

Una armonía pura sólo es posible si todos son iguales espiritualmente, *en su actitud*, en el reconocimiento frente a Dios, si todos "obedecen", *si todos siguen la relación natural*. Seguir la relación natural no es obedecer, sino solo eso, seguir lo que es natural; al actuar en armonía no hay una obligación contra la voluntad como se implica en la versión racional de obediencia.

Obedecer racionalmente es una versión distorsionada de seguir la armonía espiritualmente.

Buscar y seguir armonía por voluntad, por tener consciencia, entendimiento, no es obligación, no es obedecer contra la voluntad sino que es actuar por consciencia, por entendimiento de la realidad existencial absoluta.

Amar a Dios es buscar armonía, la relación natural entre todo lo que existe, todo lo que es, todo lo que tiene vida. No hay obligación en el amor sino consciencia.

Juzgar intenciones.

No debemos juzgar las intenciones sino los actos.

El amor a Dios nos impide juzgar las intenciones de otros, a las que no podemos alcanzar.

Lo que no entendamos debemos buscarlo en Dios, siguiendo al Espíritu de Vida. Si no "recibimos una respuesta", si no reconocemos la respuesta del Espíritu de Vida, entonces debemos conceder la ventaja a nuestro hermano, semejante.

Como con los deseos, los sentimientos y las emociones, tenemos intenciones naturales, e intenciones racionales que generamos por las influencias culturales, las prácticas del grupo social al que pertenecemos.

Para discernir entre deseos, sentimientos, emociones e intenciones primordiales y las de generación en nuestra identidad temporal o desde el mundo, desde la consciencia colectiva, nos guiamos por el Espíritu de Vida.

Para combatir el terrorismo mundial debemos combatir las situaciones que provocan su aparición, que le fomentan y alimentan.

50

¿Pide y tendrás?

« Todo les ha sido dado ».
« Ustedes son Mi re-creación a Mi imagen y semejanza (con Mis atributos divinos, eternos, con poder de creación de potencial ilimitado, y libres) ».

Debemos dar gracias por habernos sido concedida la vida, la existencia consciente de sí misma.

No debemos pedir sino al Espíritu de Vida por orientaciones.

Semana del 22 de Abril.

¿Por qué Abraham otra vez?

FE, no esperanza.

Me encuentro particularmente inquieto esta semana.

Dios está llamando mi atención cada vez más fuerte, lo sé, pero no es como tuvo lugar entre Junio y Agosto del año pasado. No siento que me haya equivocado como ocurrió entonces con mis especulaciones acerca del mecanismo de la eternidad. Pero hay algo sobre lo que he estado reflexionando y quizás tenga que ver con eso.
Y me puse a revisar.
[Sí, había un problema. Yo no interpreté correctamente lo que sigue sino hasta más tarde. Es importante para la relación con Dios y nuestra interacción consciente con Él].
Seguía recibiendo la estimulación recurrente de Abraham y su hijo Isaac; es decir, de una manera espontánea, sin pensar en ello, aparecía Abraham en mi mente como un impulso venido de

la "nada".

Entendí que la recurrencia de Abraham en mi mente tenía algo que ver con fe y esperanza.

Entonces me puse a reflexionar y leer algunas cosas, y entre ésas otra vez la Biblia. Después de todo, la historia de Abraham proviene de la Biblia (para los judeo-cristiano-musulmanes) y no vi mejor referencia para reflexionar sobre esa historia.

Una y otra vez pensé que la razón de esa recurrencia era una motivación para reflexionar y entender las naturalezas de fe y esperanza, lo que era correcto. Pero, no fue correcto lo concluído.

Veamos.

¡Atención!

Las siguientes reflexiones son incorrectas. Luego, a continuación, las corrijo.

(Señalo aquí las reflexiones incorrectas para mostrar la generación de las distorsiones por buscar referencias en las interpretaciones previas erradas, y para mostrar un error fundamental que todavía prevalece en nuestra relación con Dios).

Yo pensé lo siguiente.

Abraham tenía FE, reconocimiento de Dios,

mientras que Sara, su esposa, tenía esperanza de tener un hijo para Abraham;

y Noé, con su acción de recoger todas las formas de vida a su alcance para salvarlas de la inundación que se avecinaba, era, en su momento y circunstancias, la esperanza de vida.

Luego,

Tener esperanza de vida es tener Espíritu de Vida.

Por eso, me dije entonces, es que fueron las estimulaciones de Dios,

"El que no tiene esperanza ya está muerto"[c];

Dios es Dios de los vivos.

El que quiere abandonarse, morir, dejar de hacer porque no tiene esperanza, ya está "muerto".

Y entonces concluí que,

Si el Espíritu de Vida es Esperanza, luego,

Quién tiene esperanza lleva el Espíritu de Vida y eso es suficiente para que en algún momento se haga realidad aquéllo por lo que siente esperanza.

Esto se había confirmado en Sara y en Noé.

Pero no era así tan simplemente sino que había algo más, mucho más. Estaba viendo todo muy superficialmente.

Seguía equivocándome, sin saberlo, en algo fundamental en la relación entre Dios y el ser humano, y Dios deseaba que yo lo corrigiera.

Fue la primera interpretación sobre esperanza, a la que corregí luego. Lo hice tiempo después, pero incluyo la corrección a continuación.

Corrección.

Es cierto que,

Abraham no tenía esperanza sino FE, certeza de lo que Dios le dijo y él reconoció sin dudarlo jamás;

Sara tenía esperanza de que fuera cierto, no FE, y entonces no hizo nada sino esperar que se diera aquéllo por lo que sentía esperanza;

Noé no tuvo esperanza sino FE, absoluta certeza del mensaje de Dios; esperanza tuvieron quienes esperaron que la acción de Noé salvara la manifestación de vida universal representada por esos animales y la familia de Noé.

Sin embargo,

Vida es sustancia y movimiento.

El Espíritu de Vida está en la re-creación de vida, en la creación de las experiencias de vida.

Espíritu de Vida está en la acción, no en la esperanza, no en la falta de acción. (Creación y re-creación son acciones).

Dios está en la re-creación de vida, y el hombre en la creación de las experiencias de vida.

53

FE es conocimiento, convicción absoluta, por el alma.

Esperanza es expectativa fruto de una acción racional, de una especulación de la identidad temporal, en el tiempo.

Esperanza es una versión temporal de la FE, que precede a la FE, al conocimiento de la realidad de la que se tenía esperanza.

FE es la certeza de algo que tiene lugar sobre toda la eternidad, y puede hacerse realidad en nuestro tiempo.

Esperanza es una expectativa en el receptor generada por la Fuente, <u>para estimular en el receptor el creer en la expectativa y que éste trabaje racionalmente para hacerla realidad en el tiempo en el que se halla el receptor.</u>

Debemos crecer de la esperanza a la FE.

Tener esperanza es una estimulación primordial que nos dice que el objeto de la esperanza es real en algún momento de la eternidad; es real en la Fuente. Luego si se cree, si se acepta eso y se trabaja racionalmente en eso, se hace realidad primero en la mente, es FE, y luego se experimenta.

« Creer, esperar, no es suficiente ».

Hay que hacer realidad lo que se cree, y eso sólo lo hace el que creyendo se pone a trabajar para hacer realidad lo que cree. Vivir lo que se cree es hacer realidad lo que se cree (es diferente a vivir esperando que algo se haga realidad).

Sara y quienes dependían de Noé se beneficiaron de la acción de Dios que <u>fue en respuesta a la FE</u> de Abraham y Noé. Igual con Moisés, más adelante, por cuya FE se beneficiaron los israelitas.

(c)
Ver Apéndice I, Estimulaciones y Orientaciones, particularmente en la sección del 27 de Abril y que se repite en otros días.

Hacia el 30 de Abril de 2002

Un nuevo "río" de estimulaciones y orientaciones fluye desde la Consciencia Universal

26 de Abril.

Siguiendo nuestra ruta de trabajo habitual de los viernes, nos encontramos mi grupo y yo trabajando en una casa situada en la calle Glen Echo, frente a uno de los hoyos del campo de golf de la urbanización Quail Valley.

Es una hermosa mañana, con un cielo azul muy claro salpicado con algunas nubes tempranas que poco a poco se disipan por el calor de la luz solar.

Hace un rato llamé por radio a Carlos para hacerle venir hasta esta zona y así comentarle por un rato acerca de mis reflexiones sobre la familia y las relaciones entre hombre y mujer.

Me respondió dejando notar un tono de inquietud porque yo lo llamara a poco de habernos dejado de ver en la gasolinera.

- Solo quiero hablarte de algunas cosas que he estado pensando - le dije, agregando - no, no. No es nada de qué preocuparse.

- Podríamos hablar después, durante el almuerzo, ¿no? - me propuso.

- No. Prefiero estar un rato hablando solo con vos, ahora - le respondí.

La razón es por algunas cosas que Carlos me preguntó acerca de aspectos particulares en las relaciones entre marido y mujer, hace ya varios días, y yo le dije entonces que nos encontraríamos para hablar de eso. Ahora quiero aprovechar el tiempo que voy a estar por esta área muy cerca de donde él está haciendo estimados de fertilización y tratamientos de grama y arbustos, para hablar de sus inquietudes y de lo que yo mismo vengo pensando y entendiendo recientemente sobre ellas.

Acordamos de vernos en otra de las casas, apenas un poco más adelante en el mismo bloque, en el boulevard Glen Lakes.

Yo he venido reflexionando muy en particular acerca de las relaciones entre el hombre y la mujer como compañeros de experiencias de vida, y en relación a la familia, desde algunas semanas atrás, después de aquella *"noche de la garcita blanca"* cuando caminaba con los dos perros, Chester y Casey.

Mientras espero que mi gente termine de trabajar aquí, decido ir al baño que está en este extremo del campo de golf, a tan solo unos pocos pasos de donde tengo estacionada la camioneta.

Caminando por la senda, siento un ruido detrás mío. Me doy vuelta y veo acercarse a varios golfistas en un par de carritos motorizados. Uno se ellos me gesticula, creo que llamándome la atención para que les dé paso.

Me aparto de la senda.

Un repentino pensamiento se cruza en mi mente.

"No debes usar el baño en presencia de ellos, los golfistas; no debes darles motivos para sentirse ofendidos porque un gramero esté usando sus facilidades, abusando de sus instalaciones".

Reflexionando ante este pensamiento decido que es mejor esperar que los golfistas se alejen. Así no se sentirán ofendidos por mi atrevimiento, el atrevimiento de un simple gramero usando sus facilidades en su presencia.

« **Haz lo que se te deje hacer** » aparece ahora claramente en mi mente.

"Trabaja en lo que se te permita" es lo que interpreto.

« **Puedes hacer lo que tú desees en tu casa** ».

Entiendo que mi *casa* es mi mente.

Regreso a la camioneta.

Anoto estos pensamientos en mi cuaderno.

Me pregunto por qué se me presentan estas orientaciones en mi mente. ¿Significan lo que acabo de entender y escribir?

Veo que los golfistas se han alejado. Rápidamente dejo la camioneta otra vez y voy al baño.

Al salir del baño veo que los muchachos ya están esperando por mí para salir rumbo a la casa a la vuelta de la esquina.

Terminamos enseguida y salimos al boulevard Glen Lakes.

Recién llegados a la casa en el boulevard Glen Lakes, aparece Carlos. No tiene mucho tiempo. Tiene que presentarse a su nuevo trabajo a medio tiempo. Está buscando delegar en un chofer el trabajo físico de su compañía para tener más tiempo para seguir estudiando, pero el rendimiento de trabajo no es el mismo que haciéndolo él y por eso quiere tener un ingreso adicional hasta desarrollar más su negocio. También quiere saber lo que realmente va a hacer con sus estudios y el negocio, si va a hacerle frente a ambos. Lo noto desganado. Me dice que no le satisface eso de vender autos, estando la mayor parte del tiempo sin hacer nada, esperando, haciendo horario, que ésa no es su idea de ganarse la vida útilmente. Estoy de acuerdo; la vida no es para desperdiciarla por solo ganar dinero. Si no hay nada mejor que hacer en el momento, de acuerdo, pero uno debe preocuparse por hacer algo útil, siempre, y para crecer integralmente como ser humano. Ya veremos cómo resolver esta situación temporal.

Por falta de tiempo Carlos no quiere plantearme ahora sus inquietudes específicas sino en sentido general, y me alienta para que yo comience con lo mío y luego en la tarde continuamos con lo de él. De todos modos yo quería hablar con alguien sobre mis propias reflexiones y ahora estoy muy excitado hablando de ellas. Le dedicamos unos minutos a mis reflexiones sobre las relaciones naturales de la pareja humana. Pero, realmente no creo que Carlos esté tomando en serio lo que le estoy diciendo. Sus actitudes me lo muestran. Bueno, lo entiendo; él ya tiene sus propias preocupaciones. De todas maneras yo quería ventilarlas y ya lo hice, aunque en parte. Ya casi sobre la hora de entrar a su trabajo, las nueve de la mañana, Carlos se va.

Un rato más tarde, los muchachos terminan de trabajar en las casas del boulevard Glen Lakes, cargan todo en el trailer, y nos ponemos en marcha hacia otra área de trabajo.

Mientras nos alejamos rumbo a Heritage Colony conduciendo por el boulevard Glen Lakes hacia la Hwy 6, recuerdo que una de las clientas quiere que antes de irnos se verifique que la puerta de acceso al jardín de atrás de su casa quede cerrada y trabada. La señora, que está incapacitada, tiene un perro grande, negro, muy bravo, que es su compañía y custodia, y no puede dejar que el animal se escape y muerda a alguien en la calle. Me lo ha dicho en varias oportunidades pues algo ocurrió en el pasado con otros trabajadores. De manera que les pregunto a los muchachos si cerraron esa puerta antes de salir (a pesar de que yo mismo se los recordé al llegar a la casa). Me dicen que sí; yo les creo. Un instante después pienso que es mejor regresar a verificar por mí mismo ya que no sería la primera vez que se olvidan a pesar de mis recomendaciones, pero inmediatamente reacciono pensando que no debería dudar de ellos. De pronto siento que algo extraño me está pasando. No sé qué es. Estoy reaccionando mentalmente para mí mismo en forma rara. Algo me ocurre.

Pensando qué sería lo que me está sucediendo, continúo manejando; sin embargo, dos cuadras más adelante decido finalmente regresar y verificar si la puerta de atrás de aquella casa está realmente cerrada. Sin aviso ni explicaciones doy repentinamente la vuelta en redondo. Cuando me acerco a la casa, otra vez me digo que no debo dudar de ellos, que no está bien; entonces doy otra repentina vuelta en redondo tan pronto como me está permitido hacerlo. Miro por el espejo retrovisor. Me doy cuenta de que, sentados atrás, los muchachos cruzan miradas entre ellos. No puedo preocuparme por eso, pienso. Nos alejamos rumbo a las próximas casas, algo distantes, pero no dejo de estar inquieto por mi contradictoria actitud de no regresar finalmente a la casa (para no exponer mis dudas acerca de los muchachos) a pesar de mi deseo de verificar si realmente habían cerrado o no la puerta de atrás de esa casa.

[Eran las dos identidades en conflicto, *identidades primordial* y *temporal cultural*, pero yo no lo sabía todavía].

Un flujo de pensamientos comienza a cruzar mi mente.

Son orientaciones. Son inconfundibles.

Debo detenerme tan pronto como se presentan para escribirlas. No puedo perderlas, no debo ignorarlas.

(Ver en el Apéndice I el listado completo de las estimulaciones y pensamientos recibidos este día. Transcribo algunos pocos aquí).

Esta extraña actitud mía les causa una gran sorpresa a mi gente; estoy seguro. Mientras escribo, siento cómo se mueven en el asiento de atrás; e intercambian miradas entre ellos, ahora los veo por uno de los espejos mientras finjo observar si alguien viene por la calle detrás nuestro, pero ninguno de ellos dice nada, o yo no les escucho.

Reanudo la marcha.

Las estimulaciones, pensamientos, se hacen más frecuentes. Tengo que parar cada pocos cientos de metros de recorrido.

"Cuando recibimos el llamado del Espíritu no podemos negarnos".

"¿Por qué sentí esa confusión con respecto a aquella casa y su verificación?", me pregunto otra vez, luego de escribir los pensamientos recibidos. Escribo esta pregunta también, y entonces recibo una respuesta,

"Cuando no sabemos a quién servimos nos confundimos y damos vueltas, perdemos el rumbo en la vida".

No me siento seguro. Algo está sucediéndome.

Por tercera o cuarta vez en pocos minutos reanudo la marcha.

Aparecen otros pensamientos.

Algunos los entiendo inmediatamente; otros, no.

"Esperaré por otros pensamientos antes de parar otra vez", me digo a mí mismo. Pero no, no puedo esperar.

Vuelvo a detenerme.

Sé que estoy deteniéndome muy frecuentemente para escribir, sin embargo, siento muy fuerte esta necesidad de registrar los pensamientos para no dejar que se "pierdan", que se me olviden. Como ya ocurrió antes, yo sé que no son míos estos pensamientos.

Ahora les explico a los muchachos que debo anotar cosas en las que estoy pensando, para que no se me olviden. Estoy tratando de justificar mi actitud tan extraña frente a ellos.

Mientras estoy escribiendo los últimos pensamientos recibidos, tengo el siguiente,

« Regresa adonde te equivocaste y espera por la señal ».

Y ahora, ¿qué significar esto? Lo escribo.

¿Adónde tengo que regresar? Estoy muy confundido. Comienzo a sentir un temor, temor de que no sepa entender, que no sepa qué hacer.

« Confundido frente a los demás para desorientar al enemigo ».

¿Por qué esto?

Voy a esperar un poco fingiendo escribir, pero enseguida decido que es mejor decirles algo más a los muchachos, y me vuelvo hacia ellos.

Les digo que lo que estoy pensando ahora tiene que ver con lo sucedido el 4 de Julio del año pasado.

Le pregunto a Claudio si recuerda (me parece el más creyente) y me dice que sí. Le pregunto si cree en lo que le conté entonces. Sí, lo cree. Trato de explicarles a los tres que en estos momentos yo estoy escribiendo cosas que tienen que ver con aquella experiencia, con el encuentro con Dios, que estoy recordando ahora y de las que no debo olvidarme. Yo sólo quiero darles alguna explicación a lo que observan que me está sucediendo.

Termino de hablarles.

Mientras finjo otra vez escribir algo esperando por recibir alguna orientación acerca de qué hacer exactamente, me siento aún más confundido.

Sumido en mis pensamientos, sin saber qué hacer, si continuar manejando o esperando, decido de repente que tengo que regresar adonde me equivoqué. ¿Dónde es? Se me ocurre pensar que es algo en el sitio donde tuvo lugar mi encuentro con Dios, donde me "golpeé", donde aparecí haciendo la mímica del acto sexual, y que debo esperar allí por la señal. ¿En qué me habré equivocado? ¿Qué deberé esperar allí?

Arranco al mismo tiempo que les digo a los muchachos que vamos a hacer un pequeño desvío antes de ir a las próximas casas. Mirándoles por el espejo mientras les hablo, veo que una vez más intercambian miradas entre ellos.

Llegamos al sitio de mi encuentro con Dios el 4 de Julio del año pasado. Está bastante lejos de donde estábamos trabajando hace un rato, y fuera de la ruta hacia donde tenemos que ir más tarde.

Estaciono la camioneta con el trailer cerca de mi "marca" en la Tierra, donde algo de mi sangre quedó en el concreto luego de la acción de Dios ese extraordinario día de mi encuentro con Él.

[La herida fue causada por una resonancia energética en mi arreglo trinitario, no por un golpe en el concreto. Ver en el Libro 2, Acción Liberadora de Dios].

Me pongo a caminar alrededor de los arbustos por donde trepé el año pasado, como si estuviera buscando algo. En realidad, no sé qué tengo que hacer aquí, ahora. De pronto se me ocurre que tal vez tengo que desnudarme... ¿otra vez aquí? Me perturba pensar en esa posibilidad. Me da temor. Ahora iría directamente a la cárcel. ¿Desnudo en la vía pública? Desecho rápidamente este pensamiento. Ahora estoy en otro estado de consciencia. El 4 de Julio pasado el Espíritu me protegió. Entonces había una razón, un propósito de Dios para que yo fuera llevado a hacer eso. Había una Acción Espiritual y un mensaje implícito en aquella acción. No obstante, me pregunto "¿tendré, tal vez, que hacer eso nuevamente? ¿Con qué objeto?". "No, no puede ser", me digo para mí mismo, asustado. Sí, me asusta pensar en esta posibilidad. "No. No puede ser eso", me digo otra vez. Debo esperar por la señal. ¿Qué señal? Recuerdo **« *No te tientes* »** y definitivamente sé que desnudarme no es lo que debo hacer.

Me siento en el cordón de concreto del cantero donde están los arbustos que pisoteé y quebré entonces, el año pasado (todavía se aprecia algo de deterioro en los que rompí tratando de subir a la cerca). Esperaré por la señal. ¿Cuál será la señal?

Veo a los muchachos juntos, parados algo alejados, mirándome. Me imagino que estarán preguntándose qué está pasando, qué vamos a hacer aquí.

Pasan interminables minutos.

No me importa que los muchachos estén esperando, pero tampoco puedo concentrarme. No sé que debo hacer. No tengo ninguna señal.

Luego de un rato, decido que debo regresar al taller.

No puedo seguir, tal vez porque no debo trabajar más; al menos no por hoy.

No poder seguir es la señal.

Llegamos al taller a las once y treinta de la mañana. Es casi la hora de ir a almorzar. Voy a dejar el trailer y luego voy a llevar a los muchachos a sus apartamentos en la calle Bellfort.

Antes de salir hacia la Bellfort llamo a Norma por la radio. Me pide que la espere en el taller.

Cuando Norma llega, no puede disimular su gran disgusto.

- ¿Estás vos dejando el trabajo otra vez? - me pregunta sin poder asimilar la repetición de algo que tal vez ella ya había comenzado a pensar que se había quedado atrás.

- Sí - le respondo quedamente, y agrego - no puedo seguir por ahora.

No, no puedo hacer otra cosa.

Norma comienza a descargar su frustración.

Entiendo a Norma. Pero no deja de hacerme sentir mal el hecho en sí de que Norma no pueda entenderme porque ella no sabe lo que ocurre dentro de mí, y tampoco cree en la naturaleza, en el origen de lo que me está pasando. No es su culpa, yo lo sé. "¡Oh, no mi Dios!, ella es producto de este mundo. Como lo fui yo hasta que Tú me llamaste", le digo a Dios muy dentro de mí.

Después de un forzado, muy molesto intercambio de palabras, decidimos, o mejor dicho es Norma quién decide, que en la tarde, después del almuerzo de los muchachos, saldremos todos juntos, ambos grupos de trabajo en su camioneta, un solo grupo consolidado para tratar de terminar el trabajo de la semana.

A continuación, sigue una sección para las orientaciones que recibí ese día, 26 de Abril de 2002, particularmente en la tarde, y los siguientes hasta la noche del 30 de Abril. En esta sección vamos a ocuparnos de algunas de ellas y de consideraciones conceptuales y las orientaciones para interpretarlas. Un listado completo de las estimulaciones y orientaciones se ofrece en el Apéndice I, *Orientaciones e Interacciones Espirituales*. Este listado incluye las que recibí en la noche del 30 de Abril y los primeros días de Mayo. Las de la noche del 30 de Abril contienen revelaciones de Dios y las bases para el Proyecto que Dios me propuso llevar adelante juntos.

Si se prefiere revisar de una vez el Proyecto de Dios y Juan, puede irse directamente a esa sección. Este proyecto está basado en la experiencia con Dios, toda, desde Junio de 2001, pero la invitación, específicamente, está en la interacción con Dios la noche del 30 de Abril de 2002.

Orientaciones e Interacciones

Espirituales

¿Qué estaba haciendo Dios con este nuevo flujo de orientaciones?

26 de Abril.

Yo venía buscando y avanzando en las interpretaciones de los eventos relacionados con mi experiencia con Dios desde Junio de 2001, y de las estimulaciones y orientaciones eternas recibidas de Él mismo antes, durante, y después de nuestro encuentro el 4 de Julio de 2001. Ya lo vimos en el Libro 2.

Desde un principio, Dios podría haberme dicho de una sola vez las interpretaciones correctas de Sus orientaciones eternas. Pero Dios deseaba que yo experimentara y entendiera el *mecanismo de conscientización*, de entendimiento del proceso existencial que se reconoce a sí mismo, ¡de entendimiento de Dios!, siguiendo las guías del Espíritu de Vida. Con mis decisiones yo había mostrado a Dios estar ya listo para eso, y Dios, más que desearlo, estaba respondiendo a quién estaba buscando hacerse parte consciente del mismo Único Proceso Existencial.

Ahora bien.
Espíritu de Vida es el nivel absoluto, eternamente inmutable de la consciencia del proceso existencial. *Es el arreglo inmutable de relaciones causa y efecto que rige todo el proceso existencial y*

las interacciones por las que se establece y sustenta eternamente la consciencia de sí mismo del proceso existencial.

El proceso existencial, desde el punto de vista energético y de consciencia, tiene una estructura en "capas de cebolla", en niveles de la que nosotros, seres humanos, somos un sub-espectro y ocupamos una de esas "capas".

Yo estaba pasando, "cruzando" semi-conscientemente por esta estructura con mi propia identidad temporal cultural de la trinidad *alma-mente-cuerpo* que me define como proceso SER HUMANO, al recibir información que mi mente estaba "interceptando" y a la que se esperaba que yo aprendiera a procesar para experimentar el *mecanismo de conscientización universal*. Éste era el propósito de la nueva acción de Dios que se ponía en marcha y veremos en esta participación.

La ciencia puede confirmar esta estructura energética, pero no ha podido reconocerla aún por estar en un espacio-tiempo limitado. Referencia (1).

La teología ha venido transitando por esta estructura y no la reconoce por temor, por tener a un Dios a Quién "no se puede alcanzar ni entender porque los seres humanos somos 'pecadores por naturaleza'", y con esta contradicción, que Dios perfecto pueda crear algo imperfecto, se cierran a sí mismos las *"Puertas del Cielo"*, las puertas a la acción de Dios que está al alcance de todos. Que Dios haya creado algo imperfecto es una racionalidad... absurda. Le "cargan" a Dios la imperfección que ellos generan en sí mismos, por sí mismos al usar su capacidad racional en desarmonía con Dios.

Que hay niveles de consciencia es algo que sabemos intuitivamente. No necesitamos que se nos diga que somos seres con diferentes niveles de consciencia; es una verdad que confirmamos por nuestras acciones.

Si tenemos diferentes niveles de consciencia, entonces nos "situamos" en el proceso existencial en diferentes niveles de realidad.

Si nos situamos en diferentes niveles de realidad, tenemos diferentes niveles de Dios al que alcanzamos.

Yo estaba accediendo diferentes niveles de la estructura de Consciencia Universal.

Nuestra especie humana en la Tierra ocupa una "capa", un sub-espectro de la Consciencia Universal.

Ya vimos (en el Libro 2) que seguir el Espíritu de Vida es regirse por la divinidad y santidad de la vida al interpretar las orientaciones eternas.

El disfrute de la vida consciente de sí misma es el propósito del proceso racional y su poder de creación, ambos inherentes al ser humano, y por ello recibe la especie humana, permanente y continua, incesantemente, las orientaciones eternas con este único propósito y no otro.

Si disfrutar la vida es el propósito absoluto,

¿por qué no lo logramos en todas las circunstancias de vida si para eso tenemos las orientaciones eternas?

Porque no somos conscientes de esas orientaciones; o porque no vivimos por ellas, no las hacemos nuestra realidad.

Si no somos conscientes de estas orientaciones eternas que están al alcance de todos, se debe solamente a un desarrollo de nuestra identidad temporal en desarmonía con Dios, con el proceso existencial en el que estamos inmersos, del que somos parte inseparable, del que provenimos. Pero, *podemos rectificar, siempre y cuando habiendo decidido hacerlo ejecutemos realmente la decisión.*

Yo no entendería todo esto sino hasta bastante más tarde. Pero, y nuevamente, Dios adelantaba lo que se confirmaría luego por mi búsqueda íntima, por lo cual yo sabría que habría arribado a donde se espera en el proceso existencial ¡a través del mismo proceso existencial! del que soy, como somos todos, parte inseparable. Somos todos y cada uno de los seres humanos, un proceso SER HUMANO, una individualización, un sub-espectro del proceso ORIGEN, Dios.

Nosotros accedemos, "escalamos" niveles de consciencia del proceso existencial, a través del desarrollo de nuestro proceso racional de vinculación, de asociación de toda la información existencial en ambos dominios, material y espiritual. La información espiritual se "accede", se reconoce mejor dicho, por nuestra voluntad, cuando decidimos y actuamos en armonía con Dios, con el nivel del proceso existencial que guía nuestro desarrollo individual y colectivo. Cuando lo decidimos, cambiamos nuestro estado de pulsación, de vibración, y nos situamos en armonía con el proceso existencial, con sus "capas"; nos "sintonizamos", y entonces reconocemos información primordial.

Para Ciencia y Teología.

Espíritu de Vida, Dios (Padre) y la especie humana (Hijo) son los tres componentes que conforman la Trinidad Primordial cuya interacción es consciente de sí misma.

Esta interacción consciente de sí misma es la Consciencia Universal; es la Consciencia de la Existencia, de Todo Lo Que Es, Todo Lo Que Existe.

La Trinidad es DIOS, nivel absoluto de la Realidad Existencial.

No podemos entender la Trinidad Primordial, su estructura ni sus interacciones, sino hasta que se reconoce la estructura energética de la Unidad Existencial que ciencia y teología toman, respectiva y limitadamente, como nuestro universo y la Presencia Eterna. La Unidad Existencial, Dios, se describe energéticamente por el *Modelo Cosmológico Consolidado,* referencia (1) en Apéndice II.

Dios es "cuerpo", la estructura energética de la Unidad Existencial, y DIOS es la Consciencia del proceso sustentado por la Unidad Existencial; pero todavía las empleamos indistintamente a estas dos palabras por falta de desarrollo en este nivel de realidad.

Luego de la "noche de la garcita blanca" y mis reflexiones que me llevaron a la Trinidad Primordial, yo había abierto nuevamente las *"Puertas del Cielo"*. Pero no consciente aún de nuestra propia estructura trinitaria y la íntima relación con la Trinidad Primordial, me confundí una vez más, aunque de manera diferente a la de la Primera Manifestación de Dios en mí.

Mi identidad temporal cultural recibía las orientaciones desde la estructura de consciencia de Dios, desde las "capas de cebolla universal", y las interpretaba, las "decodificaba" conforme a nuestros conceptos racionales, como también hicieron otros en el pasado y quedaron en la estructura de consciencia de la especie en la Tierra.

Si Dios hubiera dicho "éstas son las orientaciones" y hubiera actuado para que yo las recibiera tal como deben interpretarse de una vez, yo no habría tenido oportunidad de hacerme consciente ni de la razón ni del proceso mismo de distorsión que tiene lugar (en nuestra identidad temporal) sobre la información y las orientaciones que provienen del dominio espiritual, primordial, (información y orientaciones que nos llegan permanentemente aunque no seamos conscientes de ello). Precisamente, nosotros desarrollamos los conceptos racionales a partir de estimulaciones primordiales, a partir del proceso existencial en el que estamos inmersos, Dios. Pero luego, por temor, por depender de nuestro dominio material, de lo que alcanzamos con los sentidos materiales (vista, oído, gusto, olfato y tacto), es que dejamos de reconocer las estimulaciones, motivaciones y orientaciones primordiales.

Los seres humanos <u>no creamos</u> inteligencia.
Los seres humanos <u>no creamos</u> consciencia.

Nosotros <u>desarrollamos</u> inteligencia, desarrollamos capacidad racional o capacidad de establecer relaciones causa y efecto, y <u>desarrollamos</u> consciencia; nuestros desarrollos tienen lugar <u>desde niveles básicos que ya vienen con nosotros</u>, con nuestro arreglo biológico.

Las orientaciones que recibí son las primordiales, pero fueron "decodificadas", fueron interpretadas limitada o distorsionadamente, ya sea por mi identidad temporal o por la consciencia colectiva de donde pueden provenir también (de la "capa" de la especie humana en la Tierra). *La distorsión es <u>por las limitaciones propias de nuestros conceptos racionales</u> por los que pasa la información espiritual y frente a los cuales se "decodifica".*

Por ejemplo, recibí la siguiente orientación,

"La fidelidad debe estar con Dios, no con los hombres",

y quizás no se "traduzca" de buenas a primeras adecuadamente lo que se nos desea decir, que es que *"debemos buscar siempre la <u>orientación</u> en el Espíritu de Vida para interpretar las <u>estimulaciones</u> de Dios, <u>no tomar las interpretaciones limitadas culturales del hombre</u>"* si queremos, precisamente, crecer en nuestra consciencia, en el entendimiento hacia Dios, hacia el proceso existencial consciente de sí mismo. Tenemos las interpretaciones correctas dentro nuestro, a través de los *sentimientos primordiales* [Referencia (2), I.2, en Apéndice II].

Es también lo que nos ha ocurrido al interpretar *obediencia* a Dios, cuando lo que Dios dice en realidad es *armonía*; es lo que ha ocurrido con muchas otras orientaciones primordiales desde las que se generaron las versiones culturales que hasta hoy mantienen limitaciones y hasta distorsiones severas que tanto afectan a nuestros desarrollos de consciencia, tanto individual como colectivamente.

Por eso es que Dios me concedió este nuevo flujo de Sus orientaciones eternas, o mejor dicho, pude "abrirme paso" y acceder la estructura de Consciencia Universal en otro nivel, en otra "capa": para completar la re-creación de mí mismo interpretando y "decodificando" correctamente, luego y por mí mismo, esas orientaciones que recibí y a las escribí tal como las recibí.

Obviamente, yo no era consciente de este proceso en ese momento, y a esa ignorancia se debieron mi confusión y temor iniciales. Pero, una vez más, yo sabía del origen de esas estimulaciones y orientaciones, y por eso sentía que debía registrarlas; luego, mi interacción con Dios fue lo que me permitió entenderlas.

La interpretación de estas orientaciones con la guía del Espíritu de Vida me condujeron al trabajo que participo a través de todos mis escritos.

Las estimulaciones desde la Estructura de Consciencia Universal, Dios, son estimulaciones a buscar la verdad por uno mismo interactuando con la fuente de las estimulaciones.

Si aceptamos las interpretaciones de otros, ¿cómo no buscar las nuestras propias, si decimos que deseamos entender a Dios? Al buscar entender las orientaciones que reconocemos que provienen de otro nivel del proceso existencial para orientar nuestro crecimiento, el resultado de esa búsqueda es "engancharse" en el nivel del proceso del que recibimos la estimulación.

Para entender a Dios hay que interactuar con Dios.

Perturbación en la noche del 26 de Abril.

(Regreso a aquella noche en la narración que sigue).

Terminamos de cenar.

Fue una cena frugal, rápida y callada.

Norma está muy disgustada por mi "nueva loquera" y por lo que los muchachos le comentaron acerca de que voy a "coger carretera" otra vez, a "perderme", como pasó el 4 de Julio pasado.

Yo me apuré pues no puedo estar quieto sentado a la mesa un momento más. Necesito caminar, moverme.

Desde que regresamos del taller he estado moviéndome de un lado para el otro. Estoy muy nervioso. Frente a Norma vengo disimulando de una y otra manera. No quiero causarle más problemas a ella. A pesar de que entiendo que Norma no me entienda a mí, no puedo evitar que me moleste que ella no me entienda. Y ahora no me entiendo a mí mismo. Me siento sumido en un extraño estado de alta sensibilidad espiritual.

Veo a Norma ahora pensativa parada junto a la cocina. Está sumamente disgustada porque yo no le prestaba ninguna atención esta tarde durante nuestro trabajo, el de ambos pero que hacía ella sola. Yo no podía. Las orientaciones se sucedían tan rápidamente que me costaba seguirlas y escribirlas; yo no quería perderlas y Norma no entiende que yo tenía que hacerlo porque después quiero ponerme a revisarlas y reflexionar para entender qué significan.

Me voy a sacar los perros.

Regreso de caminar y voy a la oficina a leer la Biblia, más bien a hojearla, pues las orientaciones y estimulaciones que recibí esta tarde tienen un gran parecido con algunas que recuerdo haber leído antes en ella. ¿O las recuerdo de otra parte?

Norma se asoma a la oficina a ver qué estoy haciendo y se aleja protestando.

Un rato más tarde, dejo de hojear e intentar leer.

Definitivamente esta noche no puedo leer nada en la Biblia a pesar de que quiero hacerlo por lo ocurrido durante el día de hoy. Empecé y dejé una y otra vez desde que regresé de caminar con Casey y Chester hace ya un buen rato. Quería ver también si hay alguna referencia a este estado de confusión por el que estoy pasando, ¡otra vez! y a pesar de que yo sé que esas orientaciones que recibí hoy provienen de Dios y que son para algo que tengo que entender. ¿Con qué están conectadas?

Me llaman mucho la atención los pensamientos,

« Confundido frente a los demás para desorientar al enemigo »;

"Durante el día, el Ángel del Señor es una nube para protegerte de tus enemigos; durante la noche, para iluminarte";

por algo es que resuenan dentro de mí. Tal vez los haya leído en mi primera lectura de la Biblia, hace ya unos dos o tres meses atrás, antes de dejar de hacerlo regularmente todas las noches; y si es así, me gustaría saber de las circunstancias bajo las que estaba quién los recibió y registró, si es que lo hizo el mismo individuo.

Alrededor de las 9:30 de la noche decido que es mejor que me vaya a la cama. Sin embargo, permanezco en la oficina.

Me levanto, doy una vuelta mirando alrededor, me siento otra vez con unos papeles en la mano finjiendo buscar algo en ellos. Me revuelvo en la silla.

¿Por qué lo de hoy, así, tan fuera de lo esperado?

En cualquier momento, por mis reflexiones, yo espero que algo Dios pueda decirme, manifestarse, sobre todo después de la "noche de la garcita blanca", pero no acompañado de una confusión como la de ahora. La confusión alrededor de lo ocurrido hoy no la veo consistente con mi estado de calma general en los últimos meses ni con la manera en que he venido trabajando, aunque también haya venido deseando tener más tiempo, sí, para ordenar todo y preparar un escrito sobre toda la experiencia con Dios, pero nada más.

¿Por qué lo de hoy?

Finalmente me levanto para ir a dormir.

Estoy subiendo lentamente las escaleras rumbo a nuestra habitación, cuando una perturbación me arrolla. Es muy fuerte. Reconozco su característica. Es similar a la de la noche del 2 de Julio pasado. Siento un estremecimiento muy profundo, y miedo. Sin embargo, inmediatamente me doy cuenta ahora que es por el crucifijo grande de madera de pino y figura de hierro colado cromado que está en nuestra habitación. Desde las escaleras lo veo en mi mente.

Entro a la habitación.

Me dirijo a la pared en la que el crucifijo está colgado entre las dos camas. Cuando lo tomo, siento el metal muy frío. Tomo también el otro pequeñito, el que está en la cabecera de mi cama, el que me acompañó hasta ahora y desde que yo era muy pequeño, el que tanto he venido apreciando desde que mi padre lo reparó para mí hace muchos años atrás.

- Se acabó - digo en voz alta, y agrego - afuera con esto.

A pesar de las fuertes protestas de Norma, y con ella pegada a mis talones sin cesar de reclamar mis acciones incomprensibles para ella y en contra de todo cuanto se le ha enseñado con respecto a las imágenes religiosas, bajo con los crucifijos y los dejo en la parte baja de la biblioteca de pared de la oficina. Mañana veré cómo voy a deshacerme de ellos sin afectar demasiado a Norma. Junto a estos pongo el crucifijo de bronce que saco de la pared sobre mi escritorio de trabajo. Voy hacia una estatuilla... pero me detengo. No, no voy a hacer ahora lo mismo con esta estatuilla de cerámica de la Virgen María. Es la virgencita de Norma y no quiero provocar más desconcierto en ella.

No tengo la más mínima duda de que esto es lo que tenía que hacer.

La perturbación cesa de inmediato una vez que he ejecutada esta convicción en mi mente.

- Eso era todo - le digo a Norma, aunque no por ello cesa su tirada de protestas en contra de mi acción "irracional".

Regresamos a nuestro cuarto.

La calma que siento ahora me confirma que deshacerme de los crucifijos es lo que debí haber hecho hace tiempo, el año pasado, cuando algo me perturbaba tanto que tenía que ir a dormir a otra habitación, a la de Omar, y hasta tuve que sacar este mismo crucifijo de hierro cromado[a]. No obstante, luego lo regresé a nuestra habitación, después de haber reconocido que mi desarmonía con Dios[b] había sido la raíz de todas mis perturbaciones, incluyendo las que había tenido en esta habitación. Al sentirme yo mejor con el reconocimiento de mi *desarmonía en relación con el mecanismo de la eternidad y una "creación" de algo para que fuera eterno*, regresé el crucifijo a su lugar [sin darme cuenta todavía que mi desarmonía con Dios era también por mi relación con los crucifijos y las imágenes en general, como ya veremos].

Sentada en su cama, Norma sigue con sus protestas por un rato.

Yo no puedo hacer otra cosa. Yo sentí que eso era lo que debía hacer: quitar los crucifijos. Lo hice, y desapareció totalmente mi perturbación. No puedo tener mejor confirmación de haber hecho lo correcto.

[a] Ver Noche del 5 de Julio, Libro 1; Interpretaciones en Libro 2.
[b] Ver *Armonía* al final del Libro 1 y principio del Libro 2.

Notas a la perturbación del 26 de Abril por las imágenes.

Después del cese de la perturbación con mi acción de retirar los crucifijos, pude entrar a mi cuarto tranquilo. Ya no tuve perturbación alguna. Estaba calmo aunque espiritualmente muy hipersensibilizado, y por lo tanto racionalmente algo confuso.

Posteriormente, luego de reflexionar sobre este hecho, no pude dejar de reconocer que esa perturbación estaba íntimamente relacionada con una nueva estimulación de Dios, para que yo tomara acción frente a las imágenes materiales.

« No necesitas nada material ».

Mi "salto" a otra dimensión de consciencia existencial no era compatible con esas representaciones: los crucifijos y otras.

Yo ya estaba listo para dejar de depender del dominio material. [Esto no significa renunciar a él; no. El dominio material es siempre parte inseparable de la estructura consciente de sí misma, tal como reconocería y exploraría más adelante].

Vino a mi mente y pude entender la estimulación de Dios en el Antiguo Testamento,

« No te harás para ti ningún ídolo, de ninguna forma, de algo que se encuentre en los cielos, arriba, o que se encuentre en la tierra, abajo, o que esté en las aguas debajo de la tierra.

No te inclinarás frente a ellos ni le rendirás culto;

Porque Yo, El Señor, tu Dios, Soy un Dios celoso... ».

"¿No era que no debo seguir la Biblia?", me pregunto en cierto momento, pero casi en el mismo momento aparece la respuesta,

"Lo que no debo hacer es tomar las interpretaciones culturales de la Biblia como guía para interpretar una acción de Dios en mí".

Si ya puedo "leer" la letra pequeña detrás de las interpretaciones del hombre, no hay problemas en ir a la Biblia y buscar la interpretación correcta con la guía del Espíritu de Vida. El problema es tomar la interpretación cultural como la Verdad cuando la Verdad es la Manifestación de Dios en cada uno de nosotros.

Regresando a la anciana estimulación en el Antiguo Testamento antes citada,

« No te harás para ti ningún ídolo... »

esta estimulación de Dios es reconocida por quién ya se encuentra listo para dar el "salto" a otra dimensión de consciencia, de realidad existencial.

No es una orientación mandatoria para todos, sino una estimulación natural para quién estando listo ya no necesita de esos "soportes", y mientras no los deje, estando listo, no puede completar el "salto". El proceso existencial es el que actúa energéticamente sobre nosotros, pero la falta de consciencia nos impide entender y por eso tenemos la perturbación y confusión.

Debemos entender el proceso energético, el "cuerpo" de Dios, y Su consciencia, para entender en detalle estas orientaciones y estimulaciones de Dios y la manera en que se manifiestan en nosotros y nos hace reaccionar. Referencia (1), Apéndice II.

Si Dios me había estimulado el año pasado a reconocer la incompatibilidad con las imágenes,
¿Por qué me dejó colocar el crucifijo grande otra vez, de regreso a la habitación?

Me pregunté y re-pregunté esto por muchas veces.

Nuestra identidad temporal, cultural, es quién no nos permite avanzar en la dirección correcta cuando no seguimos los estímulos espirituales. La re-creación de mí mismo no se había completado todavía, por lo que subsistía la inducción remanente desde la consciencia colectiva sobre mi identidad temporal que ya estaba en proceso de su re-ajuste. Prestando atención a otros aspectos de mi relación con Dios, con el proceso existencial, yo no podía ver nada con respecto a la incompatibilidad entre el "salto" a otra dimensión de realidad existencial y las imágenes religiosas.

Dios me dejó "tranquilo" por un tiempo, a pesar de haber regresado el crucifijo, porque veía en mí la determinación de buscarle para entender y proceder con lo que yo fuera entendiendo (aunque con mis errores en el camino).

Dios, fiel a Su promesa, no me dejaría en el camino que yo buscaba transitar de la mano con Él.

Idas y venidas de la cama a la oficina.
Bastante más tarde, la noche del 26 de Abril.

Estando ya en la cama, siento la necesidad de bajar a mi escrito-

---

rio a escribir pensamientos que "llegan", que se me presentan espontáneamente,

Decisión, no puedo trabajar más en esto (BCHS).

Reflexión, debí haberlo previsto antes.

Armonía, debí haber tomado la decisión cuando era tiempo.

Coraje, ahora debo afrontar las consecuencias.

Mientras trato de reflexionar sobre esto que acabo de escribir, sobreviene lo siguiente,

(debo escribir rápido o los perderé; luego reflexionaré para entenderlos),

« Dios es todo,

Espíritu y Amor,

Al servicio de la Verdad, razón de la sabiduría,

Al servicio de la justicia del Dios Todopoderoso ».

« Dios dice,

Yo Soy tu Padre,

Fruto de la Verdad, razón de la sabiduría al servicio de la justicia del Dios Todopoderoso ».

« Dios es fiel rector de la voluntad de los hombres, fruto de la mentira y la desobediencia, razón de la justicia del Dios Todopoderoso ».

Me voy a mi habitación.

A los pocos minutos tengo que bajar otra vez.

« Destierros son las pruebas por las que pasamos para purificar nuestra mente, fruto de la soberbia del hombre, razón de la justicia del Todopoderoso ».

« Ayunos son las pruebas por las que pasamos para purificar nuestras emociones, fruto de los deseos del hombre, razón de la justicia del Todopoderoso ».

« Muerte es la prueba por la que pasamos para purificar nuestro corazón, fruto de la intención del hombre, razón de la justicia del Todopoderoso con el propósito de la Vida Eterna ».

« Árbol de La Vida es obediencia ».

---

*« **Árbol del Conocimiento del Bien y del Mal es la desobediencia** ».*

Regreso a mi habitación.

A los pocos minutos, por tercera vez bajo y aquí me quedaré por todo el tiempo que sea necesario. No quiero llevar un cuaderno arriba para no molestar a Norma (aunque ella no debe haber sido insensible a mis pisadas en el piso de madera cada vez que he bajado... bueno, no lo sé, y de todas maneras prefiero escribir aquí abajo).

[Sigue una extensa cantidad de orientaciones que me tuvieron despierto hasta muy tarde. Ver listado parcial en el Apéndice I. En la versión original registrada en la Librería del Congreso está la extensa lista original (aunque bastante desordenada ya que esa versión es una simple transcripción de las notas de esos días)].

Algunos comentarios a estas orientaciones.

Obediencia (nuestro concepto racional cultural) es *armonía*[(*)] **(concepto eterno).**

Así, en la orientación,
   « Árbol de La Vida es obediencia »,
   la interpretación correcta es,
   "El Árbol de la Vida es armonía".

Desarmonía es lo que va a conducirnos a experiencias de vida por las que conoceremos las consecuencias de nuestras acciones, y por las que podremos establecer relaciones causa y efecto. **Tenemos que pasar por desarmonía para experimentar el regreso a la armonía.**

No se puede saber de armonía si no se experimenta lo que no es armonía. Al desobedecer (al actuar en desarmonía) es que pasamos por las experiencias por las que adquirimos Conocimiento,

Consciencia del Bien y el Mal (relativos, y solo posible en nuestro dominio temporal).

Destierros son las consecuencias, las experiencias de infelicidades y sufrimientos por las que pasamos por nuestras actitudes, por las que depuramos la mente (en realidad, en lugar de la mente es el proceso racional, el establecimiento de las relaciones causa y efecto).

Si nuestra especie humana en la Tierra sigue plagada por las experiencias de infelicidades y sufrimientos desde su arribo al planeta, es porque no presta atención a las relaciones causa y efecto que resultan de su experiencia del proceso existencial, y entonces continúa bajo un proceso vivencial repetitivo. Referencia (2), I.2 y II.4, vol. 2.

Luego tenemos la orientación para entender *ayuno y muerte*, entendimiento al que debemos llegar cada uno por sí mismo. ¿De qué sirve buscar las interpretaciones de otros que luego no seguimos? En cambio, una vez que las entendemos por uno mismo no pueden ser negadas, y difícilmente violadas. Debemos recordar que no debemos privarnos de disfrutar; debemos cuidarnos de no distorsionar la experiencia de vida por dejarse dominar por el exceso de placer.

(*)
Hemos revisado *armonía* en el Libro 2.

Sábado 27 de Abril.

Orientaciones e Interacciones en el taller.

Acompañando a Rogelio, mi mecánico de equipos, mientras él efectúa las revisiones de las máquinas y hace las reparaciones que sean necesarias, yo estoy sentado frente a mi escritorio y sumido en reflexiones dispersas acerca de lo acontecido desde ayer en la mañana. Estoy, lo sé, en un estado de gran hipersensibilidad espiritual. De repente, ¡tengo que dejar de pensar! Trato de mantenerme alerta, sin especular en nada, aunque sin poder evitar que los pensamientos vayan por donde deseen.

Apago mi audífono.

Cuando se presenta una orientación o pensamiento espontáneo, lo escribo.

Ver Apéndice I.

Comentarios.

Una vez más deseo destacar la aparente falta de completación de algunos bloques de estimulaciones, orientaciones, pensamientos recibidos; sin embargo, contienen información fundamental para entender el mecanismo de las interacciones entre los componentes de la trinidad humana; entre las dos trinidades, Primordial y humana; y entre individuos de la especie humana.

Ese día en el taller, 27 de Abril, yo no estaba completamente "sintonizado" con Dios, y por eso me distraía tratando de entender en lugar de transcribir lo que recibía. Me hacía falta más preparación, por lo que sería luego, el 30 de Abril, que tendría lugar lo que quizás hubiera podido ocurrir el 27 de Abril. (Algo que me ayudaría, que yo no sabía pero inconscientemente hice, fue ayunar y aislarme previamente a la interacción del 30 de Abril).

Reflexionando más tarde sobre la interacción del 27 de Abril (junto a la vasta información recibida tres días después, el 30 de Abril) puede visualizarse a mi *identidad cultural* interactuando con la *identidad primordial* en un arreglo en "capas de cebolla". Ahora se puede reconocer un proceso de "pesca" de pensamientos por parte de mi mente, entre los que "caen" los de la consciencia colectiva de la especie. Nada de esto podía ser entendido sino hasta después de las reflexiones e interacciones con Dios, y sólo una vez que supe hacerlo luego de estas "sesiones preparatorias".

Puede verse que yo estaba en un estado de alta hipersensibilización, que es lo que permite establecer el contacto con Dios.

La dificultad de interpretar correctamente lo que Dios dice es por el efecto "filtro" de la estructura de identidad temporal, por información que contiene que está en desarmonía con la que se recibe. (La información en desarmonía es inducida a edad temprana desde la consciencia colectiva, cuando niños, durante nuestra educación inicial). En esta oportunidad, Dios deseaba que por mi intermedio supiéramos por qué se generan estas "filtraciones" que han producido interpretaciones limitadas y distorsionadas de experiencias espirituales, primordiales, de la especie humana en el pasado; es la razón por la que en la Primera Manifestación de Dios yo había recibido las *Orientaciones Eternas* tal como son (de referencia) mientras que en esos días de Abril de 2002 Dios dejó que las recibiera "filtradas" porque yo buscaría luego entenderlas interactuando con Él. Este último es otro aspecto que Dios desea que veamos en estas interacciones,

acudir a la Fuente, Dios, y no a las interpretaciones, cuando deseamos entender por nosotros mismos.

Con respecto a Noé.

No hubo jamás un diluvio universal para castigar a la especie humana. Tal propósito niega a Dios, y los teólogos que lo aceptan incurren en un razonamiento absurdo frente a la Perfección y el Amor que reconocen en Dios.

Hubo una inundación local sobre la que Dios advirtió a Noé y le dijo que construyera una barca para ponerse a salvo junto a su familia y sus animales. Noé respondió por FE (como vimos en la sección *¿Por qué Abraham otra vez?*). Pero Dios se refería también y fundamentalmente a la consciencia, al *"arca"* del ser humano, al contenedor de la esencia del ser humano. A pesar de la interpretación limitada de Noé, su acción de seguir a Dios le puso a salvo junto a su familia.

Es un caso similar a Abraham presentado en el Libro 2.

Es un caso similar al de Moisés.

Es similar a mi caso del 4 de Julio de 2001 al trepar desnudo la cerca buscando el sol, la Luz. Yo me desnudé, pero Dios se refería a ir hacia Él despojado de la dependencia del dominio material (lo que no significa renunciar a la materialidad pues ésta es siempre parte inseparable de la trinidad consciente de sí misma, del proceso SER HUMANO).

Es un caso similar al de la persona que recibió la estimulación del Génesis.
« Y Dios hizo la Luz... ».
« Dios creó el universo en siete días ».
Dios, la Unidad Existencial, se re-crea a través de un proceso que tiene lugar sobre siete dimensiones energéticas.
[En el *Modelo Cosmológico Consolidado* se visualizan las siete dimensiones de la estructura energética de la Unidad Existencial].

Presencia Espiritual.

27 de Abril, en la tarde, en casa.

Estoy en la oficina con Norma y Augusto, mi concuñado, el esposo de Alicia, hermana de Norma.
De pronto,
recibo el Espíritu de Paz.
No puedo hablar durante esta Presencia.

Cuando cesa, les digo a ambos que una extraordinaria paz acaba de hacerse en mí, de entrar en mí.

No puedo describir la paz infinita que por unos largos segundos me envolvió y llenó completamente. Fue una sensación increíble, imposible de describir. Todo mi cuerpo fue llevado a otro estado para el que no encuentro nada semejante en nuestra experiencia de vida. El Espíritu de Vida me arropó por esos segundos; sí, eso es lo que también sentí.

Al anochecer del 27 de Abril.

Norma y yo estamos discutiendo una vez más porque ella no entiende lo que me está ocurriendo desde ayer.

Al pasar ambos frente a un gran espejo en la entrada de la casa, de repente aparece en mi mente,
« No debes discutir con Norma frente a espejos.
Hay fuerzas del mal contra las cuales tú estás protegido,
ella no »

Mi primera reacción por temor cultural fue que tenía que cubrir el espejo con una sábana, pero enseguida supe que eso no era lo que se esperaba que yo hiciera.

Comentarios.

Espejo se refiere a mí mismo.

No debo esperar que Norma entienda lo que yo entiendo o lo que sé por una experiencia primordial.
No debo esperar que Norma sea libre de los efectos de las ac-

83

ciones de otros sobre ella pues necesita "crecer", desarrollarse frente al proceso existencial, a la vida. Ella no puede protegerse a sí misma todavía por su susceptibilidad a los demás, la que tiene que aprender a superar pues es parte del proceso de conscientización. No es que Dios no esté protegiéndola; eso no. Lo que o-curre es que Norma es susceptible pues ella es un ser de otra generación espiritual en desarrollo, a quién hay que proteger pero sin dejar de estimular su desarrollo por sí misma para hacerse libre de lo que le afecta.

- ¡Yo no me merezco esto! - reclama otra vez sumida en llanto que parte el corazón sin que yo pueda calmarla, lo que me duele íntima, profundamente, sin poder demostrarlo, sin encontrar qué hacer para convencerla de que Dios está actuando para algo mejor. No importa que ahora no entendamos, sólo debemos reconocer que es Dios. ¡Es Dios!

- Norma, Dios va a... - pero no me deja terminar.

- ¡No, no. Esto no hace Dios! - responde alejándose.

Estamos en dos niveles de relación con Dios: uno es Dios en Quién creemos, aceptamos, que nos enseña el mundo, y otro es Dios a Quién se experimenta en uno mismo.

Los dos estamos sufriendo un período particular del proceso de conscientización.

Norma no puede entender lo que ocurre, y lo que ocurre afecta la concepción que tiene de la vida, de su vida, de sus ilusiones y expectativas propias de la experiencia en este mundo a las que tiene derecho. Pero, y he aquí la parte que el mundo no nos enseña a manejar: ella es testigo de una trascendencia, un "salto" a otro nivel de consciencia dado por su compañero quién todavía no entiende este proceso aunque sí se da cuenta de ser objeto de una interacción íntima con Dios a la que no puede renunciar. ¡No se puede renunciar a Dios! ¿Quién querría renunciar a Dios una vez que se alcanza a Dios?

En la noche del 27 de Abril.

Pasarían algunos años antes de que yo entendiera que en estas orientaciones Dios me estaba adelantando la secuencia del flujo de interacciones entre los componentes de la trinidad energética del ser humano, *a imagen y semejanza de la Trinidad Primordial*.

Una vez más, en aquel momento no tenía coherencia este bloque de orientaciones y, o pensamientos desde el proceso existencial.

¡Atención!

Notemos que de estas mismas orientaciones eternas que veremos a continuación se derivaron relaciones incorrectas entre marido y mujer en el pasado que persisten en las prácticas culturales de hoy, en diferentes grados en las diferentes culturas.

Dios se refiere a esposos e hijo como componentes y niveles de la estructura de consciencia en esta imagen espiritual, por una parte, y a las interacciones entre alguien en una dimensión de la consciencia universal y los otros en otra dimensión.

Listado completo en Apéndice I.

Ante una situación de desacuerdo que tengo frente a Norma y Carlos, me llegan pensamientos que escribo de una vez sin pensarlo (a pesar de las protestas de ambos que creen que no me interesa lo que estamos tratando),

« El hijo está reclamando al padre (que está presentando una posición correcta, es decir, el bien). La esposa se une, a su vez, contra el padre (bien), siendo que el padre está haciendo el trabajo que ella, la esposa, quiere.

Hay un bloqueo;

hay que volver atrás;

reflexionar para recuperar la armonía;

si no se encuentra solución, decidir por el bien ».

Más tarde, habiendo ido ya a la cama, tengo que bajar a escribir lo siguiente:

« El padre habla, el hijo obedece al padre;

El esposo decide siguiendo a Dios, la esposa sigue en obediencia a Dios;

El padre habla, enseña (Dios);

La madre escucha (Espíritu, futuro);

El hijo obedece (Verdad, presente);

La madre rectifica, informa (espíritu, pasado);

El padre castiga (Dios eterno);

El Ángel del Señor guía ».

« Desobedecer a la madre es desobedecer al Espíritu de Vida; es negar las fuentes del pasado, es oponerse al futuro.

La esposa es el espíritu de familia, la fuente espiritual. Debe servir (guiar) *al esposo para mantener el espíritu en la familia, fuente de la vida eterna.*

El esposo obedece a Dios, ama a la esposa.

La esposa obedece al esposo, ama a su hijo, esperanza de vida.

Dios ama al esposo.

Esposo obedece a Dios, ama a su compañera.

Esposa obedece al esposo con esperanza de vida.

Hijo es fruto del amor y de la esperanza de vida, en obediencia a Dios.

Es la Verdad, fuente de información que nos conduce a la vida eterna ».

« Comer del Árbol del Conocimiento del Bien y del Mal es desobedecer a la Madre, al Espíritu de Vida ».

« Comer del Árbol de la Vida es obedecer al Padre ».

« El Espíritu de Vida no puede ser negado, no puede ser desobedecido ».

Comentarios.

Tenemos las *Orientaciones Eternas* válidas para todos y la Guía del Espíritu de Vida (Libro 2), por las que cada uno debe reflexionar en armonía con ellas para arribar a las interpretaciones correctas, o alcanzarlas por la interacción íntima con Dios.

[Padre es Dios. Hijo es la especie humana universal].

28 de Abril.

Inicio de mi protocolo de comunicaciones con Dios.

Mariano acaba de llegar desde San Antonio.

Frente a las presiones de Norma accedí a pedirle que viniera a darme una mano para hacer la facturación de nuestra clientela por nuestros servicios durante el mes de Abril.

La situación con Norma es realmente penosa. Ella sufre lo indecible. Comprendo cómo se siente, pero yo ya no puedo seguir más. Lo que me pasa está más allá de lo que cualquiera pueda comprender, a menos que haya sido actuado por el Espíritu de la misma forma que lo hizo y continúa haciendo conmigo. En realidad, lo que me ocurre es haber sido respondido por el Espíritu de Vida. Ya no puedo trabajar más en esto, en BCHS. Siento que debo dejar todo y dedicarme a lo que siento que Dios me está ofreciendo: desarrollar mi conocimiento de Dios, del proceso existencial, de nuestra relación. No es mi voluntad temporal sino mi identidad natural, *Quién soy en la eternidad*, la que me mueve ahora. Es la voluntad, la acción de Dios, y es mi propia voluntad, *ambas una ahora*.

Trato de darle una mano a Mariano haciendo parte de las facturas.

Después de un rato y varios intentos, ante mi imposibilidad de desenmarañar equivocaciones entre dos clientes hermanos con el mismo apellido pero diferentes direcciones, y con otros clientes con pagos atrasados, advierto que algo me pasa con la computadora. No, no puedo hacer más nada. Debo dejar. Mariano tendrá que arreglárselas solo. Preveo errores en las facturaciones finales a despachar este mes, pero no puedo hacer nada. Siento que ya no puedo continuar trabajando más en este tipo de trabajo; no, definitivamente no.

Me cambio al sillón al otro lado de la oficina.

Cierro los ojos.

Pienso en el gran dolor de todos... pero "yo no puedo evitarlo Dios mío", le digo en silencio.

Al rato llega Carlos y se ofrece para ayudar a Mariano. Espero que con su llegada mejore la situación. Acabo de ver que Mariano, tratando de ayudar pero al mismo tiempo de simplificar su trabajo, está asumiendo cosas que no son correctas en todos los casos en cuanto a los servicios a reportar como efectuados durante la semana pasada, semana para la que yo no pude actualizar los archivos porque desde el viernes que no estoy trabajando.

Me voy a ver televisión.

Estoy tratando de despejarme un poco, sin prestar realmente atención a lo que están pasando por la pantalla, cuando de pronto llega a mi mente,

« La interacción espiritual genera una onda de una frecuencia específica cuando se logra un cierto nivel de armonía ».

« 10×10^{100} MHz ».

"¿Qué es esto Señor?", pregunto en mi mente.

« La frecuencia a la que me comunico contigo ».

"¿A esa frecuencia? Pero es... es... ¡fantásticamente alta!"

Es algo totalmente fuera de nuestro alcance esta frecuencia. Es un uno seguido de... a ver... ¡ciento un ceros! Busco papel y lápiz, y escribo aunque no me hace falta y sólo lo hago para tener mejor idea de la enormidad del número. Me canso a poco de escribir apenas unos cuantos ceros, doce o quince, y lo dejo ahí, recién comenzado, frente a mis ojos.

"¡101 ceros!", me repito a mí mismo.

« Sí, a esta frecuencia, viviendo en una casa donde reine la armonía por la que se pueda generar una fuerza espiritual que permita la comunicación espiritual.

Así se te saca de la Tierra a los Cielos ».

Continúa el flujo de orientaciones.

No puedo entender mucho ahora. Oportunamente lo sabré profundizando mi armonía con Dios.

« En el estudio de la interacción familiar ha estado por siempre la clave ».

« La transmisión de la Palabra debe ser impresa en la materia u oral, no en ondas ».

« Las pantallas de computadoras y televisión irradian el daño. Pornografía. Exaltación del materialismo. Propaganda dañina ».

« El uso que le damos al electromagnetismo es lo malo ».

« Fueron expresiones de FE por mi parte el que no crea que el universo muere ».

« No debemos contaminar el espacio. Por ello no encontraremos vida en otro lado hasta que hayamos alcanzado otro estado de consciencia ».

« Puede haber comunicación entre el universo, el cosmos, y nuestra mente ».

« Hamburguesas, carne para "perros". No debemos comer carne sacrificada a los ídolos ».

« Vegetación es interfase de vida para las manifestaciones acuática y terrestre ».

« No debemos comer animales ».

« Detente donde te equivocaste, la práctica sexual[*] ».

« *Reflexiona (ayuna, espera).*
Busca la dirección correcta (espiritual).
No te tientes (ignora las falsas señales que provienen de las distorsiones en el mundo).
Te serán dadas señales (Espíritu de Vida) ».

(*)
Se refería a que interpretara correctamente la práctica sexual como analogía de una interacción primordial. La práctica sexual correcta se deriva del concepto de armonía entre Dios y la especie humana.

Comienzo a manifestar reacciones físicas consistentes en contorsiones; primero como si estuviera hipando, luego sacudidas en el cuerpo, finalmente solo en las piernas y pies.

Me quedo observándome mentalmente.

Advierto algo.

Esto ocurre cuando estoy pensando o reflexionando. La sacudida de mis piernas y pies, que se inicia con un sobresalto, tiene lugar como una validación de lo que estoy pensando o preguntando.

Es una clara acción física producto de una interacción espiritual. Sí, no cabe duda, es un medio de comunicación, o mejor dicho, un medio de validación de lo que reflexiono o le pregunto a Dios.

¡Estoy desarrollando un protocolo de interacción con Dios!

Norma, Mariano, Alicia y Augusto me miran absortos ante estas contorsiones y sacudidas en la silla. Quieren llevarme a un médico. Me niego rotundamente.

Puedo entender este pataleo una vez que el Señor me mostró cómo hacerlo. Por Su voluntad, cuando yo le hago una pregunta Él responde haciendo mover mis piernas (uno o dos golpes o contorsiones, negando o afirmando). Luego se simplifica. Entiendo que un golpe es Su confirmación; la ausencia de golpe es ausencia de confirmación. Si no estoy seguro que la ausencia de confirmación es negación, o que no debo preguntar, o que hice mal la pregunta, entonces pregunto lo contrario para ver si Dios me responde afirmando ahora (¿Estoy preguntando mal? No debo hacer eso, ¿verdad?).

Poco a poco voy aprendiendo a establecer esta interacción.

Me pregunto cómo lo hace Dios.

Dios responde,

« Actúa a través de las radiaciones, a través de la sangre. El Señor lo hace con energía cósmica. Nosotros, por el pulso cardíaco irradiamos a través del flujo de sangre que se mueve por todo el cuerpo, y de la piel al cosmos ».

Y enseguida se reasume el flujo de pensamientos a través del cosmos.

« Hoy el líder religioso (__ __) de la iglesia (___) se masturbó. Por eso ocultó los pecados de los cardenales ».

« La iglesia enseña mal. La Palabra de Dios es otra ».

« Tenemos espíritu envuelto en nuestro cuerpo para aprender a "obedecer" a Dios y suprimir fuerzas del mal generadas por la condición humana, material ».

« Como hijo no debo exigir a mis padres. Debo honrarles, respetarles, "obedecerles" (estar en armonía con ellos) *».*

« Como padre debo proveer para mis hijos. Debo anticiparme a sus necesidades. Preveer ».

« Preveo "obedeciendo" (en armonía) *a mi fuente, Dios, Padre de mis padres, abuelos y bisabuelos ».*

« Como abuelo debo enseñar a cultivar para el futuro. Que mis hijos transmitan el ejemplo de su padre. A través del espíritu ».

« Estamos destruyendo la familia con la televisión.

La televisión destruye la familia.

La televisión reemplaza a la madre, al espíritu de la familia.

El mal se propaga por la televisión, por la forma en que se usa; por la intención de su uso: ganar dinero corrompiendo, desinformando.

No es malo ganar dinero sino la forma en que lo ganamos.

La destrucción del contenido espiritual lo produce la explota-

ción del sexo para ganar dinero, para poner ese dinero al servicio del cuerpo.

No es la televisión en sí lo malo; lo malo es para lo que se usa.

Contamina el espacio. Estamos sembrando lujuria a través del "plasma", residencia del espíritu. Estamos atentando contra el Espíritu, la misma Casa de Dios.

Hemos hecho de la televisión nuestro compañero. No podemos vivir sin la televisión.

Ponemos al niño con su nueva madre, la televisión.

Ponemos al hombre con su nuevo compañero, la televisión.

Ponemos al padre (al abuelo) con su nuevo compañero, la televisión, para que recorra su camino final.

La televisión nos inunda y destruye todo lo que Dios quiere que cultivemos.

Nos hemos sacrificado a la televisión.

Nos hemos entregado a la televisión, que destruye nuestra mente por los mensajes, nuestro cuerpo por lo que sugiere, nuestro espíritu por lo que transmite. Nos intoxica de todas formas. Nos destruye. Nos ha hecho esclavos de la más absurda bestia ».

Me voy a la oficina.

Quiero estar solo, me aturden tanto bullicio y cháchara entre Norma, su hermana y su esposo, y Mariano.

Me pregunto otra vez sobre dejar el trabajo en BCHS. Yo no quiero ni puedo continuar más.

Dios me responde que ya puedo dejar este trabajo, que estoy listo. Es lo que yo mismo entiendo como consecuencia de todo lo sucedido.

Dios no pide, no exige que nadie se dedique a Él.

Dios invita a crecer hacia Él; no obliga sino que responde a lo que uno ya siente muy dentro, en su propia identidad primordial, en su alma. [En otras palabras, en la breve interacción que sigue, es mi identidad primordial la que responde, *es mi Yo en la eterni-*

dad, que es parte de Dios mismo, como ocurre con todos, aunque no seamos conscientes de ello. *Mi identidad primordial*, el alma, que está directamente conectada a Dios, *responde a mi identidad temporal, cultural*, en otro nivel energético de mi trinidad, en el cuerpo].

- ¿Debo dejar el trabajo de la grama? - pregunto (mi identidad temporal, cultural).

- « *Sí* » - es la respuesta (de mi identidad primordial).

- ¿Puedo ayudarles en el trabajo a Norma y Augusto? - pregunto.

- « *Sí* » - es nuevamente la respuesta.

Norma aparece otra vez preguntándome por cierta información que ella y Augusto quieren para preparar el programa de trabajo de gramas para mañana lunes. Augusto va a ayudar a Norma. Yo no puedo dedicarles atención en este momento. Estoy sumido en mis pensamientos. Norma se molesta. No me entiende. Le pido paciencia. Ya la atenderé. Estoy sumido en mis reflexiones, atento a los pensamientos, deseando interactuar con Dios.

- ¿Puedo trabajar a tiempo completo en este trabajo (en la grama)? - insistí en mi mente, cambiando la misma pregunta anterior.

- « *No* » - es la respuesta que recibo.

- Señor, ¿puedo darles la información?

En ese momento Norma se altera e insiste en su pregunta.

- « *No...* » - es la respuesta que recibo.

Ante la respuesta que acabo de recibir, me levanto de la silla, tomo el procesador de la computadora y lo arrojo al piso.

Norma se abalanza para detenerme tratando de agarrarme los brazos, pero llega tarde a mí. Desesperada por mi acción que significa la pérdida de toda nuestra información de BCHS, grita,

- ¿Qué hiciste ahora? ¡Estás loco, loco! ¿Qué hiciste? Mirá lo que has hecho, ¡mirá! Has tirado la computadora, nuestro trabajo. ¡Ay, Dios mío!... y que fue cosa de Dios lo que te ha venido pasando... ¡Oh, sí, sí!, ¡puaf!... ¡cosa del demonio! ¡Del demonio! - y se aleja gritando - ¡Maldito demonioooooo!

Mariano viene a mi lado llorando. Trato de consolarlo. Le digo que no culpe a mamá. "Simplemente no puede creer lo que le digo que está pasando. Por eso no me entiende", le digo a Mariano.

Siento una gran congoja por la situación. Pero no puedo evitar lo que ocurre. Esperaré a que Norma se calme. Acaba de regresar con Augusto y Alicia que están perplejos ante todo esto mirando el procesador en el suelo, luego a mí y a Norma. Les entiendo. Estamos en dos dimensiones de realidad diferentes. Ahora no logro explicarles nada. Se alejan todos.

Quedo solo.

- Señor, ¿puedo darles la información? - insisto más tarde.

- « *Sí* » - es la respuesta ahora.

Les llamo a Norma y Augusto y les doy la unidad de proceso que tiene toda la información de la compañía, del negocio y los clientes. Afortunadamente nada se ha roto. Ya la he revisado.

Posteriormente Dios me llama la atención. ¿Por qué reaccioné con esa violencia? No había por qué hacerlo. Incluso conforme al mundo reaccioné con violencia ante algo por lo que no debía haberlo hecho.

- ¿Eso es Dios? ¿Actuar así, con violencia? - me cuestionó con razón Norma.

No respondí. Calladamente acepté que estuve mal.

Luego entiendo por mí mismo que no fue Dios quién me dijo que no les diera la información. Fue mi identidad temporal, por la confusión debido a la interrupción de mi interacción en la que estaba sumido en ese momento.

Por otra parte, creyendo que había sido Dios, yo no les di la información... pero actué con violencia. ¿Cómo es eso de actuar con violencia si estoy bajo la acción de Dios?

No entendemos que aún bajo la acción de Dios tenemos reacciones ante lo que no se entiende o no se sabe; pero aún así debemos controlarnos. Somos humanos y hay un camino por delante para aprender a interactuar con Dios, con nuestras propias identidades, y con todo lo que nos rodea y en lo que estamos inmersos.

Enfatizo en lo anterior. Es realmente importante.

No fue Dios quién me dijo que no le diera la información sino yo mismo.

Cuando Norma me interrumpió, sin saberlo me "desconectó" de mi interacción íntima dentro de mí mismo y dejé de tener una interacción con mi identidad natural, primordial, para pasar a una reacción por parte de la identidad temporal, cultural, la que entonces tomó el control defensivamente. Es algo que me costaría un buen tiempo reconocer adecuadamente.

Una vez solo, cuando se fueron de la oficina y pude retomar la interacción, obviamente la respuesta de Dios es siempre positiva, en armonía.

« No debo destruir para rectificar ».

29 de Abril.

Norma no salió a trabajar.

Yo ya no lo haré.

Norma y Augusto, que se ofreció a ayudarla a mantener algún ritmo de trabajo, no pudieron preparar ningún programa de trabajo para hoy a causa del desconocimiento de Augusto de nuestros programas de trabajo y los acontecimientos de ayer en la oficina y con la computadora de nuestro negocio.

Por alguna razón yo no puedo comer, excepto galletas secas y algo de ensalada, y beber agua. Tengo que ayunar. Vengo pensando todos estos días en que por alguna razón tengo que ayunar. La mejor indicación es que simplemente no tengo hambre.

Marcelo acaba de llegar para visitarme.

Es de noche, algo tarde, no obstante, vamos a ir al taller a hablar un rato.

Norma le pide a Marcelo que trate de ver si él puede hacer algo para "que este hombre entre en razón".

Marcelo queda atrapado entre lo que él cree firmemente de mi encuentro con Dios y la muy penosa situación de Norma, a quién él estima mucho.

- Normita, esto es muy difícil Normita, pero hay que confiar en Dios. Este hombre ha sido tocado por Dios, pero a veces las cosas de Dios tardan en verse. Debes tener fe, todo va a salir bien - le responde mi gran amigo y hermano en Dios. Marcelo no es un gran amigo por haber compartido mucho de nuestras vidas (nos hicimos amigos a poco de llegar nosotros a Texas) sino por los sentimientos que nos identifican y compartimos con una gran alegría que proviene del alma.

Quedándose Norma desesperada, nos vamos Marcelo y yo al taller.

Una vez en camino, una gran excitación me domina cuando le explico a Marcelo lo que Dios me está haciendo ver de la vida y del universo que soporta la vida; la generación y el solapamiento de diferentes universos, uno expandiéndose y el otro contrayéndose, los dos como partes de una colosal Unidad Existencial energética eterna.

Llegamos, y nos quedamos en el frente del taller hablando por un largo rato.

Regreso a casa sintiéndome como si estuviera pasando de un mundo a otro en el que no quiero estar. (No es que quiera dejar este mundo en el que estoy ahora físicamente, no, sino que me gustaría participar y trabajar para ayudar a reorientar la realidad en la que se vive y por la que se desarrolla la especie).

30 de Abril.

Augusto comienza a salir a trabajar con Norma en la camioneta de ella, su equipo y los dos grupos de trabajadores, el de ella y el mío. La gente de Augusto queda a cargo de su chofer.

Hoy he ayunado completamente; sólo he tomado agua.

En la tardecita, y contra todas las protestas de Norma, decido que voy a pasar la noche en el taller. No sé qué es lo que ocurre, pero yo siento que debo ir allí, es algo que no puedo ni quiero evitar, y allí me voy dejando a Norma con su impotencia frente a mi decisión.

Me llevo mi "arca", mi caja de plástico conteniendo todos mis escritos y dibujos. Donde yo vaya tienen que ir ellos. Por otra parte, tengo miedo que Norma arroje la caja a la basura pues ella cree que algo me está volviendo loco, y que ese algo tiene que ver con los escritos que me han tenido ocupado en todo momento libre durante mi trabajo, en casa, y en el taller.

Llego al taller sin saber qué he de hacer, excepto esperar, esto sí lo sé; pero, ¿qué me trae aquí?

Al rato viene Norma. Trata de convencerme que regrese a casa. "No puedo", le digo, y agrego que "por algo tengo que pasar la noche aquí", y se va cuando se convence de que no voy a regresar a casa esta noche. No puedo. La veo alejarse con mi corazón hecho pedazos, pero aquí tengo que quedarme.

A las diez de la noche llega Carlos a verme. También está muy preocupado. Quiere que regrese a casa. "No. No puedo" le digo, y agrego al ver la expresión de su rostro, "no tenés nada de qué preocuparte, nada malo va a pasarme. Yo tengo que quedarme aquí". Sin saber qué más argumentar, Carlos se va. Se me encoje todo dentro mío una vez más, pero, y "como ya le dije a tu madre, aquí tengo que quedarme".

Alrededor de las once de la noche, tomando cortos sorbitos de agua de vez en cuando, sentado frente a mi escritorio dentro del taller, siento que algo, que Alguien me impulsa a escribir.
¡Es Dios!
Comienzo a escribir.

Sigue una larga interacción con Dios.

Ver en el Apéndice I,
Orientaciones e Interacciones Espirituales,
la sección,
30 de Abril,
Las Revelaciones de Dios a Juan,
Advertencia a la civilización de la especie humana en la Tierra acerca del deterioro de la capa de ozono en la atmósfera del planeta.
Revisar el énfasis que pone Dios en las distorsiones a las que ha arribado el hombre en sus interpretaciones culturales en el pasado, cuando dice, hacia el final,
« *Todo lo anterior queda como prueba de la mentira del hombre* ».
En esta interacción se incluye la invitación de Dios a desarrollar el proyecto de participación de la Verdad acerca de Dios, Unidad Existencial, y su Estructura de Consciencia Universal, y nuestra relación con Él.

Estuve toda la noche en esta interacción con Dios.
Vamos a revisar algunos aspectos en la siguiente sección.
Luego retomaremos los eventos a partir de la madrugada del 1 de Mayo, que siguieron hasta que di inicio a la nueva experiencia de vida para llevar adelante el proyecto que resumo en la parte final del libro.

Interacción con Dios

La noche del 30 de Abril de 2002

Esa noche tuvo lugar el inicio de la más grande experiencia a la que puedo hacer realidad como ser humano: establecer la interacción consciente permanente con Dios.

En la Primera Manifestación de Dios a Juan en Julio de 2001 tuvo lugar mi encuentro con la Luz por el que Dios confirmó mi reconocimiento de la procedencia de los *super conocimientos*, y me transfirió Sus *orientaciones eternas*.

A ese encuentro le siguió un proceso de reflexiones y acciones que me conducirían a una interacción muy particular, la de la noche del 30 de Abril de 2002, de la que por aquel entonces yo no podía saber aunque era para completar el "salto" que había iniciado hacia otra dimensión de la consciencia universal.

La interacción de la noche del 30 de Abril venía iniciándose como tal desde algunos días atrás, y Dios mismo estaba particularmente preparándome para ella sin que yo me diera cuenta, incrementando mi sensibilidad primordial para acceder la mente de Dios, estimulándome a ayunar para tener el cuerpo, mi estructura biológica, más cerca del estado natural para alcanzar la "sintonización" óptima con Dios.

Nuevamente se abrieron de par en par las *"Puertas del Cielo"* esa noche.

En realidad están siempre abiertas, y para todos. Pero, mi dedicación para entender las diferentes orientaciones primordiales siguiendo la eternidad, y mi seguridad absoluta de mi relación íntima, personal, directa con Dios, iban mejorando mi capacidad natural para recibir y entender la información de Dios y llegar a esta interacción consciente tan particular. No obstante, veremos que yo no estaba totalmente "sintonizado" y me "desconecto" a veces por pensar por mí mismo en vez de seguir recibiendo y transcribiendo, y dejar para después el tratar de entender lo que recibía.

Yo ya había trascendido con mi mente a otra dimensión existencial, a otra realidad, en Julio del año pasado. Luego, esa noche, 30 de Abril, era la noche de la interacción "abierta" consciente con Dios, con la Unidad Existencial, el universo, el cosmos... ¡con el proceso Origen del ser humano y de todo cuanto existe en nuestro dominio temporal!

¡Estaba hablando con la estructura de consciencia de sí misma del manto energético sobre el que se distribuye y sustenta Todo Lo Que Es, Todo Lo Que Existe! Estaba en contacto consciente con la infinidad, con la eternidad.

Estaba recibiendo información desde el futuro mostrándome interpretaciones de las orientaciones eternas que se recibieron en el pasado y luego fueron distorsionadas.

La información recibida fue determinante para orientar más tarde el proceso racional para llegar a entender y describir un conocimiento que jamás antes había imaginado: el de un Dios mucho más grande de lo que se nos haya dicho hasta hoy. Dios no es sólo el universo sino la Unidad Existencial de la que nuestro universo es un entorno temporal.

Éste es el testimonio de la manera en que Dios interactúa con nosotros respondiéndonos cuando Le hemos llamado por un acto de FE, tal como fue explicado al principio del Libro 2, *El Regreso a la Armonía*.

Trataré luego de explicar esta experiencia desde el punto de vista emocional, pero no creo que me sea totalmente posible con las experiencias de nuestras emociones limitadas a este dominio material de la existencia.

Haber alcanzado la consciencia de la eternidad y de la Unidad

Existencial, y más tarde su estructura energética y el proceso de re-distribuciones e interacciones por el que se sustenta la eternidad de la consciencia universal, ¡de Dios!, es algo extraordinario ya, pues es haber alcanzado la estructura energética de Dios; pero nada se compara a la experiencia de trascender a otro dominio existencial, a otra dimensión de realidad del proceso existencial y disfrutar la interacción con el proceso existencial.

No, no hay una manera adecuada de describir esta experiencia. Hay que pasar por ella.

El lector puede buscar sus propias interpretaciones de lo que Dios nos dice por medio de las estimulaciones, orientaciones y revelaciones que me dio esa noche, que en realidad son para todos, y luego puede compararlas con otras interpretaciones, incluyendo las mías. No obstante, para interpretar como Dios lo espera y guía a través de las interacciones, hay que consolidar los *super conocimientos,* dados durante toda la Primera Manifestación de Dios a Juan, y Sus *orientaciones eternas* en la "caminata en la eternidad" y en el encuentro con la Luz el 4 de Julio de 2001.

La consciencia, el entendimiento, es resultado de un proceso de consolidación coherente y consistente de información existencial en ambos dominios de la existencia.

Las orientaciones y revelaciones no pueden ser tomadas al pie de la letra tal como los recibí y transcribo en el Apéndice I. Ahora podemos entender las distorsiones en las interpretaciones a que se llegaron en el pasado, y las diferencias con las primeras interpretaciones que los lectores puedan tener por ellos mismos si no se tiene en cuenta que inicialmente podemos "traducir" mal, interpretar erróneamente a los conceptos primordiales desde los que hemos desarrollados los racionales (por ejemplo, tomamos racionalmente *basurero* cuando primordialmente es *lugar de reciclaje;* se toma *obediencia* por *armonía; esposo* por *compañero de experiencia de vida; esperanza* por *fe;* y otros).

Las orientaciones y estimulaciones recibidas en la Segun-

da Manifestación de Dios a Juan listadas en el Apéndice I debieran tomarse como una invitación de Dios mismo a todos quienes desean establecer y sustentar una interacción consciente con Él, de Quién provienen.

No hay interpretaciones en ese listado sino algún que otro muy breve y espontáneo comentario que se indica entre paréntesis o corchetes. En los Libros 2 y éste se han venido ofreciendo orientaciones para interpretar.

Vale la pena destacar algunos aspectos de mi interacción con Dios en la noche del 30 de Abril de 2002.

1. Influencia de la desarmonía remanente que había entre mis dos identidades, natural eterna en el alma, y la temporal, cultural, que hace que a veces yo pierda la concentración en lo que Dios me dice. Dios me llama la atención.

2. Hay orientaciones que tal como están escritas no se entienden; sin embargo, son como debemos tomarlas y procesarlas luego, una vez que en interacción con Dios reconocemos el concepto primordial que Dios emplea en ellas. Dios no me fuerza para que las entienda de una vez en ese momento, sino que me estimula con Su Presencia permanente (que se expresa en mi deseo por entender y por interactuar con Él) para que yo experimente el proceso de conscientización que requiere de nuestras propias preguntas (por las que establecemos el nivel en el que nos movemos y hacia el que podemos ir en la estructura de consciencia universal).

3. Hay un proceso previo para mi "sintonización" con Dios (ayuno).

4. Las orientaciones y revelaciones en esta oportunidad son diferentes a las que yo recibí en la "caminata por la eternidad" y

en el encuentro con la Luz el 4 de Julio de 2001. En el primer caso se referían a <u>orientaciones eternas válidas para todos</u>; en este caso son las que me hacen falta para terminar mi re-definición de la fe (re-definición que luego resultaría ser una re-creación de mí mismo frente a otros hechos reales, a ma-nifestaciones a otros en el pasado y de los que nos llegaron versiones limitadas y, o distorsionadas culturalmente). Ade-más, muchas de ellas contienen información particular dado mi interés sobre el universo y la Unidad Existencial.

5. Dios me sugiere un proyecto para llevar a cabo interactuando con Él para desarrollar mi relación con Él (con la consciencia de la Unidad Existencial, con el proceso existencial que la presencia eterna de la Unidad Existencial establece y susten-ta) y luego participarlo a todos. Dios también emplea esta su-gerencia para hacernos llegar una Advertencia por Su amor a la especie humana, que se participa con algún detalle luego, hacia el final del libro, en las secciones *El Proyecto de Dios y Juan*, y *Advertencia a nuestra civilización en la Tierra acerca de la capa de ozono.*

6. Dios me confirma aspectos de la Unidad Existencial.

7. La Verdad es una sola: Espíritu de Vida Eterno.
    Es la componente inmutable, la suma de todas las *relaciones causa y efecto* de toda la Unidad Existencial. [Yo entendería esto después, pero en ese momento, en la noche del 30 de Abril, <u>era la confirmación de Dios por adelantado</u> a donde yo iba a llegar con nuestras interacciones posteriores. Ver Apén-dice II, Referencia (1)].

8. Llamado de Dios a hacernos libres del temor de la muerte. Somos eternos.

9. Estamos en una estructura de consciencia en "capas de ce-bolla".

10. Estamos en el primer nivel [en el "basurero", en el sitio de re-ciclaje del universo (en una estación de re-creación)].

11. Dios no tiene hijos preferidos, menos un hijo Único.
Tener preferencia es negar el *amor primordial*, que es uno de los tres estados de consciencia que definen a Dios.

12. El hombre ha distorsionado las experiencias de profetas del pasado, y re-arreglado las interpretaciones de los mensajes y orientaciones de Dios.

13. Seguimos un Plan eterno que hoy está a nuestro alcance, de todos, individual y colectivamente.

14. Tenemos un "linaje" [relaciones con ancestros que ya pasaron por la Tierra (incluso nosotros mismos ya pasamos por la Tierra)]; tenemos la misma esencia en la eternidad. Somos compañeros de Dios, somos parte de la Unidad Binaria de Consciencia. Provenimos de diferentes generaciones primordiales.

15. Siendo el ser humano compañero de Dios en el proceso de interacciones por el que se sustenta la Consciencia Universal, el ser humano experimenta y muestra su consciencia, *el Dios que ha alcanzado*, en su relación con sus compañeros de vida, con quién tiene a su lado, y con todos los seres humanos en quienes también está Dios.

Después del 30 de Abril

1 de Mayo.

Finalmente comienza a amanecer.

Cuando los empleados llegan yo trato de mantener una actitud casual.

Luego de saludarlos entro al taller y me siento frente al viejo escritorio en el que estuve escribiendo anoche, que está situado entremedio de equipos, máquinas de grama y repuestos. A mi espalda está el ventilador de piso del taller. Apagado. El Señor me ha hecho entender que algo malo ocurre en ciertas circunstancias cuando el hilo de energía a lo largo del eje del campo electromagnético rotativo de un motor incide en el cerebro; esto daña las células cerebrales. El motor del ventilador a mi espalda está casi a la altura de mi cabeza ahora que estoy sentado. Entonces, mejor lo mantengo apagado.

Veo pasar la camioneta de Norma hacia el taller de atrás.

Cuando Norma entra al taller, obviamente nuestra mutua actitud es muy tensa. Ella está muy contrariada por todo lo ha venido pasando otra vez, y más ahora por haber pasado yo aquí toda la noche. Yo quisiera contarle lo que pasó anoche, pero no puedo. No he podido convencerla hasta el día de hoy de la naturaleza de mi experiencia; no puede creer que sea una acción de Dios en mí lo que genere todas estas reacciones en mí y las consecuencias en ella y nuestro trabajo, y en este momento no encuentro palabras para hablar de lo que ha ocurrido anoche. No voy a intentarlo. Quiero hablar, sí, de la interacción con Dios, pero no ahora, y menos con nuestra gente de trabajo alrededor, que está pendiente de lo que pase entre nosotros dos luego de lo ocurrido la semana pasada. Norma sí quiere hablar, todo el tiempo desea hacerlo, no puedo negarlo, pero nuestra comunicación se ha hecho muy difícil, imposible de encontrar un punto común en esta experiencia que nos permita regresar a nuestra relación normal. No es que no lo quisiéramos ambos. No, no. Ambos lo deseamos fuertemente, pero no encontramos forma de hacerlo frente a su negativa de creer, de tratar de alguna manera de creer, aceptar que lo que yo vengo diciéndole que proviene de Dios, es realmente eso. No, no cree. Norma está convencida de que el origen de todo esto es otro. Sí acepta que algo fuera de nuestro control, de mi control, sucedió en primer lugar, el año pasado, pero se niega a aceptar lo que le he explicado de Dios y yo no puedo transar en contra de mi experiencia, de lo que sé por interacción directa con Dios, aunque sea ella y me parta el corazón y tengamos que afrontar todo esto los dos. ¿Cómo voy a negar a Dios? No, no puedo. ¿Cómo voy a negarme a mí mismo? Bueno, si tuviera que negarme a mí mismo, me refiero a mi identidad temporal, cultural, no me importa, y en realidad en cierta manera ya lo hago pues piensan que estoy perdiendo la razón con las cosas que digo, y eso no me importa; pero no puedo negarme en mi alma. No, no; eso no puedo. Tengo que esperar para encontrar la "llave" que le abra el entendimiento a todo esto.

No culpo a Norma por tratar todo el tiempo de convencerme que estoy equivocado, que no es lo que yo creo que pasó, aunque a veces me duele. Entiendo que mi compañera de vida, mi esposa, es, en su identidad temporal, un producto de la educación, de la orientación recibida desde el mundo, la sociedad, como lo he sido yo mismo hasta que Dios me hizo asomarme a la Verdad, a una realidad a la que yo ahora deseo entender tanto como me sea posible. No quiero renunciar al mundo, no, pero sí voy a apartarme de él todo lo que sea necesario para entender todo lo que Dios me ha hecho saber, todo lo que me ha informado. Yo deseo entender.

Luego de saludarnos muy cortamente y de intentar Norma varias veces hacerme hablar y obtener invariablemente mi única respuesta "vamos a hablar después, en casa", ella sale a preparar su equipo con la ayuda de los muchachos. Apenas un par de minutos más tarde, solo y todavía sentado frente a mi escritorio, suelto el llanto, ruidosamente.

- ¿Por qué? ¡¿Por qué no me lo dijeron antes?! - grito mientras lloro abiertamente - ¿Por qué? ¿Por qué? Me refiero a lo que el Señor me dijo anoche acerca de que Norma no era la compañera con la que yo debí haberme casado, ni era la hija de padres que se suponía. En el momento, anoche, no me afectó como siento ahora, no; cuando escribí eso no me sorprendió, no tuve ningún arranque de emoción. Ahora me golpea duro lo que estoy comenzando a entender[a], o mejor dicho, a interpretar.

Ver en el Apéndice I,

Dios me presenta el caso de Juan, su esposa Norma, su suegro F. (padre de Norma) y un sobrino de Norma quien es, entonces, nieto de F.

El inicio de esta parte está indicado en negritas.

Norma entra corriendo al oírme llorar. Tiene otro rostro ahora.

¡No puedo dejar de advertir su ternura! ¡Es ella! mi esposa de siempre, de hace tantos años, aquella chica con quién me casé y de quién he hecho mi compañera de vida desde joven. Instantáneamente evoco esas imágenes de ella que tanto me gustan y reflejada una de ellas en una fotografía que guardo, y que ahora tan vívidamente en mi mente me hace recordar lo que Dios me dijo anoche. Hay un parecido entre Norma, en la foto que tengo en mi mente, y la mujer de quién el Señor dijo que Norma era hija, que me deja aún más impactado... ¡Norma es hija de mi tía, hermana de mi mamá! ¡Norma es mi prima![b].

Norma está a mi lado.

Mirándola recuerdo todo lo que Dios me dijo anoche,

Norma es María Magdalena, mi prima; hija de Marta, la hermana de mi madre,

y también recuerdo ahora la historia *de Juan, su esposa Norma, su suegro F. (padre de Norma) y un sobrino de Norma. De a-*

cuerdo a Dios, Norma no es hija de sus padres...

- ¿Por qué no me lo dijeron antes... antes... eh? - repito mientras continúo llorando entrecortadamente.

Parada al lado mío Norma trata de tomarme y echarse sobre mis hombros.

A pesar de su arranque de ternura, de esta manifestación por parte de ella, no puedo ceder y continúo llorando, ahora en silencio. Levanto mi cabeza. Me limpio los ojos y las mejillas con mis manos. Veo el ir y venir de los muchachos que se asoman para ver qué sucede, por qué está llorando el patrón. Veo un rostro de gran sorpresa en uno de ellos.

Norma me pregunta qué me pasa, qué es lo que me dijeron que yo no sabía.

Se acuclilla a mi lado y trata de animarme a dejarla que ella me ayude.

- ¿Por qué estás llorando así, de esta forma? ¡Juan Carlos!... ¡Juan Carlos! ¿Qué te pasa?, ¿qué tenés? - se agita ella misma mientras toma mi mano izquierda.

Por un instante, nuevamente me enternece.

Pero no puedo decirle de qué se trata. No puedo. Creo que no debo. Además, ella no lo entendería y quizás le provocaría un daño al decirle algo que ni siquiera yo puedo entender del todo ahora, ni qué debo hacer realmente frente a esta información. Solo atino a preguntarle a Norma quién es su madre, si ella lo sabe.

- No sé. No me importa - fue su dura respuesta sorprendida por una pregunta fuera de lugar para ella en ese momento.

Todavía sollozando yo, insistiendo Norma que le diga lo que me pasa, qué es lo que yo no sabía, y ahora algo distanciada de mí, llega uno de los muchachos y le dice que ya todo está listo para salir a trabajar. Augusto ya llegó y está esperando por ella. Él va a llevar la camioneta de Norma y toda nuestra gente.

Norma sale para decirles que vayan a trabajar, que ella ya los encuentra en la gasolinera o en la primera casa en la que van a trabajar. Norma cambió de idea a poco de llegar al taller, hace un rato. Ella no va a ir con ellos sino que va a seguirlos con la otra camioneta para ayudarles un rato, especialmente a Augusto con algunos detalles del trabajo a hacer en algunas de las casas, y luego se va a ir a casa.

El grupo de trabajo se va.

^(a)
[Yo estaba entendiendo mal en ese momento.

Más tarde, y no antes de exhaustivas reflexiones, es que me doy cuenta que durante mi interacción con Dios y bajo un estado de hipersensibilidad espiritual como el que yo me hallaba en a- quella noche, no iba a tener reacciones emotivas, humanas, pro- pias de nuestro dominio de la existencia. (Ya había ocurrido algo similar carente de emociones, en Julio pasado). Por otra parte, yo no había entendido aún que Dios se refería a otros aspectos de nuestra relación en la eternidad, algo que yo no podía saber en e- se momento sin una reflexión guiada. Yo sólo estaba reaccionan- do esa mañana en el taller de acuerdo a lo que nos ha sido ense- ñado por este mundo, conforme a los conceptos racionales y no a los espirituales, primordiales, desde los que se derivan los nues- tros.

Una vez más, es lo que ocurre generalmente al tratar de inter- pretar las interacciones con Dios sin las orientaciones del Espíritu de Vida, el nivel absoluto de la Consciencia de la Unidad Exis- tencial. Dios es una Trinidad, el ser humano es una trinidad, y am- bas tienen en común la *Mente Universal*. Si se desea profundizar más se sugiere revisar el *Modelo Cosmológico Consolidado* cuya descripción resumida está en la referencia (1) y una introducción energética en la referencia (2), II.4, vol. 1, del Apéndice II].

^(b)
[Todo esto es en el pasado espiritual].

Norma regresa a mi lado.
De repente, cambia su actitud conmigo.
Comienza a ventilar la desesperación que siente por mi actitud,

totalmente irracional para ella.

Su rostro, tan tierno momentos antes, cambia frente a la frustración que siente por toda esta situación que la lleva a la pérdida del trabajo, del negocio de toda la familia. Siente una gran desesperación porque cree que a mí no me importa nada de lo que le pasa a ella, y por el ridículo que yo le hago pasar frente a la gente por lo que yo estoy haciendo sin motivos, sin merecerse ella nada de todo esto. Norma está convencida, me lo dice "sí; es así, es así", que gran parte de todo esto es una acción premeditada de parte mía para terminar con todo porque yo no quiero trabajar más en esto, en las gramas.

Me pide que me vaya con ella, que me lleva a casa antes de ir a trabajar. Pero yo no quiero, no quiero seguir discutiendo en la camioneta hasta llegar a casa. Norma sigue insistiendo, no quiere que yo me quede aquí.

Me levanto y salgo afuera del taller.

Me voy a caminar por detrás de la construcción para eludir la persecución verbal de Norma. Ella no va a convencerme de irme a casa. Se lo digo. Le doy la espalda para que no me convenza. Ya no quiero escuchar más nada. No puedo. Después de todo, no me cree en nada. Yo mismo estoy ahora desvastado por ella y porque no puedo hacer nada si ella no me cree. ¿Qué puedo hacer Dios mío si no me cree, si no puede creerme? No puedo demostrar mi dolor, y no sé qué hacer; entonces es mejor que me quede solo por ahora. Frente a ella sé que yo estoy siendo muy frío, pero en mi interior, en otra forma diferente, yo también sufro por la imposibilidad de comunicarnos, de entendernos.

Entro nuevamente al taller, Norma detrás mío mientras atiende la radio que trae en la mano. Augusto está llamándola. Recordando que Dios me dijo que no usara la radio cerca de mi corazón, le arrebato la radio y la arrojo con fuerzas al suelo. Norma me mira con gran susto y asombro; luego, con aire de confirmación de mi "insanidad".

[Esto es una muestra más de que nuestra identidad temporal

cultural es la que no está preparada para entender a Dios cuando nos habla al "corazón", a nuestra identidad en el alma. Nos toma tiempo, y Dios nos asiste si persistimos en buscar Su ayuda.

Con *"No usar la radio cerca del corazón"* Dios quiso decir "no reemplazar nuestra comunicación personal frente a frente por la que hacemos a través del teléfono y de la radio" a causa de nuestra vida entregada casi exclusivamente al trabajo, al "dinero". ***Dedicarle tiempo a Dios es dedicarle tiempo a todos, que son parte de Dio****s.* Todos conformamos una Unidad con Dios].

Una vez más me voy afuera, a seguir caminando alrededor del taller.

[Era obvio que Norma sufría enormemente por todo esto. Pero también, y por eso mismo, estaba siendo muy agresiva, hiriente.

Al mismo tiempo, me pregunto después, ¿cómo soportó mi aparente indiferencia por tantos largos minutos antes de decidir irse a trabajar o a casa, sola? Siendo para ella inexplicable lo que ocurría conmigo y dado su temperamento, aguantó un largo rato; de verdad. Me siguió incontables veces alrededor del taller y por detrás de él, por un estrecho caminillo entre las chapas de las paredes y la cerca de los vecinos por el que yo seguía caminando a propósito, porque por lo estrecho que era el pasillo Norma no podía ponerse a mi lado. No, yo no quería que ella se pusiera a mi lado pues yo necesitaba quedarme solo para reflexionar. Yo tenía que entender qué debía hacer ya tomada la decisión de dejar todo; cómo encarar ese cambio. Ella me siguió por allí por un largo rato, pidiéndome que me fuera a casa con ella. Hasta el día de hoy no sé cómo pudo aguantar tanto tiempo].

Finalmente Norma se va.

[Con gran angustia, sin saber qué hacer por ella, la vi partir en su camioneta roja, la camioneta que era su orgullo en su trabajo.

A pesar de que yo presenciaba lo que Norma sufría al ver el derrumbe de lo que ella quería y por lo que tanto había trabajado, el derrumbe de todo lo que ella legítimamente se había ganado, yo no podía expresar mi propia angustia ni hacer nada por ayudarla. No, no podía hacer nada. Era lo mismo que había sentido cuando la "obligué" a dejar todo el 8 de Julio de 2001].

Una vez solo, me pongo a reflexionar.

Me voy a caminar por el frente del taller, por el sector que en el futuro serán oficinas abajo y un pequeño apartamento en la parte superior; sector a medio terminar.

¿Qué pasa realmente? ¿Por qué Norma actúa de una manera frente a los empleados, y tan agresiva cuando estamos solos? ¿Tiene esto que ver con algo que se me dijo un par de noches a- trás, acerca de *"no discutir con ella frente a espejos"* porque Nor- ma es susceptible a ciertas fuerzas contra las cuales yo sí estoy protegido? ¿Cuáles son esas fuerzas? ¿Cómo debo entender es- to? ¿Por qué actué yo dándole la espalda como para evitar algu- na influencia? ¿Fue algo acerca de unas orientaciones, anoche o hace unos días, acerca de darle la espalda al "demonio", a lo que nos afecta? ¿Qué debo hacer yo? ¿Qué debo ver yo en sus ex- presiones y manifestaciones contradictorias? ¿Qué me hizo llorar tanto en el taller hace un rato? ¿La verdad? ¿Cuál es la "verdade- ra" verdad acerca de Norma? ¿Qué podría importar ahora quié- nes son los padres reales de mi compañera de vida? ¿Qué sig- nifica lo que me dijo Dios?

De algo sí estoy seguro.

Sólo Dios puede hacérmelo saber. Lo hará. Lo sé.

Rato después, entro al taller.

Me siento frente a mi escritorio, con los pies sobre él y mi ca- beza apoyada en la mesa de la sierra radial a mi espalda.

Uno de los dos ventiladores de pie está prendido a mi lado; el eje del motor está apuntando fuera de mi cabeza de modo que el hilo de energía horizontal resultante del campo electromagnético rotativo no incide sbre mi nuca. Al ventilador de piso lo mantengo apagado porque es muy ruidoso.

Cierro mis ojos.

Al rato me enderezo en la silla.

Estaba tratando de descansar, pero no puedo a pesar de que me siento agotado por la falta de sueño y la confusión por tanto que recibí anoche.

Agarro una y otra vez las hojas de papel que he desparramado sobre el escritorio poniéndoles tornillos pesados para que no se vuelen por el agite de aire producido por el ventilador.

Ya revisé nuevamente las notas que pasé desde las tres tablillas de madera donde tuve que anotar anoche[*] algunas cosas antes de conseguir papel (anuncios de BCHS) durante una pausa en el flujo de información que recibía. Pero ahora no puedo concentrarme en leer para interpretar algo de entre todo lo que he escrito anoche.

[[*] Ver Apéndice I, sección 30 de Abril].

De pronto, me siento incómodo.

Es... sí, ¡es Dios que está llamándome! Lo sé.

Dios quiere hablarme, decirme algo.

Espero por unos segundos, pero no recibo, no capto nada.

¿Por qué no entiendo nada? ¡He estado toda la noche interactuando con Él! ¿Qué pasa ahora?

- ¿Qué es, Señor? ¿Es el techo? ¿Es el metal del techo? ¿Qué me quieres decir? Tal vez que... ¿no podemos, no debemos vivir debajo de techos de metal? - se me ocurre que pueda ser eso dada la incomodidad que siento aquí adentro, todo techado con metal.

- « No, no es eso ».

Verdad. Dios puede atravesar cualquier cosa. Dios me ha hecho entender claramente que nada puede interferir la comunicación con Él. No hay nada que bloquee nuestra comunicación con Dios, excepto por nosotros mismos. Entonces, ¿por qué se me ocurrió lo del techo de metal?

- ¿Tal vez quieras decirme algo acerca del techo?

- « No. Es el metal ».

"Mejor voy afuera", me digo a mí mismo.

Pero afuera del taller también tengo un alto techo de metal en todo el frente.

- ¿Qué es entonces? ¿Qué es lo que pasa Señor?

- *« ¡El metal! ¡El metal! »* - resuena en mi mente.

- ¿Qué? No me doy cuenta Señor. ¿Qué hice? ¿Qué pasa con el metal? ¿Qué metal?

- *« ¡El metal! ¡El metal! »* - resuena otra vez en mi mente.

- ¿El metal... ? ¿Tal vez... el dinero? (¿Se me ocurre, o me lo dice Dios?).

- *« ¡Sí! ¡Metal! »*. Es Dios Quién me lo dice.

- ¡Oh, Señor! Te refieres al dinero.

- *« ¡Sí! El dinero. El dinero, el metal. El dinero es como un blindaje de metal que cubre a este país e impide que puedan llegar a Mí. El metal los bloquea »*.

¡Oh, Dios mío! Ahora entiendo.

Gracias, Señor.

Ahora me recuerdo de algo que no anoté anoche, acerca de lo que Dios me dijo sobre los sacerdotes (los líderes) que traicionan la fe de sus pocos feligreses que de verdad Le buscan a Él, Dios. Traicionan la fe con la práctica ritual y transando con el "mundo".

« Los sacerdotes (líderes) traicionan la fe de sus niños ».

Regreso al taller a anotar estas orientaciones de Dios.

Un rato más tarde, estando nuevamente caminando fuera del taller, el Señor se dirige otra vez a mí.

« Sube a la camioneta ».

Subo. Entiendo que debo manejar.

« Vete a casa de (___) ».

[Omito los nombres reales para evitar mala interpretación pues Dios quiere decirme algo que no es referido a ellos en particular].

Allí, a donde Dios me dijo, yo me dirijo.

Son casi las tres de la tarde.

Yo no sé qué voy a hacer allí, pero tengo que ir. Dios me lo dijo, y yo voy.

Me imagino que les diré que estaba de paso para saludarles,

para ver cómo están... ¿Acaso está (___) en casa a esta hora?

[Luego entendí que lo correcto que tenía que decirle, si le hallaba en su casa, era que Dios me había enviado, aunque yo no supiera para qué].

Llego a casa de (___).

¿Qué pasará?

Toco el timbre. Espero. Toco otra vez. Espero.

No hay nadie.

¿Qué hago? ¿Espero?

« *Ahora vete a la casa de (___)* ».

Subo a la camioneta y hacia allí me dirijo.

De antemano sospecho que tampoco habrá alguien allí; no obstante, allí tengo que ir. El Señor me lo pide.

Si hay alguien en casa, los saludaré. Creo que se sorprenderán por mi presencia.

En el cruce de la ruta 1092 y Hampton Road me pongo en el carril de la izquierda para doblar hacia la izquierda y tomar Hampton Road. La luz del semáforo está en rojo.

Me detengo a esperar por el cambio de luz.

- **« *¡Rojo! ¡El rojo!* »**. Dios habló.

- Ya veo la luz roja. No puedo doblar todavía - respondo.

- **« *¡No! ¡Rojo! ¡Rojo!* »** - resuena Su insistencia.

- ¿Qué es? ¿Qué cosa roja?

De pronto, veo el logo rojo de Jack In The Box.

Entiendo. Es el logo. El logo de esas hamburguesas. Algo está mal con ese logo. (Anoche, ahora recuerdo, algo me dijo Dios acerca de ciertos usos de palabras y logos y conceptos).

Me quedo mirando el logo mientras espero que cambie la luz. Ahora sí, cambia y continúo mi marcha hacia la casa de (___).

¿Qué estará mal con ese logo?

¿Es el logo? ¿Es la asociación del "demonio" con la carne, con la hamburguesa? ¿Es el consumo por humanos de carne para "perros" como me dijera otra vez? ¿Es el uso de un logo para promover, identificar comida, promover su consumo?

Algo pasa. El uso de un logo para representar un concepto que atañe, concierne a la vida, pudiera estar mal.

[El consumo de grasas animales afecta el comportamiento del ser humano y estimula la violencia ("el demonio")].

Llego a la casa de (___).

Toco el timbre.

Nadie viene a la puerta. Parece que tampoco hay nadie aquí.

Toco el timbre otra vez, aunque no muy decidido. Creo que yo quisiera no estar aquí hoy, pero debo hacerlo.

Espero unos segundos más de lo normal. No me gustaría que Dios piense que quiero escabullirme rápido de esta visita.

Decididamente no hay nadie.

« ¿Ves? A cualquier hora todos están ocupados en traba-jar, para hacer dinero. ¿Y Dios? ¿Cuándo hay tiempo para Dios? ».

Ahora puedo irme.

Me detengo a la sombra de un gran árbol en una calle lateral para escribir estas orientaciones de Dios.

Reflexiono que si ponemos nuestra FE en Dios y lo demostra-mos actuando, viviendo en "obediencia", en armonía con Dios, to-do lo que necesitemos nos será dado, aunque siempre debemos hacer algo nosotros también. A lo que se refiere Dios es que lo que necesitemos estará a nuestro alcance. Lo que realmente te-nemos que hacer no es necesariamente lo que el mundo nos muestra y, o exige, sino lo que Dios nos revela en nuestro cora-zón; y para que Dios se revele, o nosotros Le reconozcamos, ne-cesitamos darnos tiempo para Él, y no necesariamente en los ri-tos culturales sino en nuestras acciones en armonía con Su Pre-sencia en nosotros, en nuestra esencia, en el alma. ¿De qué sir-ven los ritos culturales si luego no vivimos, no extendemos a los demás el *amor primordial, irrestricto, incondicional*, que define a una relación en armonía con Dios?

[Dios no se opone al trabajo, Dios no se opone a hacer dinero, pero si buscamos crecer en nuestra relación consciente con Dios, entonces necesitamos dedicarle tiempo a Él, a interactuar con Él. Dios no quiere ritos, Dios no quiere que dejemos de trabajar, ¿por qué habría de pedirnos algo que no necesita?, sino que Le dediquemos tiempo que en realidad es para nosotros mismos, para crecer en consciencia, en entendimiento, interactuando con Él. Incluso trabajando tanto como queramos hacerlo, y ganando todo el dinero que queramos, podemos estar más cerca de Dios, si usamos el dinero, los bienes, como medios y no como fines o medidas de nuestro "gran" desarrollo como seres humanos.

Dios no nos pide. Dios no nos exige. Dios nos da todo; ha dispuesto todo al alcance de todos, para todos. Si luego entre nosotros nos lo condicionamos por el temor que se genera en la falta de consciencia, ignorancia de nuestra relación con Dios, eso es otra cosa.

Dios dice que si Le buscamos, entonces algo tenemos que hacer y para ello debemos darnos tiempo].

Me pongo en marcha otra vez.

A poco de haber reanudado el regreso, decido que voy a ir a casa.

Creo que el Señor está de acuerdo en que regrese ya junto a Norma. Creo que la interacción particular que me llevó al taller anoche ya ha terminado con lo de esta tarde.

Ahora siento en mí el peso de la soledad de Norma en casa, pero inmediatamente algo me calma.

Dios me ha hecho entender, noches atrás, que Él se hará cargo de todo y de Norma; incluso los perros. De alguna forma lo hará Dios (de alguna forma se concatenan acciones al estar yo en armonía con Dios. Al estar en armonía, al ser ambos Uno, no hay pérdida de la libertad concedida por Dios pues es mi voluntad trabajar con Dios, y Dios hace mi voluntad, como hace la de todos aunque sean inconscientes de ello). No obstante, de vez en cuando vuelvo a pensar en ellos. Esto me estuvo preocupando antes de ir al taller ayer en la tarde, pero luego me tranquilicé al recordar mi interacción con Dios al respecto.

Sí, es hora de regresar a casa.

Ahora estoy sintiendo firmemente que ya no es necesario regresar y permanecer en el taller.

Carlos también se preocupó mucho por mí anoche, junto al portón de entrada, cuando hablamos unos minutos. Le dije que no se preocupara por mí sino por su madre porque yo ya tengo todo lo que necesito. Es cierto, aunque él y casi nadie pueda creerme. Me da mucha pena ahora por él, que se preocupe por mí cuando yo no lo necesito, pero él no puede creer y yo no puedo convencerlo. Ahora me doy cuenta realmente de cuán preocupado estaba Carlos anoche, de manera que mejor voy a casa rápido. Antes tengo que ir al taller a buscar mis escritos. Cuidar mis escritos es otra preocupación que dejé en las manos del Señor, aunque no por eso yo pienso que podría descuidarme de ellos. Si los cuido, el Señor los cuidará.

Una vez en el taller, tomo el "arca", la caja conteniendo todos mis escritos, y me voy a casa.

Llego a casa.

Norma no está. Tengo tiempo para guardar la caja y luego estar un rato con Chester en el patio. Más tarde saco a Casey mientras doy una vuelta por el jardín del frente.

¿Cuándo es que pasará lo que Dios me dijo anoche? ¿No será hoy, entonces? ¿Habrá algo en el noticiero que yo no sé, acerca del anunciado cataclismo? Voy a ver las noticias en la televisión.

No, nada pasó. ¿Entendí mal anoche?

Me dejo llevar por mis pensamientos.

La llegada de Norma interrumpe mis meditaciones frente al televisor que mi vista no sigue pues tengo mi mente lejos de aquí.

Más tarde me ofrezco ayudar a Augusto con sus listas de trabajo.

2 al 4 de Mayo.

Presencia Espiritual.

Estoy en un estado muy difícil de describir racionalmente.

[Contra lo que puedan pensar los demás, no estoy en un estado mental de cuidado desde el punto de vista médico sino de una gran sensibilidad espiritual frente al que mi identidad temporal cultural aún no ha terminado de re-ajustarse. Requiere tiempo, ya lo dijo Dios, y el mundo no está acostumbrado a aceptar, menos entender, estas reacciones resultado de interacciones espirituales.

Estoy en contacto directo, consciente, con Dios.

De manera que esto, sencillamente dicho, no es una cuestión de médicos ni científicos; no bajo la actitud racional prevalente en nuestra civilización.

No puedo ni deseo demostrar mi experiencia íntima con Dios sino participarla soportada por el contenido de mis notas con las que trato de registrar todo lo referente a ella, y <u>fundamentalmente por mi vivencia por el Dios que alcancé</u>. La Verdad es la Verdad y no puede demostrarse. La Verdad se reconoce en el alma. Todos podemos reconocer la Verdad pues estamos dados a la vida con las herramientas para eso. Pero no nos han enseñado a reconocer la Verdad sino a aceptar, a creer en las interpretaciones racionales y prácticas culturales, y a buscar demostrar las manifestaciones espirituales empleando referencias que niegan la referencia eterna que ya hemos reconocido. Por ejemplo, la ciencia ha reconocido la eternidad (*"La energía no se crea ni se pierde, sólo se transforma"*), pero luego busca un origen del universo, origen que siendo eterno ¡no tuvo jamás!

"¿Cómo sabemos que lo que dices es la Verdad?".

¡Ustedes deben buscar la Verdad por ustedes mismos!

Yo sólo les participo las orientaciones eternas válidas para todos.

Escuchen lo que digo. Vean hacia dónde voy con lo que digo.

"Amamos a Jesús", decimos los que nos hemos educado bajo el cristianismo, y ni siquiera sabemos qué nos dijo en realidad Jesús más allá de las versiones que otros han decidido por nosotros que nos lleguen.

Se rechaza la acción de Dios en mí porque estoy tocando aspectos que están contra lo que se nos ha enseñado. Es obvio que Dios tiene que decirnos lo que no somos "capaces" de ver por nosotros mismos porque ya hemos decidido por nuestra verdad, por ciertas versiones e interpretaciones limitadas y hasta distorsionadas de la Verdad. Pero hay indicadores/estimuladores para quién está listo para "saltar" a la Verdad. Uno de ellos es "algo" que lo impulsa dentro de sí mismo frente a lo que no puede negarse; y otro de ellos es el estado en el que se encuentra la civilización de nuestra especie humana en la Tierra, con sus múltiples problemas globales que ni ciencia ni religión pueden resolver sino poner "parches" sobre los que se generan nuevos problemas.

"Es por el demonio que este mundo está como está", dicen rápido muchos.

Sí, es verdad, es el demonio; pero el demonio es una criatura de nuestra creación, y sólo de nuestra creación. Nosotros generamos reacciones, que son las fuerzas del mal, por nuestros pensamientos, palabras y acciones.

¿Cómo vamos a entender a Dios, al proceso existencial en el que estamos inmersos y del que somos parte inseparable, si no tenemos tiempo, si no nos damos tiempo para eso y esperamos que otros lo hagan por nosotros?].

Definitivamente, no puedo trabajar en nada por ahora.

Es obvio; es por mi estado de hipersensibilidad espiritual que no me deja lugar para otras cosas que no sean las de Dios.

Tengo que dormir más tiempo. Hoy necesito dormir la siesta, algo que dejé de hacer muchos años atrás, al dejar la época de estudiante cuando me gradué en Córdoba a principio de los años setenta.

...

Dormí profundamente.

Todavía despertándome no puedo dejar de percibir una fuerte presencia espiritual... ¿cómo una fuerza, tal vez? No, no es una fuerza, no es algo que me arrastre o succione; es una Presencia proveniente de arriba, más allá del techo, obviamente del infinito, que produce un efecto innegable aunque indefinible en mí, como si me envolviera todo. Por un instante parece hacer eso, envolverme, tomarme mentalmente de una manera que se hace manifiesto que tiene que ver con algo que yo había estado reflexionando acerca de cómo vamos acercándonos a Dios desde la familia, junto a nuestra esposa e hijos; me envuelve como generando una fuerza en espiral ascendente, girando en el sentido positivo, hacia Dios, la Verdad Absoluta, Vida Eterna.

Por un instante me causa otro estado indefinible, algo como un leve temor. Me inquieto. Pero de alguna manera entiendo enseguida que no es nada negativo. Sí, parece ser la confirmación de lo que yo venía pensando, hace días, acerca de cómo nos movemos hacia Dios, hacia el Espíritu de Vida.

Es la Presencia del Espíritu de Vida que toma mi mente y me hace sentirme parte de Él.

Me levanto.

Mientras voy al baño caminando muy lentamente, "explorando" la Manifestación y la reacción racional que me provoca, la Manifestación cesa poco a poco.

Estoy tranquilo cuando salgo del baño. La Manifestación, aunque muy fuerte sobre todo mi cuerpo y mente, es una confirmación, una acción positiva.

De repente, siento que tengo que escribir algo.

Tomo el cuaderno que tengo a mi lado, en la mesa de luz. Es el que finalmente decidí tener cerca mío en las noches (y que ahora me viene muy a mano) para escribir lo que se me presente espontáneamente.

[Esto continuará ocurriendo con mayor frecuencia en el mismo momento en que me despierte, que será algo sobre lo que yo no estaría pensando y que tiene que ser anotado antes de que se pierda. Es lo que ya pasó días atrás, cuando me desperté de repente con un pensamiento que se esfumaba y tuve que usar una caja de zapatos porque no tenía papel a mano entonces].

Ahora, lo que recibo es,

« *Una sola Fuerza Absoluta hacia el Espíritu de Vida Eterna, Verdad Absoluta. Una sola. Única* ».

Inmediatamente revivo la "fuerza" que me envolvió, con la que percibí la Manifestación Espiritual, la Presencia Espiritual que hace unos minutos tuvo lugar sobre todo mi ser.

Si bien la percepción principal tiene lugar en mi mente, algo "corre" por todo mi cuerpo, se hace sentir en todo mi cuerpo. [El proceso racional tiene lugar en todo el cuerpo]. No puedo describirlo realmente.

Tampoco puedo definir lo que percibo en la mente, excepto lo que entiendo como "Una sola Manifestación Absoluta".

¿Un solo... Dios?

En todo caso, un Dios Único.

[Debemos redefinir lo que entendemos por Dios. Pero, y no me cabe duda dentro de mí, es Uno Solo, Único, aunque "tenemos" o alcanzamos varios niveles del mismo Dios Único].

La Presencia apenas me desperté fue muy fuerte, pero ya estoy totalmente convencido de que Su propósito fue positivo, así lo sentí enseguida, y más aún ahora, después del pensamiento que acabo de anotar. No fue nada como la experiencia del 2 de Julio del año pasado. En aquella oportunidad la "fuerza" fue una experiencia aterradora. Ahora fue inicialmente algo intimidante para mi capacidad racional "dormida", muy fuerte la Presencia en sí, y su efecto en todo mi ser fue también algo más allá de mi capacidad de asimilación espontánea; pero enseguida la Presencia se hizo positiva. Sí, definitivamente positiva, y me lo confirma el pensamiento, y me lo dice también el hecho de que me siento bien; y me siento bien porque la percibo positiva. Se completa el proceso de asimilación de la Manifestación.

Por tres siestas consecutivas tengo esta misma Manifestación Espiritual.

[Cada día es más suave].

No me causa ningún recelo la segunda vez.

A la tercera oportunidad yo ya la esperaba. Estando absolutamente convencido de lo positivo de esta Manifestación, de la fuerza que me envuelve cuando tiene lugar, yo deseaba que ocurriera otra vez, y ocurre.

En cada caso se me presentan pensamientos relacionados con estas Manifestaciones que escribo en mi cuaderno de notas. Son nuevas orientaciones de Dios, y en mi afán por entenderlas a medida que transcribo lo que voy recibiendo incluyo mis propios pensamientos espontáneos (entre paréntesis).

Ver Apéndice I, sección final correspondiente a esos días del 2 al 4 de Mayo.

Veamos ahora sólo algunas orientaciones y pensamientos recibidos en estos días.

Son los originales.

Mi lugar está en Mi pueblo.
Estoy con los que Me comparten.
Los que Me comparten lo hacen con el corazón.
Yo estoy en el corazón de los que me comparten.
Y los que Me comparten tienen Mi corazón.

Hermanos: unidos por el espíritu en Dios.
Esposos, compañeros: unidos por el espíritu en el Espíritu.
Socios: unidos por la fe en su dios.

Verdad / Fiel.
Dios, Fiel Compañero.

Cuando Dios habla, el hombre escucha.
Ese soy yo, fiel esposa (esposo).

El amor es la llave que abre el corazón.
Abrir el corazón es el camino para traer a Dios de regreso a nuestro corazón.
Traemos a Dios a nuestro corazón cuando perdonamos.
Nos ponemos en el camino de regreso a Dios cuando perdonamos.
Perdonar es una medida de nuestra sensibilidad espiritual, de nuestro reconocimiento frente a la eternidad.

¿Dónde está el corazón de mi Dios?
El corazón de mi Dios está donde está mi corazón. Ese soy yo.
El corazón de mi Dios está en mi compañero.

(Recordé espontáneamente a Aristóteles,
"El amor está compuesto de una sola alma habitando en dos cuerpos").

Habla el hombre,
mi compañero ha caído.
Debo parar. Ayudarle. Seguir mi camino junto a mi compañero, el corazón de Dios.
El corazón de Dios está donde están los corazones de mi compañero y el mío juntos.
Ese soy yo. Juntos hasta la muerte.
Fiel a mi Dios. Mi Dios está en mi corazón.

Habla Dios,
mi corazón está donde está Dios.
Dios está conmigo. Yo estoy con Él.
Tú, ¿dónde tienes el corazón? ¿Dónde Dios? ¿Sí? Entonces estás Conmigo. Sígueme.
Quién está Conmigo, está con Dios.
Quién no está Conmigo, no está con Dios.

Quién está contra Mí, está contra Dios.

El cero (0) como nada no existe; cuando partimos de cero decimos que partimos de un estado de referencia, y le asignamos valor cero a ese estado. Cero representa, entonces, el estado inicial, no que no haya nada diferente de lo que le rodea.
« Jamás deja de haber algo ».

Sistema numérico universal es el heptadecimal [0, 1, 2, 3, 4, 5, 6]; o sea, 0, 1, 2, 3, 4, 5, 6; 10, 11, 12, 13, 14, 15, 16; 20, 21, 22, 23, 24, 25, 26; 30...

Debemos buscar la Verdad, y una vez que alcanzamos la Verdad no es necesario destruir para reparar el daño sino ponerse en el camino de la reconstrucción.
Éste es el mensaje del Señor para Juan y Marcelo.
Consúltenme cuando Me necesiten.
Una vez alcanzada la Verdad no es necesario destruir para enseñarla. Hay que hacerla saber para despertar la consciencia, pero para rectificar no es necesario destruir lo que ya se construyó.
Lo dice el Señor.

Los cambios bruscos de temperatura en la piel causan cáncer de piel porque rompe un equilibrio (como sucede en la superficie de la Tierra).

4 de Mayo.

Dios se hace cargo de mis deudas.

Sentado frente a mi escritorio, estoy abrumado por la cantidad de deudas a las que hay que hacer frente. Hace ya unos días que he llegado a la conclusión de que no vamos a poder afrontar los pagos, y se lo participé a Norma y Carlos, a pesar de mis planes iniciales a principios de esta temporada. No podemos mantener el volumen de trabajo para generar el ingreso necesario para pagar las deudas. He permitido que nos endeudáramos demasiado. Hice proyectos demasiados ambiciosos en los dos últimos años previos al 4 de Julio, y obviamente perdí el rumbo en algún momento. ¿Qué voy a hacer? ¿Qué vamos a hacer? Me siento cansado, abrumado. No podemos crecer más pues todos estamos cansados y no tenemos suficiente apoyo en el nivel de conducción del negocio aunque tenemos buenos empleados. Sí, lo sé, es mi responsabilidad por no haberle prestado más atención, pero yo ya no puedo más, no puedo concentrarme en el negocio. No quiero hacerlo. No creo que haya forma ni nada que pueda obligarme a seguir trabajando en esto. Tengo que hacer otra cosa. Ya no me interesan ninguno de los "grandes" proyectos que tenía en mente y en marcha. No hay nada que pueda compararse con lo que Dios me ha hecho ver. Carlos desea seguir estudiando, y Norma y yo estamos totalmente de acuerdo que siga con sus planes y que no debe preocuparse por nosotros sino que tiene que velar por su futuro y el de su familia.

De repente, le pregunto a Dios,

- Señor, ¿Tú te haces cargo de las deudas?

- « ¡Sí! ».

Rompo el manojo de estados de cuenta y lo arrojo al cesto de papeles.

[Dios se refería en otro sentido a nuestras deudas, errores, pero más tarde no dejaría de hacerme entender y de ayudarme con las deudas en este mundo].

También entiendo que yo debo hacer cosas por mi parte. Sí, Dios se va a hacer cargo de las deudas, pero algo voy a hacer yo, no porque Dios lo pida o lo necesite, sino porque es mi manera de decir que si bien no puedo trabajar en esto para pagar lo que se debe, en cambio sí puedo y estoy dispuesto a asumir mi responsabilidad haciendo algo que es en beneficio de todos, aunque no se vea de esta manera. Pero más que nada, deseo hacerlo para mostrar la inmensa felicidad por haber llegado a Dios. Ahora, y antes que cualquier otra cosa, tengo que cambiar, rectificar, completar la re-creación de mí mismo, reflexionar, y luego prepararme para extenderles a otros lo que me ha sido concedido.

Vamos a usar los mecanismos legales disponibles para hacerle frente a esta situación, y yo tendré que crear un nuevo camino para Norma y para mí.

Dios no va a resolver mi problema sino que va a guiarme.

Bueno, en cierto modo Dios "resuelve" a un nivel, y lo que yo hago es ejecutar Su orientación que reconozco y acepto.

De Reflexiones a Interacciones

Recepción de información desde otra dimensión de la consciencia universal.

Desarrollando la interacción consciente con Dios.

Poco a poco retomo mis reflexiones acerca de Dios como proceso existencial, universal, consciente de sí mismo.

Deseo regresar a todo lo que tenía en mi mente en los días previos a las nuevas Manifestaciones de Dios, del Espíritu de Vida.

Me pregunto,

¿Acaso he dejado de hacerlo en todo este tiempo a pesar de mis confusiones en algún momento, de las "pérdidas" momentáneas de comunicación con Dios cuando tuvieron lugar?

¿Es que alguna vez se interrumpe la comunicación con Dios? ¿Cuándo es eso a lo que le llamamos reflexiones, y cuándo son interacciones con Dios?

Veo que tengo que ir ordenándome yo mismo poco a poco.

¿Oh, sí? ¿Y quién ha estado ventilando esas preguntas hace un instante?

Mi *identidad temporal*, cultural.

¿Y quién se estaba comunicando con Dios entonces?

Mi *identidad natural*, primordial, mi alma.

¿Acaso son dos identidades diferentes?

Son dos niveles de la identidad del ser humano.

La *identidad primordial*, en el alma, es la que traemos o nos es dada en el instante de la concepción en la eternidad, no en este mundo; luego, sobre ésta es que vamos "construyendo" nuestra *identidad temporal* bajo la orientación de nuestros padres e influencia de la sociedad, el mundo.

Siempre tenemos estas dos identidades en nuestra trinidad energética *alma, mente y cuerpo*, que nos establece y define como ser humano. Una identidad está en el alma y la otra en el cuerpo, en el arreglo biológico todo. <u>La interacción entre las dos es lo que permite acceder la estructura de la Consciencia Universal a través de la mente</u>.

[Por supuesto, yo no había llegado a la <u>estructura energética de la trinidad humana</u>, <u>ni a la de Dios y la relación entre ambas</u>, en este momento que relato; pero tenía las orientaciones en las piezas de información que Dios ya me había dado hasta ese momento a lo largo de toda mi experiencia con Él, y que luego serían las que me permitirían alcanzar el *Modelo Cosmológico Consolidado* cuyo resumen tenemos en el Apéndice II, referencia (1), y una introducción energética en la referencia (2), II.4 vol. 1.

Sí, tenemos dos identidades dentro nuestro, y en constante interacción. Creo que no es nada sorpresivo ya que todos, en algún momento, enfrentamos alguna batalla entre el "bien y el mal" frente a circunstancias de la vida. Pues esa batalla entre la <u>conciencia</u> (no es la consciencia), entre el arreglo moral (el arreglo de principios) y nuestra identidad, como nos referimos usualmente, es solo una manera de reconocer la interacción esas dos identidades. La <u>conciencia</u> es otro nivel sobre la identidad primordial en el que colocamos los principios que reconocemos, pero que no necesariamente luego seguimos (lo que resulta en una distorsión del proceso racional)].

Comienzo a reflexionar.

Voy escribiendo en párrafos separados para facilitar mi revisión una y otra vez.

Tengo que ir identificando diferentes actividades de la mente.

De pronto advierto que *no son actividades de la mente sino que tienen lugar en la mente*, pero es muy temprano para introducirme en este aspecto. Ya lo veré más tarde.

Pensar es evocar memorias de experiencias de vida y, o relaciones entre elementos de información y experiencias que se hallan dentro de la estructura de memoria, ya sea para ser usadas en situaciones bajo consideración, o sólo para disfrutar.

Reflexionar (acerca de eventos en el pasado) es revisar hechos y establecer las relaciones causa y efecto correctas; si es en el presente es para prever resultados y, o consecuencias.

Especular es lo mismo que *reflexionar* pero sobre eventos en el futuro, y tiene una connotación diferente: la de buscar un medio para provocar un resultado deseado en el dominio material temporal de la vida. Especular no se aplica al dominio primordial.

Imaginar es crear una situación nueva, ya sea a partir de las experiencias o "saltando" a otra dimensión de realidad existencial.

Ahora bien.

Puedo reflexionar conmigo mismo a dos niveles, pues yo mismo me pregunto y luego me respondo. Hay una separación dentro de mi identidad temporal. Es una interacción entre dos niveles dentro de mi identidad temporal, ¿no?

Si es así,

¿Por qué llamo *interacción con Dios* a lo que ha venido ocurriendo conmigo ahora, en los últimos días? Podría haber sido una interacción dentro de la estructura de mi identidad temporal, de acuerdo a lo que me dije antes.

Sí, podría haber sido, en principio y sin pensarlo mucho, pero la información que yo recibí no fue generada por mi parte consciente, de modo que provino de otro nivel de la *consciencia universal*.

Cuando yo estaba recibiendo las orientaciones de Dios, desde la *consciencia universal*, yo no generaba nada en mi mente, y tan es así que cuando yo pensaba, deseaba entender, o preguntaba, el flujo de pensamientos cesaba y ¡Dios me llamaba la atención! Era claro que para recibir información de Dios yo no tenía que pensar; o si se quiere poner de otra manera, yo no tenía que reflexionar, no hacer nada sino recibir información, es decir, mi parte consciente debía solo recibir lo que provenía de otra dimensión de consciencia. ¿Acaso no se estimula la *iluminación espiritual* por la simple contemplación de la naturaleza, el universo? ¿Acaso no nos "llenamos de Dios" cuando contemplamos y dejamos de pensar? Al dejar nuestras especulaciones racionales permitimos que el pensamiento limpio, "libre de las cosas del mundo", nos lleve, nos transporte adonde no podemos hacerlo mientras mantenemos nuestro pensamiento en las cosas del mundo, en las preocupaciones.

¿Cómo saber que ese otro nivel de consciencia que enviaba la información era del universo, de Dios, del proceso existencial, no de mi propia estructura temporal?

Bueno, eso es algo que siento muy profundamente. Es resultado de una experiencia que se revela a sí misma cuando ocurre dentro nuestro. Ocurrió cuando reconocí mi eternidad el año pasado, y ocurrió este año al reconocer la conexión energética entre Dios y el ser humano, que es reconocer que somos parte ¡de la consciencia de Dios! Por otra parte, ¿de dónde puede provenir la información del proceso existencial que no se alcanza por los sentidos materiales pero se confirma a sí misma a través de sus manifestaciones en nuestro dominio material? Pues, ¡del dominio primordial! ¿Acaso vemos la energía? No; sin embargo, la reconocemos en sus manifestaciones en nuestro dominio material.

Yo no tengo absolutamente ninguna duda.

Interactúo con Dios.

Lo que ocurrió, el encuentro con Dios primero, y las interacciones con Él luego, son Sus respuestas a mis reconocimientos de Su Presencia y atributos, y a mi dedicación a buscar la Verdad orientada por esos reconocimientos.

131

15 de Mayo.

Es media mañana.

Estoy tomando té en una cafetería cerca de casa.

Hace bastante calor. Está muy húmedo el día; fastidioso, pegajoso el ambiente.

Sentado junto al ventanal veo pasar la gente, los vehículos circulando por las calles. Mi vista se pierde más allá de sus movimientos.

De pronto me llega el estridente ruido de las sopladoras de los jardineros que están trabajando en el frente de la cafetería, y entonces recuerdo que Norma y Carlos están trabajando con nuestros muchachos. No siento deseos de estar con ellos, no, pero me causa mucha pena por Norma. Me hace sentir mal el estar aquí mientras ellos están trabajando, pero yo ya no puedo hacerlo en esto, no es que no quiera trabajar. Dios mío, ¿qué podría hacer yo para ayudarles a que me crean lo que ocurre conmigo?

Al rato me encuentro sumido en mis pensamientos.
Unidad Existencial, Universo Absoluto.
Espíritu de Vida es la Fuente de Vida Eterna.
<u>Espíritu de Vida es la Suma de Todas las Relaciones Causa y Efecto del Proceso Existencial</u>, es decir, de las re-distribuciones energéticas y las interacciones entre las constelaciones o estructuras de información existencial.

Dios es la Consciencia de la Unidad Existencial, el reconocimiento de Sí Misma de la Unidad Existencial; es la Identidad de la Unidad Existencial.

La especie humana y toda la manifestación de vida universal son componentes de la estructura de Consciencia de Sí Misma del Proceso Existencial, de Dios.

Estamos inmersos en la estructura de consciencia de Dios.

Nuestra conscientización nos lleva a "descubrir", a reconocer a Dios dentro nuestro.

Lo que Dios espera de cada uno de nosotros está impreso en nuestro espíritu, en nuestra identidad primordial. Sólo tenemos que "descubrirlo", reconocerlo.

Conforme sea nuestra convicción, esa misma convicción irá orientando nuestra vida, y en un proceso creciente, expansivo, iremos estrechando la relación con Dios, con el proceso consciente de sí mismo en el que estamos inmersos.

Siento la respuesta de Dios.

Mis pies se estiran breve pero inconfundiblemente.

Dios confirma mis pensamientos.

Nuestra interacción, entre Dios y yo, ahora consciente por parte mía, está en pleno desarrollo.

Poco a poco voy aprendiendo a iniciar y mantener una interacción consciente con Dios. (A diferencia de las interacciones, cuando yo estaba en un proceso de recepción de información u orientaciones ocurría una interrupción si yo intentaba reflexionar, que se señalaba en el momento: yo perdía el "hilo" de la orientación y me costaba regresar a ella. Ahora es totalmente diferente. Es eso, realmente una interacción. Pienso en armonía con Dios, Dios confirma; si no recibo respuesta, cambio el pensamiento o la pregunta, siempre buscando una respuesta de Dios. Si pienso algo equivocado y no tengo respuesta, cambio el pensamiento al opuesto y Dios lo confirma si es cierto).

Continúo.

Soy parte inseparable consciente del proceso existencial, de su estructura de consciencia, de Dios.

[Todos lo somos pero no lo reconocemos mientras estamos en el nivel elemental desde el que comenzamos nuestro desarrollo. Para entrar a la estructura de consciencia de Dios desde nuestro nivel elemental de consciencia, nuestro desarrollo debe tener lugar en armonía con el proceso existencial, con Dios. Esto está en lo que Dios me dijo la noche del 30 de Abril y luego en los primeros días de Mayo, pero no iba a entenderlo en esos momentos sino hasta que me pusiera a hacer mi trabajo, y esto es otra cosa que he entendido bien claro].

Nadie va a provocar que yo entienda sino yo mismo; y si quiero entender a Dios y las cosas de Dios, entonces tengo que interactuar con Dios.

En esta Manifestación de Dios, la confusión inicial fue por su inesperada presentación ¡por segunda vez!, y por la profusión de información, orientaciones y revelaciones que Dios me dio en un evento que constituyó ¡mi primera interacción consciente con Él! Sí, estuve interactuando directamente con Dios como lo hicieron Sus profetas del pasado. Hoy continúo en contacto permanente con Dios. Ya no puedo dejar de estarlo; Dios está en mí y yo en Él. [Nos contactamos a través de la *mente universal*, de la mente de Dios, de la que uso un sub-espectro que tengo asignado (todos los seres humanos tenemos un sub-espectro asignado, pero ahora yo soy consciente de ello por mi "salto" a otro nivel de consciencia, de realidad existencial)].

Notas.

¿Dios exige nuestro servicio y, o renuncia al mundo?

¿Cómo distinguir fe de FE?

Mi reconocimiento de las relaciones entre las Trinidades de Dios y la del ser humano, y entre las familias humana y primordial, luego de la "noche de la garcita blanca", fue lo que abrió nuevamente las *"Puertas del Cielo"* para mí, el 26 de Abril.

La perturbación en la noche del 26 de Abril fue la acción de Dios para estimularme a completar mi conscientización en relación con las imágenes y las representaciones materiales que ya no eran compatibles con quién ha "saltado" a otra dimensión existencial, que ha expresado que su realidad eterna no está en este dominio existencial, y que está listo para alcanzarla desde este dominio material temporal, relativo.

Finalmente estaba yo entrando en el dominio espiritual, primordial, sintiéndome ser parte de la Unidad Existencial, haciéndome consciente de la <u>infinidad de la eternidad a través del proceso de re-creación</u> de Sí Misma de la Unidad Existencial, de la Forma de Vida Única, Dios, de la que la especie humana y todas las manifestaciones de vida universal somos partes inseparables.

Somos parte del mecanismo de la eternidad que ahora ya tenemos a nuestro alcance.

Inicialmente tomé estas nuevas Manifestaciones de Dios como una expresión de Su voluntad para que yo dejara de trabajar en lo que estaba haciendo, para buscar un camino definitivo hacia Él como yo había estado esperando reconocer bajo Su orientación.

[Una vez más, la identidad temporal, cultural, toma un tiempo para entender lo que va ocurriendo en el dominio primordial, espiritual, que sí reconoce el alma].

En realidad,

mi decisión de dejar todo no es impuesta por Dios;

es una consecuencia o mi respuesta irrenunciable a Su Segunda Manifestación, a Su Segunda Acción en mí.

La Acción de Dios es conforme a Su promesa de respondernos a nuestro reconocimiento de Él, y de orientar el camino de regreso a Él, hacia otro nivel de consciencia universal, lo que aún se interpreta como ponerse a "Su servicio".

No, Dios no necesita, ni requiere nuestro servicio.

Lo que hacemos es <u>servirnos a nosotros mismos</u> al ir hacia Él, hacia otro nivel de realidad en la estructura de consciencia del proceso existencial que se reconoce a sí mismo y del que todos somos partes inseparables.

Ir hacia Dios es lo que Dios desea estimularnos, no forzarnos.

Una vez que entro en interacción consciente con Dios y entiendo mi potencial, el mismo de todos los seres humanos, ya no tiene sentido seguir en proyectos que no me van a conducir a la realidad que Dios me mostró y que es alcanzable desde ahora, desde esta parte del proceso existencial. Si muchos rechazan ponerse al "servicio de Dios" es porque lo que hoy se entiende como tal no fue nunca pedido por Dios, ni necesariamente es el medio para llegar a Dios. No tenemos que renunciar a disfrutar la vida para ir hacia Dios, para crecer hacia otro nivel mayor de consciencia. Servir a Dios debe entenderse como servirse a sí mismo para ir a otra realidad existencial cuyo nivel más alto es Dios, ¡nada más y nada menos!, con el propósito de disfrutar a plenitud el proceso existencial, no para limitarnos como ocurre ahora, ni tampoco para distorsionar nuestras experiencias de vida por las que generamos nuestros sufrimientos e infelicidades.

Finalmente, Dios me concedió Sus revelaciones para que yo pueda luego, en reflexión, en interacción íntima con Él, siempre en la continua búsqueda de Él, llevar a cabo ya no la re-definición de ninguna fe sino completar la re-creación de mí mismo, y ofrecer las *Orientaciones Eternas* para quienes están esperando por la *Señal del Cielo* para dar el "salto". La fe es la creencia de las versiones o interpretaciones culturales de las manifestaciones espirituales. Creer no es suficiente. Es necesario actuar conforme a lo que se cree para hacer realidad lo que se cree; y cuando lo que se cree es lo que se reconoce en el alma, entonces ya no es fe sino FE, conocimiento primordial (lo vimos en el Libro 2). Si nuestra identidad temporal actúa en conformidad con la FE, con el reconocimiento primordial, esta acción es un acto de FE. Un acto de fe es una acción *esperando* que lo que se cree se haga realidad. Un acto de FE es un acto *sabiendo* que lo que se reconoce se hará realidad. Solo el reconocimiento que proviene del alma es saber, es convicción total, es la Verdad.

¿Cómo distinguir fe de FE?

Solo la FE va a darnos una seguridad absoluta para la que no se va a temer absolutamente ninguna consecuencia por mantener la FE; el acto[*] de FE que se realiza es por la vida de otro, siempre, y es la ausencia absoluta de temor a la muerte para uno mismo.

El acto de FE es para dar vida; es la acción de Dios para la vida.

Acto de FE es un acto de creación de vida, o de preservación de vida, por parte del "creador" de vida, del que orienta hacia la consciencia, hacia la Luz, del que se sabe eterno instrumento de Vida, de Luz.

Así,

Yo soy portador de la Luz, Amor, Verdad.

¡Atención!

Con respecto a los milagros.

Un milagro es una respuesta y una estimulación, o mejor aún, una invitación de Dios al receptor de esta acción a crecer hacia Él.

Cuando Dios hace un "milagro" en uno de nosotros, lo que hace es darnos una "prueba", o mejor dicho, una estimulación a través de Su amor absoluto, incondicional, irrestricto, indiscriminado, por el que al mismo tiempo nos manifiesta Su propia FE en el ser humano, y así quiere "transferirnos", estimularnos Su convicción, Conocimiento, certeza de que el ser humano, *conforme a su naturaleza divina y poder a imagen y semejanza de Dios*, va siempre hacia Dios aunque sea poco a poco. Solamente de nuestra decisión, no de Dios, depende (dentro de ciertos límites que son inherentes al proceso existencial) cuánto queramos acelerar nuestro paso a otra realidad existencial, para lo que no debemos esperar a "irnos" de este mundo.

Sólo por la FE nos salvamos.

Salvarse significa ir a otra realidad existencial; no es salvarse de ningún castigo de Dios.

No hay castigo de Dios sino las consecuencias de nuestras acciones por falta de consciencia del proceso existencial, Dios, y de nuestra relación con Él.

Creer no es lo que nos va a liberar de las consecuencias que nosotros generamos, sino el actuar haciendo lo que realmente debemos hacer para evitar generar esas consecuencias.

(*)
Cuando hice el acto de FE de la eternidad fue por el universo, la vida, la de todos, no la mía solamente. Ver FE y fe, en el Libro 2.

Reunión con un sacerdote católico

19 de Mayo.

Un familiar hizo arreglos para reunirme con un sacerdote católico en Austin[(*)].

Este familiar, muy religioso, católico, mostró un gran interés en mi experiencia con Dios cuando hace unos días vino a casa a verme específicamente para saber de ella. Pero luego quiso, para él mismo, tener la opinión de un sacerdote católico con quién tiene una estrecha relación. Creo que necesita la opinión de ese sacerdote para asimilar lo que yo le conté la noche en que vino y me escuchó. Obviamente, mi experiencia no es algo que el mundo esté acostumbrado a manejar. Los encuentros con Dios se entienden como algo muy diferente al que yo participo, pero es porque no hay recuentos de las experiencias íntimas por las que han transitado en el pasado los profetas; sólo se recuentan algunos aspectos relativos a Dios, a nuestra relación con Él, en parte, y a las Orientaciones Eternas, no siempre bien interpretadas. Algo aparentemente malo por las consecuencias que causa a mi alrededor mi encuentro con Dios, no puede ser relacionado con Él [pero es porque el mundo no conoce, mucho menos Le entiende a Dios. Para entender a Dios hay que interactuar con Él, no seguir una versión surgida de interpretaciones y expectativas culturales].

Yo accedo. No tengo problemas.

Yo no necesito confirmar mi experiencia con Dios, pero sí me interesa tener la oportunidad de mostrarme a mí mismo frente a las ideas que la religión, católica en este caso, pueda tener en relación a mi experiencia, aunque sean las ideas de un sacerdote y no de un líder religioso pues no por eso son menos importantes para mí. La verdadera relación con Dios está en el corazón, en nuestra esencia, no en la razón, no en nuestra identidad temporal. Recuerdo la orientación de Dios,

« Búscame con el corazón, no con la razón ».

Dios es una experiencia íntima, ¿cómo podré explicar esto?

Yo deseo compartir esta experiencia, y para hacerlo de la mejor manera debo entender todo, incluyendo lo que me había venido limitando a mí mismo antes, que no es muy diferente de lo que ahora puedo ver en el mundo, en los demás.

Hoy, viajando solo en mi camioneta, me siento realmente solo en este mundo. Puede confundirse esta soledad con tristeza, pero no es tal cosa.

Es temprano, apenas pasado el mediodía.

Hago una parada en una de las áreas de descanso, luego de haber dejado atrás Katy. Necesito escribir.

No estoy así, como me siento ahora, porque esté haciendo lo que sé que debo hacer, lo que Dios me ha dado a entender que "debo" hacer, o mejor dicho, sugerido para hacer realidad lo que he "visto" junto a Él, si es lo que yo deseo. No, no es por eso. Es porque estoy solo en este mundo. Quienes amo no creen en la naturaleza de mi experiencia, y piensan que yo, deliberadamente, soy la causa de sus sufrimientos, y no es así. Sí, hay un cambio de realidad en mí que genera un cambio en la de ellos, en Norma directamente, y en mis hijos en parte. Pero no puedo negarme Quién ahora sé que soy; y si estamos en estas circunstancias, es temporal. Yo voy a trabajar para generar otra experiencia de vida en armonía con mi nueva realidad, y siempre con cabida para la de Norma y mis hijos. Si sufren es por no creerme, por no entender por sus dependencias de las cosas del mundo, por la realidad que se nos ha enseñado a desarrollar y por la cuál vivir, o alguna combinación de estas razones.

Ni siquiera puedo llorar. Si lo hiciera me calmaría esta angustia que ahora siento.

Salgo afuera por un momento. No, no puedo estar afuera. Regreso a la camioneta.

Hace calor, pero no es el calor lo que me hace regresar a la camioneta.

Quiero llorar, me esfuerzo por llorar, pero no puedo.

Si llorara, estoy seguro que las lágrimas quemarían mis ojos dado esto que siento que oprime mi pecho. Ahora, sin llorar, casi siento cómo me queman.

Sí, llorar me traería alguna calma.

Luego dormiría, y más tarde despertaría.

Volvería a creer que estoy soñando; pero no, enseguida sabría otra vez que es real. Sin embargo, las lágrimas me ayudarían a lavar, de alguna manera, esta pena de estar solo en este camino, en esta carretera de asfalto y concreto, y en la carretera hacia Dios. Tengo a Dios conmigo. Pero también quisiera seguir esta ruta con quienes Dios me permitió cruzarme para transitar mi vida. Ahora Dios dispuso otra cosa. No, <u>Dios no lo dispuso</u>; he sido yo quien frente a lo que Dios me ha mostrado he decidido cambiar hacia otra realidad existencial. Acepto lo que tenga que pasar para eso. No obstante, soy un ser humano, sólo un hombre. No puedo negar mi frágil condición temporal, pero tengo que superarla. Tengo FE, sí. Tengo certeza, no esperanza, en que lo superaré. De alguna manera Dios pondrá todas las cosas en su lugar. No creo en Él, sino que sé de Él, de Su promesa. Estoy en Sus manos, no porque Dios vaya a hacer las cosas por mí sino porque va a orientarme en el nuevo camino ya que yo he decidido guiar mi vida por Su Presencia en mí; Dios es el propósito de mi vida de ahora en adelante porque Él es la Realidad Absoluta a la que deseo ir, para disfrutar plena y gloriosamente el proceso existencial.

Hay muchas cosas que no sé o no entiendo todavía. Muchas.

Pero una cosa sí sé con certeza: no puedo ignorar a Dios en mí. Eso sí que no puedo hacerlo.

¡Oh, Señor, cómo quisiera llorar un rato! ¡Qué soledad tan pesada!

Si no fuera por Ti Señor no podría continuar adelante; no podría hacer nada.

De repente, pienso en la soledad de Norma, y esto me pone peor aún. Yo puedo sentirme tan solo como me parezca ahora, pero la soledad de Norma es mucho mayor. Yo sé lo que ocurre conmigo, pero ella no, y ahí está la gran diferencia.

No, no, no. Ya no quiero pensar más en esto por ahora.

Voy a seguir manejando.

Cerca de la casa de Mariano, en San Antonio, en la que voy a pasar la noche, me detengo.

Llamo a Norma.

Es una penosa conversación. Norma sufre lo indecible. Pero es porque ella no cree lo que le digo. Está convencida de que es otra la razón, no Dios, de que todo esto haya sucedido, que es lo que muchos le dirían; que todo lo ocurrido conmigo es por una gran decepción frente a quién yo esperaba tener trabajando a mi lado, juntos, o que es fruto de demasiada tensión en el trabajo. Sí, mi compañera cree que sufro de un descalabro mental a causa de algo que me afectó emocionalmente (el alejamiento de mi hermano el año pasado) y ahora destruyo el negocio de la familia, de todos. ¡Qué tamaña tontería! Todavía sigue con esta versión.

De cualquier manera, no cree lo que digo y por eso sufre y nos aislamos. Yo no puedo concederle algo contra Dios, a Quién he experimentado en mí, no porque Dios pudiera ofenderse, eso no es posible en Dios, sino porque yo no puedo negar mi experiencia. ¿Cómo voy a negarme a mí mismo, en mi esencia? Si me niego en mi esencia no soy nada, nadie. No, no; eso no es posible. No puedo negarme negando la experiencia de Dios.

¿Por qué me repito tanto esto a mí mismo si yo no necesito hacerlo por mí?

Pero, no puedo evitar revisar esta situación otra vez.

Entiendo que Norma no me entienda. Entiendo que le resulte difícil creer. No es fácil entender lo que he venido viviendo junto a Dios, no, pero ¿no debería ella tratar? ¿No debería mi compañera poner su fe primero en mí antes que en otras posibilidades, sean sugeridas por otros o por su temor frente a la pérdida de todo? ¡Estoy hablando de Dios! Pero aquí está el problema. Aquí está. Yo hablo de un Dios que "es la causa" del sufrimiento de ella. Para ella, yo no hablo de Dios.

De cualquier manera, aunque sea entendible que Norma no pueda creerme, ahora me angustio inmensamente porque soy incapaz de inspirarla para que me crea y de esa forma deje de sufrir. Mi angustia, desasosiego, es por su sufrimiento. Norma piensa que lo que ahora nos impide nuestra comunicación, más que ninguna otra cosa, es que yo no quiero aceptar que ella tiene razón al creer que mi experiencia no es cosa de Dios.

¡Oh... Dios mío!

Si ésta es la forma en que Dios lleva a cabo Sus planes, está bien, lo acepto. Dios somos todos, ¿o no?, incluyendo a Norma a quién quiero ayudar. Sí, de acuerdo. Pero si por ella acepto algo que no es verdad, algo en que ella cree, y lo hago sólo para ayudarla, me niego a mí mismo, niego lo que yo soy frente a Dios, a mi esencia, a nuestra esencia de todos, a nuestro Origen, y de esa manera también la orientaría mal a ella misma, y eso no es amor, no, aunque el mundo crea diferente. No puedo ayudar a mi compañera negando a Dios, la Verdad absoluta. Dios me dijo, me dio a entender que Él se hace cargo de esta situación, y yo sé, yo no creo, no espero, sino que SÉ que es verdad. Alguna manera habrá.

« Amor es la llave que abre el corazón ».

Más que creer en Dios, yo SÉ de Dios. Yo he experimentado su Presencia en mí.

Ahora sí me queman los ojos. Se me salen algunas lágrimas.

No puedo soportar que alguien sufra por mi culpa, aunque yo sé que no es mi culpa en realidad; sé que no es así, pero Norma cree que sí lo es, por no haber previsto yo algo para evitar lo que ella está convencida que es la razón de su sufrimiento y derrumbe de sus sueños.

Yo no sabía lo que iba a ocurrir cuando me puse a buscar entender lo que yo deseaba. Pero ahora, sabiendo que es Dios, agradezco a Dios por todo, incluso por tener que pasar por todo esto y por lo que falte aún, o mejor dicho, por todo lo que haya sido dispuesto en el proceso existencial eterno para que yo pudiera "saltar" y continuar mi paso a otra realidad existencial. Yo no reniego de nada de lo que ha pasado, ¿cómo podría hacerlo?, pero me duele no poder ayudar a Norma.

No, no, y no. Norma no puede entender. No puede, lo sé, pero no por eso me duele menos sino lo contrario.

Ahora lloro porque ella tiene su propia realidad tan válida para ella como la mía lo es para mí.

Yo voy a ayudarla, pero antes tengo yo mismo un camino para transitar y prepararme.

Las emociones nos ponen en una situación muy difícil.

No debemos comprometer nuestra fidelidad a Dios.

Fidelidad a Dios es realmente la fidelidad a nosotros mismos, a Quiénes Somos junto a Dios. Fidelidad a Dios es fidelidad a nuestra esencia divina.

Ya sé, ya sé, no es nada fácil entender. Pues ya entenderemos.

Debemos tener FE. Dios actuará.

Seco mis ojos.

Retomo el camino.

Tengo sed. Llorar me ha dado una gran sed.

Mejor continúo hasta llegar a la casa de Mariano.

En casa de Mariano se me hace mucho más penoso el estar

solo en este camino junto a Dios porque me doy cuenta que lo pongo a él también en una situación difícil de manejar. Pero no voy a dejar de hacer lo que entiendo que debo hacer. Y tampoco voy a renunciar a Dios.

Más tarde, una conversación por teléfono con mi hermano espiritual Marcelo me trae un poco de desahogo y me hace sentir algo mejor.

Luego de una muy simple cena me tomo un rato para caminar por el vecindario; en realidad, para hablarle a Dios.

20 de Mayo.

Mariano y yo acabamos de llegar a Austin.

Estamos en casa del familiar que arregló mi encuentro con su amigo sacerdote, Padre Hernando.

Sólo nos reuniremos Padre Hernando, Mariano y yo. No hay nadie más en la casa.

Padre Hernando llega a las nueve en punto.

Nos saludamos e intercambiamos algunos palabras para "romper el hielo".

Tengo una pequeña dificultad. Padre Hernando habla en voz muy baja; aunque habla español, me cuesta mucho entenderle. A veces tengo que acudir a Mariano para que me ayude a entenderle porque tampoco mueve mucho sus labios al hablar.

...

Me tomó casi cuatro horas resumir mi experiencia con Dios.

Padre Hernando estuvo muy tranquilo, sin apuros; habló poco, pausadamente, y siempre con una voz muy baja.

Al principio, su invitación a participarle abiertamente todo cuanto vengo experimentando desde mi encuentro con Dios, tomando todo el tiempo que necesitara, me provocó un cierto temor repentino al hacerme pensar si yo sabría responder racionalmente conforme a lo que siento profundamente dentro de mí. Sin embargo, recordé la orientación de Dios, *« Sabrás »*, y entonces me tranquilicé.

Me escuchó todo el tiempo con mucha atención e hizo algunas preguntas que me hicieron ver que realmente estaba siguiendo mi recuento.

...

Ya finalizados, Mariano me dice que al encontrarnos con Padre Hernando en la mañana, apenas nos estrechamos las manos, él comentó, sin que yo entendiera, que había detectado en mí la presencia de algunos espíritus, y que me recomendaba que pidiera ayuda al Espíritu Santo para discernir la naturaleza de esos espíritus pues, aunque no se sentía inquieto por él, dijo que a menudo los espíritus malos se comportan aparentemente como buenos sólo para confundirnos.

Me sorprende este comentario pues yo no siento nada de eso. Si algo siento es la Presencia de Dios y el Espíritu de Vida.

[Concedo que tengo un comportamiento "atípico" de alguien que clama la Presencia de Dios en sí mismo, pero esto es, una vez más, porque el mundo no conoce el proceso existencial y los efectos transitorios que tienen lugar en quién pasa a otra dimensión de la consciencia universal].

Regresamos a San Antonio y salgo enseguida para Missouri City, a casa.

No puedo dejar de ir reflexionando todo el camino de regreso.

Me detengo varias veces para anotar mis propias preguntas y aspectos a revisar y, o definir antes de que los olvide. En realidad, aunque pudiera olvidarlos por un rato, sé que luego vienen a mi mente. Pero es más fácil si ya los tengo presente en "blanco y negro" frente a mis ojos, en papel, para cuando decida darles atención en mis reflexiones.

Algunos de los aspectos que tratamos son los siguientes,

[que se desarrollarían muy detalladamente en el tiempo y están contenidos y explicados en detalles en diversas partes de las referencias),

Acerca de espiritualismo.

Padre Hernando entiende espiritualidad como la relación Dios-ser humano, y entiende el acercamiento a Dios a través de la religión, de la práctica de rituales por la que se promueve el crecimiento espiritual, el crecimiento de la relación Dios-ser humano.

Yo entiendo espiritualismo como la vida en otra dimensión de consciencia, de entendimiento, y no en otro universo diferente no material. No es necesario ir a otra vida inmaterial para ser espiritual. Espiritualismo es la vivencia por el sentimiento de infinidad dado por la eternidad, por el sentimiento de ser parte inseparable de Todo, de Dios.

¿Para quién creó Dios el universo?

Padre Hernando cree firmemente que Dios creó el universo para nosotros. Para él, Dios es obviamente eterno (no se creó a Sí Mismo), pero sigue siendo una entidad inmaterial, energéticamente "separada" del universo.

Yo entiendo que Dios no creó el universo.

Nuestro universo no es eterno; es parte temporal de un mecanismo de re-creación eterna del Universo Absoluto [Unidad Existencial, Dios, Presencia Eterna]. <u>Al decaimiento de nuestro universo le sigue otro nuevo</u>. Este aspecto de Dios como Universo Absoluto [Unidad Existencial energética] requiere otra aproximación mental diferente de la Ciencia y la Teología prevalente en nuestra civilización hasta ahora.

¿Demonio?

Para Padre Hernando no existe el demonio como un ser Dios Malo, del "nivel" de Dios.

Entiende que sí hay fuerzas opuestas a Dios que Le obligaron a crear nuestro universo[*].

Para Padre Hernando quién creó la versión de un demonio fue el creador de la religión persa (Dios del Bien y Dios del Mal, el demonio). No es mi caso, en absoluto. Dios es uno solo, Espíritu de Vida, Eterna. Cuando le hablé de mi experiencia en el infierno, creyó que el Dios al que yo me refería que reconocí como parte de esa experiencia era el Dios Malo, opuesto a Dios. No. Solo está Dios Único. No cree que mi experiencia del infierno tenga que ver con Dios como le expliqué [Ver Libro 2].

[*]
Para mí, Dios no creó el universo pues Él, Unidad Existencial, es eterno, y *el universo es parte del mecanismo de Su re-creación eterna (por lo que "no puede ser creado sobre la marcha" ni alterado)*. Las fuerzas opuestas son creadas por el ser humano. Nada puede oponerse a Dios como Presencia Eterna. Nada va a crear Dios que luego se Le oponga, aunque Él permite ciertas desviaciones por un tiempo. Dios es Perfecto, ¿cómo va a crear algo que se Le oponga? [Dios no va negarse a Sí Mismo; sólo permite algo temporal, *siempre bajo Su control*, como una ilusión para nosotros experimentar el proceso de conscientización universal, como luego entendí. Nadie puede obligar a Dios, consciencia de la Unidad Existencial. No. Nadie ni nada. Dios es el proceso existencial, el único que puede haber, y esto no es sino la Verdad (que es alcanzable racionalmente)].

Acerca de Jesús.

Padre Hernando me aconseja tener cuidado pues rechazar a Jesús como Hijo Único de Dios es herejía.

[Yo entiendo que herejía es un concepto racional, cultural; no es primordial; no proviene de Dios. No hay herejía frente a Dios].

Para mí, Jesús no es Hijo Único de Dios. Dios no tiene preferidos. Preferencia contradice el amor primordial, indiscriminado, incondicional; contradice el amor de Dios por la re-creación de Sí Mismo que es, precisamente, ¡el ser humano!

Dios no puede enviar a ningún Hijo, ni hijo, a morir por otro.

Jesús tenía el espíritu de Hijo de Dios por su relación consciente con Dios y por su vivencia por esa relación, pero fue hijo de un hombre y una mujer en esta manifestación temporal, y tiene en la eternidad la misma naturaleza que todos los seres humanos.

Jesús no dijo que era Hijo de Dios como se interpreta hasta ahora por el cristianismo.

Juan, el discípulo amado de Jesús, reconoce a Jesús como al Hijo de Dios. De acuerdo, pero Juan estaba equivocado entonces.

Padre Hernando me aconseja no rechazar la Virginidad de María.

Mi posición es, ¿por qué habría Dios de hacer algo contra el mecanismo natural de reproducción que es análogo al de re-creación de Dios mismo? Lo que Dios quiso decirnos es que la concepción de María, como la de todas las mujeres, ocurre gracias a la presencia del Espíritu de Vida.

Dios me dijo que Jesús tomó el lugar de Juan Bautista.
Padre Hernando me dice que así es como él lo sabe.

Padre Hernando dice que si Jesús comía pescado y tomaba vino es porque está permitido por Dios.

Sí. Está permitido por Dios, como parte de nuestro proceso de conscientización, el que hagamos temporalmente algo contra el proceso existencial (en *desarmonía* con el proceso existencial), pero yo entiendo que no debemos comer animales ni beber alcohol. La grasa animal y el alcohol afectan al arreglo biológico natural causando males biológicos y mentales.

« En el verde está la vida ».

« Bebe agua ».

Jesús no era perfecto. Ningún ser humano es perfecto por sí mismo. Es perfecta la función del ser humano, de todos y cada u- no, en el proceso existencial. La perfección está en Dios, que es la suma de todas Sus individualizaciones y aspectos.

Otros aspectos tratados.
Padre Hernando detectó la presencia de otros espíritus en mí. Me aconsejó discernir entre espíritus buenos y malos, y para ello sugiere que le pida ayuda al Espíritu de Vida.
¿Pueden haber varios espíritus alrededor mío? Voy a reflexio- nar sobre esto más adelante.

No rechazar la materia.
Es correcto. Estamos de acuerdo. No obstante, Padre Hernan- do cree en la inmaterialidad (a la que no me describió realmente). **Yo entiendo que no hay nada inmaterial sino dimensiones de la materia, de la asociación de sustancia primordial.**
Padre Hernando me preguntó por qué yo no creo que existen las ondas.
Yo no he dicho eso. Dije que hay que revisar lo que definimos como energía.

Padre Hernando me dijo que a Dios debemos servir.
Entiendo que servir a Dios es actuar en armonía con la cons- ciencia de nuestro Origen y nuestra relación con Él a la que llega- mos en cada momento.

Nadie representa a Dios en la Tierra.
Estamos de acuerdo.
[Pero no hablamos de la representación asumida por el Papa, a quién Padre Hernando se subordina para encontrar su propio camino hacia Dios. ¿Podría ver esta inconsistencia?].

En la pareja está el estado natural del ser humano.
No es natural el celibato.
Estamos de acuerdo.

EL PROYECTO DE DIOS Y JUAN

[Padre Hernando me dijo que él es quién ha decidido, por sí mismo, que el celibato le ofrece la mejor opción para dedicarse a Dios. Está bien. Cada uno decide por sí mismo cuál es el mejor camino para llegar adonde desea llegar. El mejor camino nunca es tomar el que otro decide por uno contra lo que uno siente].

(*)
En la reunión con Padre Esteban el año pasado en Stafford,
yo estaba buscando conciliar mi experiencia personal íntima con Dios y lo que me había sido enseñado culturalmente acerca de Él. Particularmente buscaba la conciliación entre los dos aspectos inicialmente extraños de la experiencia con Dios (desvastador uno, la experiencia en el infierno, y otro como esperaría en mi corazón, dos días después), y los aspectos de la "caminata por la eternidad" y el énfasis en eventos del Antiguo Testamento.
La conciliación (re-definición de mí mismo) la encontré finalmente por mí mismo, orientado por Dios. Ver Libro 2.

En la reunión con Padre Hernando,
yo estaba absolutamente seguro de Dios y que toda mi experiencia cosmológica desde Junio del año 2001 tenía íntima relación con Él.
Yo buscaba explorar cómo me movía yo mismo para defender racionalmente mi experiencia (que no era ni es fácil de explicar, dicho sea de paso) frente a argumentos de versiones culturales que no se sustentan coherentemente ni siquiera por mentes muy desarrolladas.
Deseaba entender por qué el mundo, quienes me escuchaban, quienes se decían creyentes, no creían realmente que yo estuviera actuando siguiendo la Presencia de Dios. ¿Era realmente mi comportamiento tan anormal para ellos y el mundo? ¿Era realmente tan atípico como para ser resultado de una acción de Dios? Yo no tenía dudas de Dios. ¿Por qué no podía transferir esa convicción?

Primer aniversario
de mi encuentro con Dios, con la Luz

4 de Julio

Estoy despierto desde muy temprano.

Esta mañana vengo a visitar el sitio de mi encuentro con Dios el año pasado. No puedo evitar tener una cierta expectativa.

Doy una vuelta alrededor de los arbustos que pisé al tratar de subir a la cerca de metal. Aún están las marcas dejadas por los arbustos que se rompieron, los que yo les quebré sus ramas. Todavía es visible el hueco, la separación que quedó entre las plantas; no han crecido lo suficiente como para cubrir totalmente ese espacio.

Voy hacia el concreto, hacia el lugar de mi "aterrizaje" desde la cerca. La mancha de "sangre" sobre el concreto, embebida en el concreto, ya no está. Tiene que haber sido borrada por el paso de vehículos en el estacionamiento.

[No era sangre lo que vi cuando regresé a los pocos días, el año pasado. Recuerdo que ante la acción del sol, esa mancha en el concreto (yo la llamaba mi "marca" en la Tierra) brillaba como si esa pequeña área de concreto fuera de vidrio. Ver en el Libro 2 la razón de mi herida en la cabeza, en la sección Acción Liberadora de Dios el 4 de Julio].

Bueno, ya pasó todo.
Es lo que me digo a mí mismo en este momento sin pensarlo.
[Pero no es así].

Comenzando la experiencia
de seguir a Dios que he alcanzado dentro de mí

Dejo todo, definitivamente, para crear el camino para hacer realidad mi proyecto, el proyecto de ambos, Dios y yo.

5 de Julio.

Luego de haber tenido yo la Presencia consciente de Dios en Sus Manifestaciones muy particulares, y de haber tenido la actuación del Espíritu de Vida, he sido dejado "solo".

Es como si ahora fuera a ser "observado" qué tanto me acerco, en mi vivencia de ahora en adelante, a mis reconocimientos y a mis propias conclusiones de esos reconocimientos de las manifestaciones de Dios en mí, de la experiencia de la Presencia de Dios en mí.

Es como si ahora Dios fuera a ver qué tanto estoy dispuesto a validar con mis actos lo que he alcanzado con mi mente en armonía con Dios, luego de mi "encuentro" con Él. Eso es lo que realmente ocurrió: un encuentro en otra dimensión existencial a través de la mente, del ambiente del universo que compartimos todos con Dios, dentro de nuestra estructura energética trinitaria y la de Dios mismo.

¿Podría decir que es como estar saliendo del estado de éxtasis espiritual al cual fui llevado para despertar mi consciencia espiritual; para darme el conocimiento de Dios; para darme la "iluminación" de la que nos han hablado muchos otros en el pasado?

Sí, creo que sí. No es que Dios abandona a uno; no. Dios nunca abandona a nadie; nunca. Lo que ocurre es que se desvanece el estado transitorio bajo el que tiene lugar un encuentro particular con Dios para *despertar la consciencia primordial*, o mejor dicho, para *hacer consciente de la presencia de Dios* a la estructura de identidad temporal, a través de la identidad primordial en el alma que está en contacto directo con Dios y que en nuestra trinidad tiene información de Dios en la misma dimensión energética. La idea, tal como se me orientó, es que ambas identidades se hagan Una frente a Dios, y entonces, *la identidad final (ambas consolidadas en una)* pueda interactuar con Dios a través de la mente universal, mente que siempre compartimos pero de lo que no somos conscientes sino hasta que nuestras dos identidades (temporal y primordial) se hagan Una en armonía con Dios. [Ahora podemos asomarnos a la relación energética entre las Trinidades de Dios y la del ser humano, y sus interacciones. Referencia (2), II.4, vol. 1].

Prestemos atención a lo siguiente.

Cuando yo era actuado por el Espíritu de Vida para ser llevado al nivel de *consciencia universal* del proceso existencial a la que ahora le llamamos Dios, era como si yo me "dejara" arrastrar por un flujo, por una corriente, y yo, mi identidad temporal, no podía negarme ni deseaba hacerlo, pero era consciente de ser "llevado", y era consciente de este entorno material; no obstante, mi mente, mi identidad temporal mejor dicho, estaba siendo mostrada al mismo tiempo otro nivel de consciencia, otra realidad existencial, universal, junto a Dios, en el nivel Dios. ¿Por qué yo no podía negarme? Porque *mi identidad primordial había asumido el control del proceso consciente de sí misma de la trinidad que me define como proceso SER HUMANO,* para llevar a su identidad temporal, Juan, a otro nivel de consciencia para la que yo, Juan, ya estaba listo para "saltar", pasar.

"¿Cómo puedes decir que el Espíritu de Vida estaba actuando en ti cuando hicistes cosas violentas, como arrojar la computadora, la radio, no escuchar a tu esposa en el taller, y dejar que tu negocio, el esfuerzo de todos, se pierda?"

Otra vez lo digo.

La identidad temporal toma su tiempo en re-ajustarse a su nueva realidad.

Por otra parte, no hice nada serio, simplemente reaccioné a lo que entendí en ese momento. Dios ya lo ha dicho, que sabe de nuestras limitaciones y que necesitamos de tiempo de re-ajuste para que las dos identidades del ser humano se hagan una, y ambas Una en Dios.

"¿Y el trabajo, el negocio?".

Ya lo dije también.

Es mi decisión, la de mi identidad temporal. Ya no soy el mismo hombre que fui hasta el 4 de Julio de 2001. He sido transformado. Frente a mi nueva realidad existencial no puedo seguir trabajando en lo que he venido haciendo.

"¿Y tu carrera profesional?".

Tampoco quiero usar mis conocimientos para los propósitos de este mundo que ya he superado con lo que he visto, con lo que conozco ahora en mi nueva realidad existencial.

"Pero tú eras un hombre interesado en aprender, en estudiar, ¿no?".

Sigo siéndolo, ahora más que nunca. Pero quiero desarrollarme hacia el nuevo nivel de consciencia que he sido mostrado; deseo entender el proceso existencial consciente de sí mismo, Dios, y nuestra relación con Él. ¿Acaso creen que pudiendo trascender a otra realidad existencial desde aquí, sin moverme de aquí, voy a dedicarme a cosas que ya he superado? No. Pero no se trata de subestimar lo que hacen los demás, nunca, sino que me interesan otras cosas por las que puedo crecer en mi reconocimiento como parte inseparable del proceso existencial con el ahora puedo interactuar todo el tiempo... ¡conscientemente! Todo cuanto necesite está a mi alcance con solo extender mi mano, mi mente, para ser más preciso. Tengo las orientaciones eternas para hacerlo. Puedo viajar por el universo a través de la mente. E-

---

155

ventualmente, con un nuevo desarrollo he de poder llegar adonde quiera.

"¿Entonces, no te interesa la vida aquí?".

Más que nunca, pero para poder disfrutarla plenamente deseo entender el proceso que lo permite.

"Pero tú renunciaste a todo".

No he renunciado a nada de lo que tú implicas. Sólo he pospuesto cosas conforme a la nueva prioridad de mi vida consistente con una nueva realidad existencial.

A lo que he renunciado es a lo que interfiere con mi crecimiento de consciencia de Dios y de nuestra relación con Él.

"¿No dijiste que no te interesa el dinero?".

Dije que no dependo del dinero para ser feliz. No dependo del dinero para definirme frente al mundo. No necesito definirme frente al mundo pues yo ya Soy, eternamente, totalmente libre del mundo.

"Tú no puedes ser libre en este mundo. No puedes hacer lo que quieras".

Ser libre significa no depender de las condiciones temporales locales para expresar Quién Soy en la eternidad. Ser libre no significa hacer lo que quiera conforme ahora se interpreta racionalmente, sino no temer a nada expresando Quién Soy en la eternidad. Ser libre es ser libre de la ignorancia, de la falta de consciencia, y del temor, por lo que nada se interpone en mi felicidad, nada afecta mi estado de sentirme bien en toda y cualquier circunstancia de vida frente a la cual siempre puedo crear un camino para expresar Quién Soy en la eternidad. Yo soy el creador de mi experiencia de vida, y no el mundo; nunca el mundo, nunca. El mundo solo ofrece las circunstancias bajo las que yo puedo y debo crear para experimentarme Quién soy.

"Volviendo al tema del dinero, tú no puedes vivir sin dinero en este mundo. Necesitas trabajar, hacer dinero".

Es verdad. Yo jamás dije que no voy a trabajar, sino que no voy a trabajar en algo que no me permite expresar la mejor ver-

---

156

sión que tengo de mí mismo. Trabajar en lo que yo he estudiado lo haría, si eso sirve para crecer en entendimiento del proceso e- xistencial y nuestra relación con él, y estimular a quienes me ro- dean; si no, no. Si he alcanzado a conectarme con Dios directa- mente, ¿qué mejor experiencia puedo desear? Ahora solo deseo experimentar el Dios que alcancé en mis actividades en este mundo, y para eso encuentro mi mejor versión de mí mismo de una manera para la que debo prepararme. Voy a trabajar en lo que me permita prepararme para esa versión, y luego retornaré a trabajar de otra manera. Por ahora haré lo que me permita dedi- car mi mente al proyecto que Dios me sugirió, el proyecto de des- cribir la Unidad Existencial, Dios, y nuestra relación, y luego me dedicaré a encontrar el camino para participarlo al mundo.

"¿Acaso puedes ganar todo el dinero que te hace falta hacien- do cualquier cosa?".

Depende de cómo yo decida vivir. No hace falta mucho dinero.

"Pero antes tenías ambiciones de viajar, de tener comodida- des".

He cambiado mis prioridades. Mientras más simple viva, más tiempo tengo para gozar del proceso existencial. Me interesa ha- cerme cargo de velar por la salud de mi cuerpo por mí mismo, no depender de la medicina. Ahora puedo hacerlo. Tengo, como to- dos, las orientaciones para cuidarme por mí mismo. Viajaré cuan- do haya terminado lo que tengo que hacer en relación a mi pro- yecto, al proyecto de Dios y mío, de ambos, pues estamos en armonía, en comunión de voluntades para ello. Para disfrutar las cosas más importantes de nuestra experiencia humana tengo que renunciar a aquello que me impide hacerlo, no renunciar a las cosas bellas de la vida. Precisamente, porque ahora veo la vida en todo su esplendor es que quiero prepararme mejor para disfru- tarla a plenitud, prepararme mejor para mí y para quienes han es- tado esperando por la *Señal del Cielo*. **Después de haber alcan- zado a Dios no hay mejor felicidad que extender Dios a todos.** ¿Para qué querría esforzarme en tener más dinero del que necesito para llevar a cabo mi proyecto, si después desperdiciaría parte de mi tiempo, una gran parte de él, en cuidar del dinero en vez de crecer en el proceso existencial por el que siendo parte inseparable puedo llegar a donde el dinero extra no me va a llevar?

"¿Te olvidas de la responsabilidad con tu familia, tu esposa?".

Nuestros hijos han sido dados la mejor oportunidad que visualizamos para ellos y que ellos alcanzaron con sus propias visiones y esfuerzos. Nada de lo que visualizaron se dejó de hacer. Con respecto a mi esposa, no puedo sino actuar por FE. Hemos dejado todo; frente al mundo hemos "perdido" todos nuestros bienes, pero nada más. Y todo lo perdido, dejado, puede ser recuperado, pero será como consecuencia del trabajo en el que creo que nos hace mejores frente a la realidad que he alcanzado. Recuperaremos lo que deseamos para disfrutar la vida, pero no por cualquier trabajo para tener lo que en realidad podemos prescindir; y prescindiremos para dar lugar a un proyecto que es más importante en el proceso existencial.

"Pero tu esposa no quiere esa realidad. Ella quiere su realidad".

Yo sé que ella depende de mí, por educación cultural, por sus decisiones, y por mí, ya que yo también, aunque sin ser consciente de ello, contribuí a su dependencia. Y estoy dispuesto a ayudarla a regresar a la realidad que desea y por la que ha trabajado tanto, pero no puedo hacerlo sino como soy. En el pasado, mi camino para llegar a lo que ambos deseábamos se hizo como consecuencia de quién era yo entonces, y ahora tiene que hacerse como consecuencia de Quién Soy. No puedo hacerlo de otra manera. No hay ninguna intención de no hacerlo, sino de seguir el camino que me permite expresar Quién Soy, así como antes lo hice por el camino que me permitió experimentar quién quería ser.

Fin legal de nuestro negocio.

Tarde del 5 de Julio.

Vendimos nuestra compañía.

Carlos nos confirma a Norma y a mí el fin del proceso de venta del negocio que él venía adelantando desde hace unas semanas.

La compañía BCHS Lawn Services pasó legalmente a manos de su nuevo dueño el 1 de Julio de 2002. Seguirá conservando el mismo nombre. (BCHS es abreviación de Best Colony Home Services, como comenzó la compañía).

La semana que viene entrego definitivamente todo el negocio, la cartera de clientes y ciertos equipos, a su nuevo dueño.

Por esta y dos semanas más estaré dándoles apoyo al nuevo dueño y su gente, para que conozcan las rutas, los clientes y las características particulares del servicio para cada uno de ellos.

Nuestros trabajadores quedan con el nuevo dueño.

Norma tiene ya varios días que no sale a trabajar, sin embargo, no cesa de extrañar "mi camioneta, mi trailer, mi equipo, mi gente, mi trabajo, mi rutina, mis clientes… ". No cesa de nombrarles a cada momento, e invariablemente cada vez que saliendo nos cruzamos con alguna camioneta de trabajo de los numerosos grupos de individuos y compañías que prestan el mismo servicio. Cuando pasamos frente al local del nuevo dueño donde se estacionan los que fueron nuestros traileres, que conservan los logos originales, no puede contener su desesperación. En casa, cae a veces en un estado de melancolía que me parte el corazón; otras veces llora sin consuelo. No puedo ayudarla, consolarla, pues yo soy el que ha "dejado que todo se perdiera". Tengo que dejarla sola y eso me hace sentir muy mal a mí, impotente por confortarla, por darle la esperanza que ella necesita y que yo deseo por mi FE, por mi convicción de que todo se arreglará adecuadamente a pesar de la dureza de nuestras experiencias: la mía, con Dios, entendiendo, pero que frente a mi esposa sigo siendo el que deliberadamente causa su sufrimiento; la de ella, perdiendo el fruto de su trabajo y esfuerzos, sin entender nada.

Creí que era lo mejor, que Norma dejara de trabajar antes de pasar el negocio a las nuevas manos, para que se fuera preparando para la inevitable transición. Por otro lado, no se da cuenta que, aunque muy doloroso ahora por las consecuencias inmediatas, este paso significa el fin de un trabajo muy pesado para ella, que le hizo sufrir calladamente, pero ahora no se resigna a dejar. La entiendo, aunque por su dolor ella me diga que no cree que yo pueda entenderle.

Sé que fue una buena decisión que tomé, que Norma dejara de trabajar días atrás, no pensando en mí porque yo sé lo que deseo hacer y hacia dónde voy, sino por ella misma. Norma no habría soportado fácilmente dejar de un día para el otro. En cambio, ahora, aunque ella ya no trabaja más, el hecho de que yo decidiera volver a tomar el mando hace unos días, y hasta que se complete la venta y la transición, la mantiene en un contacto a medias. No habrá una transición tan abrupta para ella, y por otra parte le muestra que no es que yo haya quedado incapacitado para trabajar "por lo que pasó", como amigos y la familia le dicen, sino que estoy buscando otro camino en la vida, muy diferente, sí, que no puedo mostrarle ahora, pero yo sé que lo verá ella, y lo verán muchos que piensan, como el mundo en general frente a estos "casos", que yo estoy "perdido vaya a saber dónde y por qué, y ahora salgo con ilusiones, con fabricaciones mentales".

A pesar de mis apreciaciones anteriores, no sé realmente qué va a hacer Norma después de que termine la transición de BCHS.

Una vez que ambos estemos juntos en casa "sin hacer nada" por algún tiempo, deberíamos dedicarnos a acercarnos en estas circunstancias tan fuertes para ella. Yo no he logrado todavía acercarla a una aceptación de la naturaleza de lo que ha venido sucediendo en mí desde hace ya un año.

Regresando a la realidad en este mundo.

6 de Julio.

Estoy otra vez en la cafetería.

Hoy estoy yo algo nostálgico.

Quizás sea por despertar a la realidad de la inminencia e inevitabilidad de dejar definitivamente el trabajo. Sí, creo que es eso. Mi identidad temporal tiene que seguir ajustándose; lo sé porque en el fondo de mi corazón, de mi esencia, en el alma, yo deseo que todo esto se termine de una vez. Quisiera estar en otra cosa, ya mismo, pero eso me toca a mí crearlo. Me toca a mí ahora comenzar a hacer lo que sea para encontrar una nueva vida, un camino que me permita dedicarme a entender todo, y luego hacer lo que sea que saque como conclusión de ese proceso de entendimiento, de conscientización de todo lo ocurrido. Lo que sé es que necesito hacer algo para ganarme la vida, sí, pero que me permita interactuar con Dios, que yo tenga el tiempo que necesito para interactuar e ir entendiendo la interacción. Esto es lo que deseo, no otra cosa. Sé que es posible el futuro al que Norma desea regresar, si sigo lo que sé, Quién Soy.

Vine deseando por largo tiempo el poder dedicarme a otra cosa, pero no encontré otra opción para dejar lo que me impedía ir hacia donde deseaba; por una razón u otra nunca llegó, o mejor dicho, nunca llegué yo a crear ningún cambio como lo deseaba, hasta ahora. Ahora Dios me mostró la opción que yo buscaba, y esa opción es la que me permite experimentar la mejor versión de mí mismo frente a mi naturaleza. La opción que Dios me mostró es la que deseo, es la que me define frente a Dios, a la eternidad.

Sin embargo, una vez cesada la acción espiritual directa, teniendo que enfrentarme a la realidad de este mundo, a sus presiones y a las necesidades a las que nos lleva, resulta duro tener que arrancar "solo", sin nadie que crea en la acción de Dios detrás de mi decisión de dejar todo. Resulta algo duro ahora enfrentar la realidad en este mundo sin tener trabajo. Además, la reacción de mi compañera de vida, normal para el mundo, esperada por el mundo, legítima para el mundo y fundamentalmente para ella, es una dura prueba para mí.

Por mucho tiempo trabajé esperando crear una oportunidad para pasar a otro trabajo a través de los medios financieros generados por éste, y busqué la participación de otros. Pero no pude motivar a nadie, fuera de Norma, para que me acompañara y me apoyara trabajando duro en esto para hacer realidad un cambio para todos los involucrados. Ahora que tengo esa oportunidad de cambio que tanto deseaba... ¿yo salgo con esto, de sentirme así? ¿Nostálgico? ¿Es posible? No, no. No es nostalgia, estoy confundiendo emociones. Es un cierto temor que todavía se anida en mi identidad temporal frente a dejar todo. No debo dejar que ningún temor se desarrolle e interfiera con mi nuevo camino.

Regreso a lo de hace un momento.

Quizás no supe presentarles bien las opciones a quienes traté de motivar; quizás fui muy ambicioso; quizás fui riguroso en el trabajo, por mi dedicación a él, y por la dedicación de Norma también. Todo lo que yo quería era lograr algo en beneficio de todos para cuando llegara el momento en que la edad ya no nos dejara continuar con este tipo de trabajo. Este tipo de trabajo no íbamos a poder hacerlo por mucho tiempo Norma y yo solos, y dejar las camionetas en manos de otros es un dolor de cabeza para el que yo no sirvo, no, y así de simple. En cambio, participando a otros, esos otros estarían motivados a conservar el rendimiento que caracterizó a nuestro negocio. Pero no, no logré motivar a nadie, excepto a irse por sus cuentas, cosa que acepté entonces, y acepto hoy también.

Sí, ahora enfrento un gran reto, de seguir adelante con mi manifestación consciente de FE, a pesar de que no tengo tampoco hoy quién me acompañe en esta gran jornada de FE.

Una y otra vez pienso en Norma y me duele por ella, no por mí; yo sé lo que ocurre, ella no. Sin embargo, no puedo ayudarla. Me persigue pensar en esto. Regreso a esto una y otra vez. Sufro verdaderamente por mi compañera aunque no se lo puedo demostrar, y si intento hacerlo no soy convincente frente al "desmoronamiento de todo a causa mía".

Sufro lo indecible por todos los afectados. Ojalá pudiera cargar yo sólo con todo esto y mucho más, si fuera necesario. No quiero que nadie sufra en ningún momento por mi culpa, pero esto que ha ocurrido en mí es de una naturaleza y tuvo un origen de los que ya he hablado muchas veces. Todos, no sólo yo, estamos frente a un extraordinario evento, a una extraordinaria manifestación de Dios, aunque no puedan verlo o creerlo.

Anoche, antes de ir a la cama, por un instante se me cruzó por mi mente, y me causó un escalofrío que recorrió lentamente mi espalda, el pensamiento de que yo estuviera dejando un gran trabajo sólo por un malentendido.

Pero no, no es así. Anoche estaba muy cansado, y cansado de pedir que se me crea.

Entiendo que el mundo no pueda creer lo que yo digo porque lo que el mundo "sabe" es que "Dios quiere lo mejor para Sus hijos" y esto que "tú, Juan, estás haciendo, no es lo mejor ni para ti ni para tu esposa", pero el mundo no entiende que lo mejor tiene que ser creado bajo la orientación de Dios, y que así, lo mejor es muy diferente de lo que el mundo persigue. No es que no debemos disfrutar de la vida; no. <u>Dios no nos pide que nos privemos de nada</u> sino que nos estimula y orienta a *desarrollarnos hacia donde el ser humano es esperado que lo haga, dado su poder de creación de potencial ilimitado ¡a imagen y semejanza de Dios!* Pero el mundo, la especie humana en la Tierra, tiene una idea muy rudimentaria de Quién es Dios; y mucho más rudimentaria es su idea acerca de nuestra verdadera relación con Dios, y no puede creer que sea así, tan rudimentaria, elemental, debido al gran desarrollo racional de la especie humana. No sabe que el desarrollo racional del que tanto presume nuestra especie, si no está en armonía con el proceso existencial, con Dios, no le va a llevar a entender el proceso existencial, no le va a llevar a descubrir las leyes absolutas de las que se derivan las versiones que conocemos en la Tierra.

Dios lo dijo,

« Búscame con el corazón, no con la razón ».

Todo lo que yo deseo ahora es dedicarme a algo simple, que me permita interactuar con Dios, para entender todo lo que me dijo que está a mi alcance, y luego ponerlo a disposición de todos. Eso es lo que deseo hacer. Eso es lo que voy a hacer, y para ello voy a crear mi nuevo camino, mi nueva vida.

Más tarde, antes de dormirme, recordé un sueño de hace algunos meses atrás,

"Yo estaba cuidando un árbol. Era mi responsabilidad",

y su interpretación fue,

"Ese árbol que yo cuidaba es el Árbol de la Vida, la armonía con Dios. Estoy en armonía con Dios".

[La armonía se ha malinterpretado como obediencia a Dios. La consciencia de armonía se representa por una telaraña].

Inmediatamente después de recordar el sueño, regresar en mi mente a la decisión de dejar todo me llevó a sentirme mejor, ya que esta decisión me conducirá a alguna actividad para ganarme la vida que permitirá desarrollar mi mejor versión de mí mismo, ahora en armonía con Dios.

Luego de un rato en la cafetería, reflexionando mientras pierdo mi vista más allá de los vehículos que pasan por la calle, sé que entendí bien aunque lo que siento por quién amo pueda inducirme a pensar diferente por momentos. Recuerdo la orientación desde la Consciencia Universal, en Abril pasado,

"Las emociones sirven al cuerpo. Los sentimientos son del corazón".

Dios va a caminar junto a mí.

Dios siempre lo ha hecho, siempre lo hace, pero ahora lo sé por la experiencia de Su Presencia en mí.

Mejor dicho, siempre llevo a Dios en mí.

Mi FE, mi conocimiento, es Su Presencia en mí.

Es cierto que no debemos despreciar un trabajo que es parte de lo que Dios nos pone a nuestra disposición, de todos. Pero ahora yo deseo hacer realidad el cambio en la dirección que Dios me ha mostrado que puedo llevar a cabo, por las razones que repetidamente he expuesto. No voy a dejar ahora que las emociones se impongan, no. Yo siento que estoy siguiendo lo que debo hacer. Hay cosas que todavía no entiendo, pero eso no ha de invalidar la Presencia de Dios. Precisamente para eso es que necesito tiempo, y para tener ese tiempo necesito un trabajo que deje mi mente libre para interactuar con Dios aún durante mi trabajo. Oportunamente sabré, entenderé lo que hoy no puedo. Dios nos sugiere darnos tiempo a nosotros mismos, y paciencia, para reafirmar nuestra FE y determinación.

No puedo dedicarme a Dios y al dinero al mismo tiempo.

Esto que digo no quiere decir que no tenga que ganar dinero para vivir. Lo que quiero decir que no puedo estar en una actividad que me absorbe por completo y no me deja tiempo para Dios.

Si busco entender a Dios tengo que tener tiempo para interactuar con Dios.

Si buscara dinero, entonces me pondría a buscar dinero y estaría igualmente en armonía con Dios mientras no me gane el dinero a costa del sufrimiento de otros o de interferir con los derechos naturales de los demás.

Conmigo, ahora, se trata de la dimensión de realidad existencial en la que me encuentro.

Deseo entender y escribir lo que entiendo mientras me gano la vida en este mundo.

Mi realidad es otra, no la que el mundo tiene.

Por tener otra realidad yo no estoy "fuera de este mundo" ni es lo que deseo, sino que busco desarrollar mi consciencia en el nivel al que ya "salté" al reconocerme en la eternidad, eternidad que no se niega por estar en este lado de la existencia, en este mundo. La Tierra podrá desaparecer, pero no las Tierras que resultan del mecanismo de re-creación del universo. Y desaparecerá el universo, sólo para dar lugar a otro, por un mecanismo que está a nuestro alcance, de todos si así lo desearan, y que yo voy a alcanzar para mí y para quién desee "saltar".

La Presencia de Dios en mí es el conocimiento de Él, y es para extender a todos a través de mis pensamientos, palabras y obras.

Cuando yo no quise participar los *super conocimientos* recibidos en Junio y Julio del año pasado, fue sencillamente porque por la acción de Dios (de la que yo era inconsciente todavía) yo reconocía que no eran míos y no estaba preparado para usarlos, para hacerlos conocer. Ahora ya estoy listo para prepararme, para luego participarlos.

« ...de los árboles toma siempre los frutos más altos ».

Ahora es el momento de usar el talento dado, no porque el trabajo de las gramas sea despreciable como muchos lo consideran por absurdos prejuicios, sino porque Dios, con Su Manifestación, Su Presencia, me ha hecho un "llamado", una estimulación que no puedo ignorar. Dios me ha mostrado otra realidad a la que no puedo dejar de desear integrarme desde aquí, desde ahora.

No hay trabajo ingrato, malo, desagradable, para ganarse la vida, cuando el trabajo está en armonía con Dios, con el Espíritu de Vida.

Hay que trabajar para ganarse la vida.

El trabajo es una actividad natural; es parte del proceso existencial aunque todavía no entendemos que trabajar no es para producir bienes innecesarios ni para generar poder en pocos a expensas de muchos, sino para desarrollar entendimiento del proceso existencial, y *para ejercitar el poder de creación inherente al ser humano para tener las experiencias de vida que desea y, o realizar la versión de sí mismo que desea.*

Y todo ¿para qué?

Para disfrutar de ello.

La falta de consciencia de nuestra civilización del proceso existencial lleva a la experiencia de vida que predomina en la Tierra.

El estado de agitación y desarmonía en el que se halla la especie humana en la Tierra no se resuelve con ningún desarrollo intelectual sino hasta que el desarrollo esté en armonía con el proceso existencial, y esto es parte de lo que busco entender para luego mostrar a todos.

Éste es ahora el proyecto que deseo llevar adelante,

Entender a Dios,

además de ponerme a trabajar en lo que me dijo sobre la capa de ozono en la Tierra y las consecuencias si no reparamos y revertimos el daño ocasionado con nuestras actividades para sostener nuestro modelo de desarrollo actual. Comienzo a entender Su advertencia por amor, no como un anuncio de un castigo que no existe en la mente de Dios.

« La destrucción de la capa de ozono puede hacer "explotar" el planeta.

Si no se detiene la destrucción de la capa de ozono, el planeta desaparecerá.

Habrá un anticipo.

… ».

No, no dudo en dejar todo. No podría dudar dado lo que sé a partir del encuentro con Dios. Todo mi dilema es que no estoy solo en mis obligaciones en la vida material.

Entiendo que tengo que "obedecer" a Dios, o mejor dicho, buscar mi nuevo camino en *armonía* con Dios (no pide obediencia sino que sugiere armonía), <u>afrontando no mis responsabilidades culturales para con mi compañera</u> **sino mis compromisos conmigo mismo frente a ella.** Tengo que estimularla a ella hacia lo que me fue dado. La acción de Dios es para todos. En mi caso es para ambos como pareja de re-creación de vida y compañeros en la experiencia de vida.

"Mi compañera ha caído. Debo parar. Ayudarle. Seguir mi camino junto a mi compañera, el corazón de Dios.
El corazón de Dios está donde están los corazones de mi compañera y el mío juntos".

Si tuviera alguna duda antes de tomar el camino a tomar, sería de mis propias habilidades (no de mis capacidades naturales), por lo que le pido a Dios Su soporte y guía para tomar las decisiones y acciones que me conduzcan por el camino para hacer realidad la versión de mí mismo que Dios me ha mostrado que puedo alcanzar; <u>no es nunca un camino que Él haya "trazado y quiere" para mí</u>. Dios no nos obliga. Dios nos soporta en todo lo que nos acerca a Él. Dios lo hace. Dios no abandona a Su compañero de experiencias del proceso existencial, a quién se hace Su compañero consciente por su reconocimiento y la puesta en acción de su reconocimiento (la vivencia de su reconocimiento). [Todos somos compañeros inseparables de Dios en el proceso de conscientización, aunque todavía seamos inconscientes de ello].

No tengo confusión por ningún conflicto de fidelidades a Dios y a mi compañera, sino cómo responder a ambos actuando como Dios sugiere, de acuerdo a las reflexiones guiadas.

Yo sé que Dios "quiere" que resuelva esta situación junto a Él. Lo haré, aunque no puedo ocultar mis propias limitaciones frente a esta responsabilidad. Si a veces me inquieto es porque no quiero fallarme a mí mismo, pero tan pronto mi identidad temporal comienza a agitarse me recuerdo que tengo a Dios para que me ayude en los flaqueos.

Dios también me hizo entender que no debo "perder" mis sentimientos, que no deje de "escuchar" mis sentimientos porque son Su guía dentro de mí.

Por todo lo que he estado pensando es que he venido teniendo una fuerte variación en mi estado emocional en estos dos últimos días.

La precipitación de los acontecimientos, la venta del negocio y la terminación de todo lo concerniente a él, *aumentó la reacción de mi identidad temporal frente a la inevitabilidad*, lo que a su vez me hizo pensar que yo podría estar equivocado, que podría haber entendido mal, que mi indisposición a trabajar es un estado transitorio que así como en el primer encuentro con Dios fue por una perturbación, en este caso desde hace un par de meses podría ser por una gran hipersensibilidad espiritual.

Pero ya no. Ya no tengo dudas.

Acabo de revisar todo una vez más, y ahora sí estoy seguro de que he llegado a la interpretación correcta de la sugerencia de Dios de moverme hacia una nueva experiencia de vida, y de mi decisión para ir hacia la creación de ese camino, de la nueva vida que me permita dedicarme al proyecto, nuestro proyecto, de Dios y mío. Dios está vigilando todo lo que está sucediendo y de una manera u otra ha de estimular una rectificación si me equivoco. ¿Acaso no lo ha mostrado ya, en mí? La presión del mundo es muy grande, pero voy a aprender a manejarla, y quién hoy no me entiende, mi compañera, necesita mi ayuda. No voy a negársela, no sólo porque lo que siento es genuino en mi corazón sino porque Dios está en ella aunque no sea consciente de ello, y porque lo que no entiende es consecuencia de lo que el mundo nos enseñó. *El más fuerte debe hacerse cargo del más débil.* [Hacerse cargo no es resolverle el problema sino acompañarle en el proceso de su solución por sí mismo estimulado por su compañero].

"Juan ¿qué estás haciendo tú aquí? ¿No te dije que te quiero trabajando para Mí?".

Tengo varios días trabajando con mi grupo de BCHS, aunque ya no es nuestra compañía. Puedo hacerlo porque es por muy poco tiempo; realmente me cuesta lo indecible estar trabajando en esto.

Estoy ayudando en la transferencia de BCHS al nuevo dueño, y a su supervisor asignado con los clientes y con nuestra gente que se ha quedado trabajando para el nuevo dueño.

Carlos se rió ayer al verme trabajar otra vez en esto pues, como muchos, también creía que yo me había quedado inhabilitado de trabajar.

- Sigan bromeando, vos y tu madre - le dije, agregando - uno de estos días Dios va a preguntarme: *Juan ¿qué estás haciendo tú aquí? ¿No te dije que te quiero trabajando para Mí?*

Es verdad, Dios quiere que "trabaje" para Él; mejor dicho, Dios me ha presentado una oportunidad que yo puedo hacer realidad. Eso es. Dios sabe qué estoy haciendo ahora: una transición.

Carlos le comentó a Norma.

Mi compañera se enfadó una vez más cuando supo que Dios me "quiere trabajando para Él". Yo no le dije qué es lo que yo trato de decir exactamente con esa expresión y por eso rechaza la manera en que lo dije; pero ya no me mortifica. Creo que voy a ir aprendiendo a vivir con el rechazo que hacen a la verdad; yo sé que es simplemente consecuencia de lo que nos ha sido enseñado por el mundo. Tengo que esperar.

« No se pueden forzar los cambios. Dios los hace ».

Dicho sea de paso, Dios no fuerza ningún cambio, sino que las consecuencias, que son de nuestra sola creación, que son las reacciones naturales a lo que hacemos, es lo que nos hará cambiar eventualmente; pero esto no se entiende todavía.

"Pero tú dices que Dios es el proceso existencial, ¿no?", me digo a mí mismo, implicando entonces que Dios es Quién de todas maneras hace los cambios.

Sí, pero quienes provocan Sus respuestas indeseadas somos nosotros. El proceso existencial responde a todo lo que hacemos; *Dios* *responde a todo lo que hacemos*. Lo que hagamos que no esté en armonía con lo que debe hacerse para no tener consecuencias indeseadas sólo lo sabremos por esas consecuencias indeseadas. Debemos entender nuestra relación inseparable con Dios, con el proceso existencial. Referencia (2), II.4, vol 1.

Algún día les diré a todos que Dios se acercaría a mí y hablaríamos como sigue,

"Juan, ¿qué estás haciendo todavía por aquí?".

"Señor, estoy trabajando", le respondería.

"¿No te dije que te 'necesitaba' a tiempo completo?", preguntaría el Señor a su vez.

"Sí, Señor. También entendí que lo que Tú 'necesitabas' de mí a tiempo completo era mi consciencia, mi reconocimiento de Tí, Tu presencia en mí para guiar mi desarrollo.

"Es cierto. Tengo un trabajo para tí, ¿no te lo dije?".

Sí, Señor. También entendí que debía rectificar, no destruir. Debo ayudar a que esta transición mía no afecte innecesariamente a otros. Por ello necesito tiempo. Tal vez no te entendí bien, pero en todo caso yo estaba seguro de que Tú volverías a llamarme; si no Te entendí, para corregirme; si el tiempo fue suficiente, para hacérmelo saber; si el tiempo no fue suficiente todavía, Tú me lo darías; si no encontrara la senda, Tú me darías una mano, Tu señal.

"Es verdad".

Hoy me siento íntimamente diferente, casi como antes de que ocurriera mi encuentro con Dios.

Si algo ocupa mi mente con cierta tensión ahora es por entrar en una experiencia desconocida, y ya no hay marcha atrás. No quiero que la haya, pero de todas maneras voy a entrar en una experiencia desconocida. "No es la primera vez que dejas todo, ¿no?", me recuerdo a mí mismo. No. Es verdad, pero ahora es a expensas de un gran trabajo de todos, particularmente de Norma. Por mí no tengo problemas; no.

Bueno. Yo me he venido repitiendo que un acto de FE inconsciente fue lo que me abrió las *"Puertas del Cielo"* en Junio del año pasado y en Abril de este año. Ahora un acto de FE plenamente consciente va a llevarme por el camino para hacer realidad el proyecto con Dios. Ahora yo tengo la oportunidad de actuar por FE conscientemente. No lo dudo.

Ya no siento esa necesidad, esa "presión" de la Presencia que me llevaba a reflexionar, no sin algún temor a equivocarme, acerca de todo lo sucedido, todo el tiempo, con una urgencia a veces incontrolable que no me dejaba hacer ninguna otra cosa. Ya no siento esa urgencia de continuar totalmente absorto en mis reflexiones. Ahora la necesidad es más descansada, relajada; es una inquietud que aunque llevo permanentemente no me inhibe para hacer otras cosas.

No siento ninguna pena, excepto por Norma.

No puedo sentir pena por nada material, ni siquiera por lo que me costó tanto trabajo en su momento.

Frente a lo que he recibido no puedo dudar dónde poner mis sentimientos. Ésta es la razón por la que yo soy malinterpretado cuando no pueden entender esta "frialdad" mía. No soy insensible; sufro por los demás, pero no puedo expresar que sufro por algo que para mí no tiene ningún valor. Todo lo que hago en la vida es para crecer hacia el entendimiento del proceso existencial y para hacerme parte consciente de él. **¿Acaso hay algo mejor que ser parte consciente del proceso existencial, de Dios?** Me preocupa por los demás lo que pueda pasar, sí, pero no por mí. Me duele inmensamente que Norma asome la posibilidad de irse a Córdoba. Creo que por lo que ella siente en estos momentos dice algo que no podría hacer. Tal vez no pueda entenderme a mí ni lo que ha ocurrido, pero ella es una madre que jamás se alejaría de sus hijos bajo ninguna circunstancia. Si hay algo realmente extraordinario que ella me haya hecho saber es la clase de madre que es. Y compañera fiel de su esposo. Que ahora no lo parezca es sólo porque no entiende que algo como lo que ocurre esté realmente ocurriendo, en oposición a todo lo esperado por ella tal y como le ha sido enseñado por el mundo (expectativa que yo mismo he alentado por omisión, por mi propia ignorancia, por mi falta de consciencia previa de las cosas de Dios y nuestra relación con Él, hasta que Dios, respondiendo a un acto de FE inconsciente de mi parte, me despertó a otra realidad existencial).

Si no fuera por Dios, ¿cómo podría yo soportar esta "soledad" de no poder compartir algo tan extraordinario como la experiencia de Dios en uno mismo?

¿Puede alguien imaginar lo que es tener la experiencia de Dios y tener que aprender a ser rechazado por eso?

El rechazo de los otros no es por nada más que por falta de consciencia, que a su vez genera temor que no se reconoce como tal pero se expresa en la dependencia de las cosas de este mundo.

"Regresando al César lo que es del César".

Reposesión de los vehículos y equipos de nuestro negocio.

Están llevando a cabo la reposesión de los vehículos y equipos del negocio.

Presencio un espectáculo chocante, bochornoso, pues aunque las compañías que nos financiaron los vehículos y equipos tienen derecho a recuperar lo que les pertenece mientras no se hayan pagado, la manera en que se conduce la reposesión, normal en nuestra sociedad, desnaturaliza en su práctica nuestra esencia como seres humanos.

[Igualmente se conducirían luego los Bancos].

Sentado en el banco de madera en el frente del taller, observo las operaciones que se inician luego de una discusión entre los dos operadores por entrar primero a cargar lo que cada uno tiene asignado.

Recuerdo a Dios,

« ¡Sí! El dinero. El dinero, el metal. Es como un blindaje de metal que cubre a este país e impide que puedan llegar a Mí. El metal los bloquea ».

No es solo este país en particular, sino el mundo en general, el modelo de asociación de la especie humana presente en la Tierra.

No es malo ganarse el dinero por el trabajo. No, en absoluto, sino la manera en que se ganan el dinero unos pocos a expensas de grandes sufrimientos de muchos, por una parte, y por la dependencia exagerada a los bienes materiales, por otra parte, que nos hace olvidar Quiénes somos realmente y para qué estamos en este mundo, en este entorno del proceso existencial.

¿Acaso no vemos a seres humanos envueltos en disputas interminables por dinero a pesar de tener más dinero del que podrían gastar en el resto de sus vidas? ¿Acaso no vemos a tanta gente desperdiciar lo bello de la vida por hacer más de lo que necesitan sólo para mantener una imagen frente a una sociedad prejuiciosa de la que dependen?

El problema es usar el dinero como propósito de vida en vez de tomarlo como medio.

El dinero no es el problema sino nuestra actitud hacia él.

Por dinero y bienes superfluos no debemos caer en renunciar a experimentar realmente la vida; mucho menos renunciar a los sentimientos primordiales y al poder de creación.

Recorro el taller con mi vista.

Agradezco a Dios por haber tenido la oportunidad para construírlo. Ha sido un gran proyecto hecho realidad, aunque no haya terminado la planta alta.

No siento nada al pensar que será vendido para pagar otras deudas; que también será "perdido".

Después de todo, ya lo he hecho antes; en Argentina, dejando muchas cosas e instrumentos electrónicos que había construído, y luego en Venezuela, el motorhome. Siempre fueron sólo herramientas para un propósito, igual que este taller. Herramientas para mi experimentación del poder de creación y crecimiento en el entendimiento del fenómeno de *resonancia universal*, como fue en el caso con los instrumentos. Y para disfrutar una gran experiencia en la Gran Sabana en Venezuela, en el caso con el motorhome, que constituyó mi primera aproximación a la infinidad de la eternidad por aquella tan extraordinaria vista natural que se presentó ante mis ojos en el atardecer en que llegamos allí arriba, luego de un sinuoso y estrecho camino rodeado de densa vegetación; una vista que de repente me hizo sentir como estar en la *Antesala del Cielo*. Más aún, fue una extraordinaria experiencia invaluable para toda la familia, pasar vacaciones en un sitio en el que solo contábamos como refugio al *Chajá*, el motorhome, disfrutando unas tormentas eléctricas como no hemos vuelto a ver nunca más en ningún otro lado, y también experimentando el asedio de unos mosquitos pequeños que fueron un gran azote en determinados lugares, afortunadamente no en todos. Ése fue un viaje preparatorio para el Territorio Amazonas que llevamos a cabo al año siguiente, y para otro que tenía planeado hacia Mato Grosso, en Brasil, que nunca pudo llevarse a cabo.

Sí, yo sé. Estoy dejándome llevar por los recuerdos.

Cuando terminé de construir el motorhome, me dije entonces: "*Es un sueño que se hace realidad, solo para dar paso a otro sueño*". Lo bauticé *Chajá* pensando en el ave que una vez vi corriendo a la orilla de una ruta en la mesopotamia argentina.

Puedo perder estos bienes materiales, pero tengo para siempre las experiencias que esas herramientas me permitieron alcanzar.

No. No siento apego por las cosas materiales; solo deseo disfrutar y tener, construir, lo que sea necesario para disfrutar. El taller se construyó para maximizar la eficiencia de las operaciones y tener un lugar seguro para guardar nuestros vehículos y equipos. Ya no será necesario, y por otra parte servirá para hacer frente a algunas obligaciones que quedan fuera de la reposesión. Y si no queda nada, no importa. Si algo me inquietara es por Norma. Por suerte ella no tiene que presenciar lo que tiene lugar aquí.

No. No siento nada cuando ponen unos enormes papeles engomados en los parabrisas de los vehículos ni cuando hacen algo que parece ser, no estoy seguro, que cortaron los cinturones de seguridad en las camionetas nuevas. No sé en realidad qué es lo que cortaron, y no quiero ir a ver qué hicieron. ¿Para qué?

« Tú estás protegido ».

Gracias Dios mío. Mi relación Contigo me protege.

Ahora sí, me siento libre, infinitamente libre.

Poco a poco se va reforzando mi conexión consciente con la infinidad, con la eternidad.

Tengo un gran sentimiento de libertad que me hace sentir muy bien, ¡a pesar de lo que tiene lugar allí atrás! Si por instantes siento algo diferente es por una vulnerabilidad remanente frente a un mundo que actuando normal, en armonía con sus referencias de desarrollo y sus prácticas, rechaza lo que no puede entender por no seguir el corazón, la esencia del ser humano.

« Búscame con el corazón, no con la razón ».

Pienso en Dios, en Su acción en mí, y cesa cualquier atisbo de vulnerabilidad frente al mundo.

Norma y Carlos a Colorado.

« Mi Hijo Me llevará a Casa ».

Carlos decidió recomenzar sus estudios de post grado.

Quizás porque su hermano mellizo Omar ya está estudiando allí, Carlos quiere irse a Colorado, a estudiar en la Universidad de Colorado en Boulder, y hacer una maestría en ingeniería mecánica, creo que me dijo. Me pidió que le acompañe para ayudarle. Cree que sería una buena idea.

Uhm… ¿Colorado? Sí, suena atractivo Colorado; es un estado montañoso ¿Qué pensará Norma? ¿Querrá ir? Carlos aún no ha decidido cuándo irse exactamente, pero tiene que ser en los próximos días. Las clases comienzan a mediados de Agosto. Sí, me pidió que vaya con él para ayudarle y acompañarle; sugirió que yo podría trabajar por allá en algo que encuentre confortable y conforme a mi nuevo proyecto. Carlos necesita nuestra ayuda, pero también, a pesar de su gran deseo de seguir estudiando y progresar en beneficio propio y de su familia, tiene algo de temor. No está acostumbrado a estar lejos de su familia, de sus padres, menos de su esposa e hijo. Hay una relación muy estrecha entre Carlos y Evan, su hijo de cuatro años de edad. Evan le extrañará y Carlos lo sabe y tiene miedo de flaquear. Recuerdo cuando yo mismo dejé mi familia para ir a Venezuela, solo, a mis veintiocho años de edad, buscando una nueva y diferente experiencia de vida. Parece que fue ayer lo que sucedió hace casi veintisiete años. No me olvido de ciertos momentos de soledad a pesar de que yo he sido siempre aventurero y, en algún modo, me sentía muy seguro de mí mismo frente a estar solo; no obstante, a veces era duro estar solo.

Le dije a Carlos que tal vez sí me vaya a Colorado a ayudarle, pero por el momento no podía concretarle nada. Le aseguré que iba a pensar seriamente sobre esa posibilidad.

Finalmente decido que me voy a quedar en Missouri City por

ahora. Todavía no sé realmente qué voy a hacer para llevar a cabo, para ejecutar, lo que entendí que debo hacer en relación con la experiencia con Dios. "Necesito tiempo para reflexionar y hablar con tu madre", le digo.

Carlos ya está listo para partir para Colorado.

Norma decide de repente, bajo la presión de Carlos, irse con él y quedarse allí un tiempo para ayudarle a establecerse ya que su esposa e hijo van a permanecer en Texas.

Yo no me esperaba esto. Me deja tan sorprendido que casi no puedo hablar; no sé qué decir ya, no porque me quedaré solo sino porque Norma se vaya sin que hayamos revisado juntos todo lo que ha ocurrido. Ya que no estamos trabajando, por un tiempo podríamos revisar todo con más calma. Sí, revisaríamos juntos todo lo que he ido apuntando casi día a día. Tenía la esperanza de que encontraría la manera de hacerle "ver" lo que ha ocurrido conmigo y la razón por la que debo cambiar, buscar otro trabajo más adelante, para hacer un gran proyecto que comienza a germinar en mi mente. Me siento que quedo "vacío" al darme cuenta de que no voy a poder hablar de la experiencia de Dios. Sin embargo, al mismo tiempo sé que Norma es una gran ayuda para Carlos. ¿Y quién sabe? Tal vez este alejamiento nos ayude a ambos, a Norma y a mí.

"¿Qué debo hacer ahora?", me pregunto a mí mismo frente a ese sentimiento de vacío.

Dios me ayudará. Dios no va a dejar a medias lo que ha comenzado. Pero debo actuar en el sentido que Dios espera de mí si quiero que eso se haga realidad. Pues, lo haré Señor. De repente, me siento abrumadoramente solo. Tengo a Dios conmigo, siempre, lo sé, pero no tengo a nadie entre nosotros para hablar de mi experiencia con Dios y Su Presencia en mí. Por algo somos compañeros, Norma y yo, aunque se crea que yo le he "fallado".

...

Todo está muy quieto en casa.

Norma ya se ha ido con Carlos a Denver.

Estoy muy solo. No es la soledad física, corporal; no. Es la soledad espiritual en la que me encuentro en este mundo. Me duele que Norma sufra por esta experiencia que para ella es el derrumbamiento de sus sueños y sus esfuerzos. Comprendo que no entienda. Eso no me importa ahora. Lo que importa es que necesito su confianza en mí, su entrega de siempre, pero lo que ha pasado le muestra a ella que ya no puede confiar en mí. No se me ocurre qué hacer para revertir su percepción errónea; y no puedo engañarla, como decirle que "no sé lo que me pasa" sólo para promover su acercamiento, ya que hacer eso sería negar la acción de Dios sobre mí, y yo no voy a renunciar a Dios. No, eso no. No puedo negar lo que me fue dado. Yo no voy a negar a Dios, ¿cómo podría? Y para ella no es de Dios que yo, su esposo, su compañero, haya dejado todo, haya permitido que todo se fuera al "drenaje". "Eso no es de Dios", me dice constantemente.

Ya tengo unos días estando solo.

Me siento vacío por un lado, muy calmo por el otro.

No tengo miedo absolutamente a nada dentro de casa. No tengo ninguna perturbación. Todo lo que me había afectado en los últimos casi doce meses ha desaparecido. Me siento cómodo durmiendo en cualquier habitación. Pruebo una noche en cada una de ellas, y abajo, en la sala. No necesito imágenes; y no temo recordar el haberme deshecho de ellas. Me siento cada vez más libre a medida que se consolida la armonía entre mis dos identidades, la natural, en el alma, y la temporal, cultural.

Voy mejorando el reconocimiento de la separación entre sentimientos y emociones.

Y de repente, comienzo a pensar seriamente que tal vez sea mejor mudarme, dejar Texas.

Hay esta oportunidad ya establecida en Denver, con Carlos estudiando en Boulder, para que lo ayude allí. Por otra parte, yo no quiero vivir con nadie más que con Norma. Quiero que ella me ayude a llevar adelante una nueva vida conforme a lo que me fue mostrado. Será algo fuerte el cambio para ella al principio, pero yo no puedo ir en contra de lo que sé que proviene de Dios, "fuera de este mundo", agregué inoportunamente al hablar con ella. "Yo estoy en este mundo, no en el otro, y no quiero irme a ningún otro", me respondió duramente. Pero yo quise decirle que lo que nos llega desde el "otro mundo" nos orienta para vivir mejor en éste, aunque el cambio es, obviamente, muy doloroso y extraño, y por eso no se quieren hacer los cambios hacia lo que es desconocido para el mundo y para uno mismo que depende del mundo. No tenemos que dejar ni renunciar a este mundo para ir a una vivencia en otra realidad mejor, ahora, aquí, disfrutando de las cosas más bellas, de la naturaleza, de la creación toda, o mejor dicho, de la presencia eterna de la que somos parte inseparable.

Estoy solo frente a lo que se me ha manifestado espiritualmente. No tengo a nadie con quién compartir lo que siento, lo que sé, lo que me ha sido dado. Tal vez Dios lo quiere de esta manera.

No, Dios no lo quiere así, sino el mundo y todos quienes dependen del mundo, aunque no sean conscientes de ello.

Llamo a veces a Marcelo, mi gran amigo y hermano espiritual, pero él mismo tiene sus propias situaciones personales y familiares que atender, frente a las que yo no puedo ni debo abusar de su disposición; cada uno tiene su trabajo y responsabilidades, aún estando en armonía espiritual. Estar en armonía con Dios no significa renunciar al mundo sino buscar un balance, tal como Dios mismo me dijo,

« Siempre vas a caminar por el borde, entre el verde (la vida, dominio espiritual) y el concreto (la materia, dominio material) »,

queriendo decir que la experiencia de vida es siempre un balance materio-espiritual, incluso a nivel de Dios mismo.

Terminé de ayudar con la transferencia de nuestra compañía al nuevo dueño. Tengo ya todo el tiempo libre para mí, para mis re-flexiones e interacciones con Dios.

[Esta compañía, el negocio, ha sido otro gran proyecto por el que he tenido experiencias que no hubiera alcanzado en mi activi-dad profesional previa. Pero no puedo esperar que los demás lo vean del mismo modo].

Si alguna vez tenía que aprender a definir mis fidelidades fren-te a Dios y mi compañera de vida en este mundo, en el sentido que Dios nos sugiere, aquí es donde lo estoy haciendo, ahora y cada día un poco.

No es lo que se nos ha enseñado y hemos cultivado por gene-raciones y generaciones tras más generaciones, arrastrando los errores, y por lo tanto, sufriendo consecuencias. El mundo está e-quivocado. Hoy, con la Presencia de Dios en mí, voy entendiendo más y más, y cuando termine voy a participar todo esto; sí, deseo inmensamente hacerlo.

Nuestro amor humano, el más sublime de nuestras emociones y sentimientos, no es más que una aproximación cultural a lo que Dios nos hace saber que verdaderamente podemos alcanzar. Es-tamos lejos todavía, muy lejos, de reconocer el amor primordial porque nosotros mismos rechazamos la versión original de Dios; la rechazamos con nuestras acciones equivocadas fundadas en lo que queremos para ser en lugar de lo que debemos hacer para mostrar quiénes somos.

« No se deben forzar los cambios. Dios los hará ».

[Dios no hace los cambios a propósito, selectivamente, sino que el proceso existencial, que solo puede tener lugar en ciertas direcciones de evolución de sí mismo, de re-distribuciones ener-géticas bajo leyes inmutables, va a reaccionar frente a lo que está en desarmonía con él, y eso es una manera de indicarnos que de-bemos rectificar. Obviamente, es preferible buscar la rectificación por nosotros mismos antes de pasar por consecuencias que nos afectan en nuestro estado natural de sentirnos bien].

Revisándome a mí mismo
frente a mi compañera de vida

Ninguna re-creación de mí mismo estaría completa si no me defino frente a mi compañera de vida.

Me siento muy bien hoy.

Esta ausencia de Norma es una excelente oportunidad para revisarme a mí mismo en mi relación con ella, y tratar de ver la experiencia de mi encuentro con Dios desde el punto de vista de ella. Después de todo, hasta hoy yo no había tenido una oportunidad de hacer ninguna revisión sin su presencia. Su ausencia evita que haya un choque emocional entre ambos, y abre paso a los sentimientos.

Sí, las emociones interfieren con los sentimientos.

Después de la Presencia de Dios, de haber sido dado a la vida, amado por mis padres y educado para abrirme paso a mi experiencia de vida por mí mismo, Norma, esposa y compañera, es lo mejor que tengo; y con ella, nuestros hijos.

Hablar de Norma es simple.

Describir a Norma es describir a un gran ser humano, muy noble y simple en ella misma; compasiva, limpia de pensamientos e intenciones escondidas; incapaz de especular en detrimento de nadie; servicial, sacrificada, espontánea; muy sensitiva, y muy emocional también.

Norma es como un diamante en bruto que necesita ser pulido,

pero la belleza de ser humano (dada por la esencia divina inherente a todos los seres humanos) Norma la tiene muy cerquita de la capa superficial a pulir del "diamante", porque ella no está distorsionada por el mundo, aunque por otra parte no ha sido preparada para enfrentar el mundo, que es algo muy diferente. No estar preparada la hace vulnerable porque por naturaleza ella es muy susceptible a las "mañas" del mundo, y por ello sufre al no entender lo que no puede manejar y le afecta.

Veamos.

Norma es sumamente espiritual, lo que expresa por su compasión natural, la que si a veces ha reprimido es por el mundo mismo que mientras por una parte predica compasión, por otra no la muestra, no la practica o la discrimina e incluso la suprime. En ocasiones Norma ha sido abusada de su simplicidad, ingenuidad, espontaneidad y de su gran disposición para ayudar y compartir. Y ha sido objeto de intenciones escondidas e hipocresías, incluso de algunos muy cerca de ella; comportamientos que los demás manejan de una manera u otra, pero ella no sabe hacerlo aún, por lo que fue y es todavía muy afectada emocionalmente.

Su vulnerabilidad frente al mundo le ha acarreado conflictos a Norma con los demás, y algunos conmigo también por no entender yo mismo su vulnerabilidad sino hasta hoy. Por eso es que ahora entiendo la orientación de Dios,

« No debes discutir con Norma frente a espejos. Hay fuerzas del mal contra las cuales tú estás protegido, no ella ».

La protección viene como resultado de la evolución. Mientras tanto, el que tiene mayor consciencia, en este caso yo, debe ayudarle. Sin embargo, le fallé antes. Le fallé por mi propia ignorancia acerca de que hay personas que son más susceptibles, vulnerables frente a otras, que vienen así al mundo, a una asociación de la especie, a un universo de individualidades diferentes frente al que hay que emplear nuestro poder de creación para "abrirnos" un camino conforme a nuestra individualidad; vienen a este mundo sin experiencia del mundo, y sin verdadera consciencia de nuestro poder real de creación. Sin embargo, para emplear nuestro poder de creación conforme a nuestro potencial natural, debemos hacernos libres de la dependencia del mundo, de sus expectativas sobre cada uno de nosotros, y para ello necesitamos ayuda, de Dios o de quienes ya Le hayan alcanzado; la ayuda es para reconocer las *orientaciones eternas* y seguirlas independientemente del mundo, aunque sin interferir con el mundo. Referencia (2), I. 2.

Por otra parte, Norma, una fiera madre y fiel compañera de su esposo, siendo espiritual que expresa por su compasión, cree en la interpretación racional de Dios, que es muy limitada con respecto a la Verdad, y cree en las prácticas religiosas. Entre estas últimas, cree en las imágenes y su asociación con alguna Presencia de Dios; y cree en las características que prevalecen en nuestra civilización por las que se define el éxito de una experiencia individual y de la familia humana en la Tierra, en nuestras sociedades.

No hay problemas en lo dicho en el párrafo previo... hasta que Norma se enfrenta a la experiencia de la acción de Dios en mí, que ella no conoce, menos entiende, y que el mundo en el que ella se soporta tampoco conoce, excepto por algunas versiones limitadas y condicionadas culturalmente, y mayormente consideradas como casos del pasado y superados por los desarrollos racional y tecnológico de la especie humana en la Tierra.

¿Cómo podría algún desarrollo racional humano superar a las manifestaciones de Dios, Quién es, precisamente, el proceso del que provenimos, en el que estamos inmersos y <u>con el que interactuamos para desarrollarnos</u>?

Norma ha quedado atrapada en un limbo, entre la desvastadora experiencia que ahora es su verdad, y lo que el mundo le ha enseñado, inducido; y además, ella, por falta de interacción con el mundo, con la sociedad humana, con sus individuos, no tiene todavía sus propios recursos naturales desarrollados, debido a su educación limitada y por provenir de una generación espiritual más joven; aspecto, este último, que el mundo no reconoce.

Es verdad que a veces me resulta frustrante cuando Norma no cree en la naturaleza de mi experiencia con Dios, pero lo entiendo. A pesar de su corazón, es fuerte la inducción que desde el mundo actúa sobre ella con respecto a asociar a Dios solo con las cosas y experiencias buenas, siendo que lo "malo" que nos ocurre es también parte del proceso existencial, parte de Dios entonces, y parte del mecanismo de conscientización. No es frustrante porque no me entienda o no me crea (al fin y al cabo no importa porque sigue siendo una gran mujer, esposa y madre) sino porque ella sufre y yo no puedo llegar a ella para ayudarle. Pero no puedo llegarle porque ella no cree en eso, en la naturaleza divina de mi experiencia con Dios. Entonces tengo que tener más paciencia y esperar. Con el tiempo Norma va a entender. Después de todo, tampoco creen, menos entienden, quienes están intelectualmente muchísimo más desarrollados, si acaso se pretendiera asociar el poder entender a Dios con nuestro desarrollo racional presente. Desarrollo racional nos conduce a entender a Dios sólo si tiene lugar siguiendo las orientaciones eternas, *Somos Uno, Eternamente*, que se resumen en una, en *Amor Primordial*, amor irrestricto a todos, incondicional, ilimitado. A*mor primordial* en la práctica es el extender a los demás lo que nos hace felices, y extender nunca significa renunciar a lo que todos y cada uno tiene derecho natural, sino compartir los bienes naturales que son de todos y para todos, y dar las mismas oportunidades de desarrollo a todos, conforme a sus individualidades naturales.

Norma es mi compañera. No deseo otra.

Recuerdo lo que Dios me dijo acerca de los compañeros de vida y que ahora yo deseo experimentar junto a Norma,

"Esposos, compañeros, unidos por el espíritu en el Espíritu. Mi compañero ha caído. Debo parar. Ayudarle. Seguir mi camino junto a mi compañero, el corazón de Dios".

Definitivamente, mi actitud frente a la vida, inmune a las cosas del mundo, hizo que yo no supiera ver ciertas interacciones con la familia que afectaron a Norma. Jamás tuve mala intención. Aún cuando decidí por ciertas cosas que no debí haber hecho, lo hice esperando que no causara daño. Hice lo que sentí que era correcto; descuidando a mi compañera, sí, es cierto, ahora puedo reconocerlo, pero en aquellos momentos en que ocurrieron esas ciertas cosas yo no era consciente de ello.

Quizás fui egoísta también sin darme cuenta de ello. Tenía gran pasión por mi carrera y por lo que me gustaba hacer. Ya lo he dicho antes (Libro 2).

Quizás fallé por tradición, por influencia cultural, aunque esto no es para justificar mis decisiones racionales propias.

Tenía mucha fe (una creencia en Dios, no conocimiento de Dios que es FE) aunque no estaba correctamente orientada. Tal vez la empleé mal. Soy muy seguro de mí mismo y he permitido que ocurrieran cosas porque no me afectaban a mí, pero no me di cuenta de que sí le afectaban a Norma. En este sentido fallé por pura ignorancia, aunque siempre me movió mi corazón en todo cuanto fuera en relación a mi familia.

Nunca supe expresarme con mi esposa a la manera romántica del mundo; en cambio, he estado más inclinado a soñar en hacer cosas, los dos juntos, y quizás eso también le haya afectado en su momento.

Pero, y a pesar de todo, ¡qué hermosa ilusión se me hizo realidad junto a ella y mi familia!

Comienzan a pasar por mi mente los mejores momentos de la vida junto a Norma.

Nos conocimos casi desde niños.

Más adelante, cuando comenzamos a noviar, Norma me esperó largos años de estudio. Mientras noviábamos, como joven yo la "molestaba" un poco con mis manos (por eso me puso de sobrenombre *mosquito*) pero ella se mantuvo muy firme y en el tiempo yo entendería que Norma se reservó un gran regalo para ambos. Llegamos vírgenes al matrimonio, descubriéndonos y experimentándonos, totalmente y sólo entre nosotros, como hombre y mujer.

Recuerdo el nacimiento de Mariano. No podía creerlo. Yo casi no podía contarlo en mi trabajo en Córdoba, en la Fábrica Militar de Aviones donde trabajaba y en cuyo hospital nació Mariano.

Salto un poco en el tiempo ahora.

Recuerdo cuando estando en Caracas recibí la noticia de que el embarazo de Norma era de dos chicos, no de uno. ¡Se había adelantado el parto y Norma terminaba de dar a luz a mellizos! Yo acababa de ir a Venezuela por un mes en busca de nuevo rumbo, de una nueva experiencia de vida.

Unos pocos meses después de nacer los mellizos dejamos finalmente Argentina, y con nuestros tres hijos pequeños nos instalamos en Puerto Ordaz, Venezuela, a orillas del río Orinoco. Estábamos solos, pero con el mundo abierto para nosotros. Así lo sentía yo.

Un año después, nos mudamos al occidente del país.

Recuerdo nuestro crecimiento como familia en Judibana, en el estado Falcón, donde está la refinería de Amuay de Lagoven, Petróleos de Venezuela. Era un lugar muy tranquilo.

Los sábados y domingos en las mañanas, cuando la luz del sol entraba a nuestra habitación por entre las hojas de los árboles al otro lado de la ventana, me gustaba tanto soñar con los ojos abiertos al compás del movimiento de las luces y sombras proyectadas sobre la pared y la alfombra jaspeada del piso.

Sueños nunca me faltaron.

Recuerdo el *Chajá*, el motorhome construído allí, en Judibana.

¿Acaso podría olvidarme de las tormentas de rayos en la Gran Sabana, cerca de Brasil, Norma pegada a mí, yo sintiendo sus estremecimientos a cada latigazo de descarga eléctrica, en una de las oportunidades en que fuimos de vacaciones a la *Antesala del Cielo*? ¿Cuántas veces escribí, a toda mi familia y amigos en Córdoba, que aquéllo fue lo más cerca del Paraíso que yo había alcanzado hasta entonces?

Fuimos, o al menos yo lo recuerdo de esta forma, muy felices allí en Venezuela.

Más adelante quisimos cambiar otra vez de ambiente de vida. Nos mudamos a Texas.

Recuerdo la penosa experiencia de Norma cuando ella se fue sola a Caracas a vender el apartamento. Norma se ofreció a ir sola para dejar que yo abriera el camino en el trabajo que iniciábamos en ese momento... ¡por primera vez por nuestra cuenta!

Recuerdo cuando a su regreso de Caracas, presa de una gran depresión por todo lo sucedido allí y la pérdida posterior de nuestra mudanza, la llevaba de la mano y nos íbamos a caminar todas las noches alrededor del vecindario, infundiéndole esperanza y valor. No puedo evitar unas lágrimas ahora.

Norma tiene una gran disposición para el sacrificio, pero no debí haberle permitido trabajar en la grama. Hizo lo impensable, pero sufriendo lo impensable también. Ella quiso hacerlo, yo no pude detenerla. Yo no tuve el valor de contrariarla; quizás me dejé convencer, movido en parte por el deseo de ambos de no reducir la gran cantidad de trabajo que para entonces habíamos logrado generar y mantener con nuestra dedicación, de toda la familia.

Me duele que haya podido ser egoísta, y me asusta al mismo tiempo. Tengo que volver a revisarme a mí mismo frente a este aspecto, aunque ya lo haya hecho. Tengo que tener el coraje de revisarme exhaustivamente, hasta que deje de temer hacerlo y de esa manera pueda reconocer todo cuanto debo rectificar.

¿Fui egoísta al dejarla trabajar en la grama, en una actividad bajo condiciones tan ásperas para una mujer? Ella lo quiso, me insistió por un tiempo, hasta que una vez logrado lo hizo parte de su vida; era su gran orgullo. Aún no sé si en realidad yo me haya equivocado al permitirlo, pues de haberme negado yo le hubiera privado a ella de su propia experiencia. Después de todo, ella hubiera podido dejarlo cuando quisiera... hasta que luego ya no fue posible al quedamos atrapados por las inversiones.

¿Fui egoísta antes, cuando yo practicaba mi profesión? Creo que sí lo fui aunque no advertí lo que ella sufría por mi dedicación al trabajo, a lo que a mí tanto me gustaba: la electrónica en la fábrica de aviones, primero; instrumentación en la refinería de petróleo, luego; y en mis trabajos en casa, siempre. Sí, yo le fallé inconscientemente, por tradición, cultura. Si yo trabajaba afuera, yo esperaba que ella se ocupara de nuestros hijos en aspectos de menor cuantía que sentía que me sacaban de mi trabajo que deseaba hacer, cuando debí haber compartido más con ellos. Pensaba que era suficiente que el resultado de mis esfuerzos y mis vacaciones fueran para la familia.

Norma ha dependido siempre de mí, y ahora no es menor su dependencia. Luego de unos pocos años de casados, hemos vivido mayormente lejos de nuestro suelo natal. Sacándola de nuestro país, alejándola de su familia, la hice más dependiente de mí a pesar de que, por otra parte, siempre la he estimulado a superarse tanto como ella es capaz de hacerlo.

Trabajando en Lagoven, Petróleos de Venezuela, viajé varias veces fuera del país por mi trabajo; fueron estadías cortas en realidad, excepto una en Inglaterra por tres largos meses para ella, cortos para mí. Norma se quedaba sola, sin familiares a quienes acudir durante esas ausencias mías, y eso la angustiaba mucho. Ella se quedaba realmente muy sola y yo no me daba cuenta. Ahora lo comprendo.

El propósito de todo cuanto yo hacía era para mí y para todos en mi familia inmediata, mi esposa e hijos, aunque en más de una oportunidad yo tuve problemas por no haber sabido identificar lo que le afectaba a Norma desde otros miembros de la familia, y por algunos casos frente a los cuales yo no supe reaccionar por mi rechazo natural a la violencia y a la provocación de malos momentos. Creí que mi propia seguridad, mi fortaleza, mi determinación, eran suficientes para ambos. No supe identificar que Norma necesitaba de una dedicación, de una atención particular, diferente.

¡Oh, Dios mío! ¡Cuánto me hubiera gustado haberme embarcado en estas reflexiones junto a mi compañera!

Quiero re-encontrarme con la compañera que siempre he tenido en mi corazón, aún en mis errores, mis equivocaciones. Yo sé que es duro para ella todo esto que ha venido sucediendo, pero no puedo dejar de responder a la acción de Dios. Para mí, recipiente de la acción de Dios, sabiendo lo que debo hacer, es fácil, pero no por eso puedo dejar mi corazón de lado. Dios mismo ha fortalecido mi determinación de no renunciar a lo que llevo en mi corazón, Dios y mi compañera. Más que mi esposa, conforme a lo que se define culturalmente, Norma es mi compañera en la experiencia de vida. No, no lo haré, no voy a renunciar ni a Dios ni a ella. Yo espero que ella entienda algún día. A pesar de la reacción de Norma frente a lo que no puede creer, Dios me enseña a través de mi compañera; Dios me permite ver en las reacciones de Norma lo que de ninguna otra manera podría yo alcanzar. En Norma junto a mí puedo experimentar el Dios que he alcanzado. Somos compañeros de vida.

Llevando a cabo la decisión
de seguir a Dios que he alcanzado dentro de mí

(Continuación)

En un par de días Norma y Carlos regresarán a Missouri City por dos o tres días.

Carlos necesita arreglar unos documentos en la Universidad de Houston desde la que se está transfiriendo a la Universidad de Colorado en Boulder.

Arreglando el jardín para cuando venga Norma en los próximos días, me clavé una gran espina de palmera en la mano derecha, en el borde externo. Mientras podaba sus ramas bajas, golpeando con el machete mientras mantenía mi vista en las espinas de las ramas vecinas para no herir mis ojos, erré un golpe y mi mano fue a parar contra uno de los tallos espinados. Sentí un punzante dolor. La espina se incrustó completamente dentro del borde externo de la palma de mi mano derecha, y se quebró a flor de piel. Traté de quitármela con los dientes mientras todavía asomaba un pelillo de ella, pero la mano se hinchó rápidamente y la espina fue totalmente absorbida. Luego traté con unas pinzas, sin resultado. Probé con una gran aguja procurando abrir el mismo hueco de la espina; no pude lograr nada. En la noche fui a la sala de emergencia del hospital. No pudieron encontrarla y me enviaron de regreso a casa para que fuera a operación al día siguiente. Mi mano era ya una gran bola roja. ¡Es increíble lo que causa una simple espina! Es algo grande, es verdad, pero no deja de ser una espina.

En la mañana siguiente fui operado sin éxito.

Me abrieron la mano hasta el hueso más externo, pero la espina permaneció oculta; aparentemente está alineada con el hueso, y muy próxima a él. ¡Ah! no pudo haber ser más inoportuno este incidente. Si todavía quería sacármela tendría que ir por una operación mayor; sino, tomando antibióticos podría esperar hasta que la espina se despida naturalmente. Decidí esperar a que la reacción natural de la mano despida la espina. Me atrajo el poder seguir el proceso natural y ver cómo es despedida la espina. No pensé que nada pueda pasarle a mi mano, excepto el dolor.

Norma y Carlos acaban de llegar a Missouri City.

Llegaron por avión al aeropuerto Hobby de Houston.

Carlos regresa a Denver tres días después.

Norma se queda para preparar y empacar unas cuantas cosas pues finalmente acordamos irnos a Denver juntos, en dos camionetas que nos quedaron (una algo viejecita que ya está paga y es personal, y otra que no entró en la reposesión porque esperamos seguir pagando) para llevar muebles y cosas que Carlos necesita.

He decidido seguirles.

Es lo que Dios "quiere", o mejor dicho, es lo que Dios me sugiere. Decir que *Dios quiere* no es correcto, no es cierto. Dios nunca pide, nunca ordena. Dios nos sugiere alguna orientación para que nosotros abramos un camino según esa orientación. El ser humano tiene que entender esta manera de actuar de Dios, que no es lo que se nos ha enseñado.

Dios no hace el trabajo por nosotros, ni tampoco nos obliga ni nos demanda nada.

Dios orienta al ser humano hacia Él pues Él es el nivel absoluto de consciencia del proceso existencial hacia el que evolucionamos.

Dios nos orienta para que tengamos pleno acceso consciente por nosotros mismos al proceso existencial consciente de sí mismo, a Él, para eximirnos de sufrimientos e infelicidades en nuestra experiencia de vida. Tenemos que ver a Dios como origen de nuestra manifestación temporal, y compañero para el desarrollo de consciencia del proceso existencial y nuestra relación con él. Tenemos una idea racional muy limitada de Quién es Dios.

Vamos a ayudar a Carlos.

Es lo que él desea y espera. No lo culpo.

Yo mismo he tenido sueños tras los cuales me puse en marcha y en los que Dios fue muy generoso conmigo, guiándome aún cuando yo todavía no me daba cuenta de Su Presencia en mí.

Yo he vivido esa plena felicidad de haber concretado mis mejores sueños; primero, mi título profesional; luego, casarme con Norma y tener nuestros tres hijos; más adelante, mi carrera, los viajes, la construcción del motorhome y los viajes en él. ¡Ah, qué maravillosa experiencia familiar fue ésa!... viajar por toda Venezuela en ese divertido carromato. Una pequeña lágrima de felicidad corre por mi mejilla ahora y ésta me arde. La lágrima está caliente... no, no lo creo en realidad, es lo que parece por sensibilidad emocional.

Regreso a mis pensamientos sobre este viaje a Denver.

De repente, siento la excitación como cuando era un niño frente a la posibilidad de un viaje, y como entonces, me pongo a viajar en mi mente pensando en el camino, por dónde ir, qué veré de nuevo.

Es un largo viaje, "pleno de tiempo para reflexionar", me digo a mí mismo. Eso espero.

Luego, una vez allí, buscaré ponerme en contacto y relacionarme con nueva gente. Es lo que deseo, y es lo que me dicen que debo hacer quienes me rodean pues todavía persiste la idea generalizada de que yo no voy a poder trabajar más. No importa lo que crean acerca de mi capacidad de trabajo en el futuro, yo ahora experimento y disfruto una vez más la infantil excitación por viajar, por conocer nuevos lugares, y más que eso, por la perspectiva real de comenzar una nueva experiencia de vida. Ahora Denver, mejor dicho Colorado, un estado montañoso, se me antoja ser un buen lugar para un nuevo comienzo. Lejos de Missouri City, como desea Norma, lejos de los acontecimientos recientes (como si alejarnos físicamente también alejara los recuerdos) y junto a las montañas. Me atrae la montaña (provengo de Córdoba, junto a las Sierras de Córdoba en el centro de Argentina) a pesar que de niño yo deseaba tener un barco a vela para dar la vuelta al mundo navegando por todos los océanos de la Tierra. Me pregunto cómo me afectará el clima frío en el invierno, y de pronto tengo el siguiente pensamiento,

"¿Cómo habrá sido para Pablo, el Apóstol de Jesús, cuando Dios lo envió[*] *solo a Roma, ¡solo!, para enfrentarse a un sistema hostil, cruel para los creyentes en otros dioses no romanos?".*

Bueno, no podré saber cómo me sentiré allí si no lo intento, y no me soportaría a mí mismo si no lo intento. Para allá es que vamos entonces.

[No lo supe en el momento, pero con mi decisión de ir a Denver se había iniciado una jornada importante en mi vida, en nuestra vida de Norma y mía, un cambio que Dios ya me había anunciado de la siguiente manera, al ir caminando yo luego de mi encuentro con Él el 4 de Julio de 2001,

« Mi Hijo Me llevará a Casa »,

que sería parte de un proceso vivencial y de reflexiones en otro ambiente físico por el que *"llevaría a Dios a Casa"*, es decir, para entender el proceso existencial que tiene lugar en el universo, que es la Casa de Dios. Yo, Juan, pondría a Dios de "regreso" en Su Casa al entender al universo consciente de sí mismo como Dios [inicialmente el universo era Dios para mí. Más adelante reconocería a Dios como la Unidad Existencial Eterna, el Universo Absoluto de la que nuestro universo es solo un entorno temporal].

(*)
Dios no envía a nadie; Dios nos orienta.
Pablo reconoció a Jesús y sintió como manera de dar FE, de experi-

mentar su FE, su reconocimiento de Jesús, el ir a defender su FE frente al sistema que le negaba.

Tomando mi camino a Colorado.

¿Será Colorado mi próxima parada en esta experiencia de vida?

A fines de Agosto, Norma y yo nos ponemos en marcha hacia Denver. Salimos algo tarde, alrededor de las nueve de la mañana.

Éste es el primero de una serie de viajes de ida y vuelta entre Denver y Missouri City y San Antonio, desde hoy y hasta Marzo de 2003, buscando arrancar con el cambio de vida.

Norma conduce una de las camionetas nuevas que solía utilizar en el trabajo. Junto a ella van Casey, la perrita, y las parejitas de canarios y loritos. Conseguimos los loritos en un mercado de pulgas en Houston para reemplazar a Pipo, el lorito que Norma liberó el año pasado en San Antonio en una de mis "evasiones" de mis perturbaciones. A Chester lo dejamos en casa de Alicia, la hermana de Norma, en Stafford. No podemos llevarlo a un apartamento pequeño; es muy revoltoso. Nos dolió a ambos despedirnos de él pero no había otra opción. Esperamos que nos reunamos pronto. Norma tiene una gran compañía en los pajaritos que le cantan mientras les habla. Éste es un largo viaje para ella. Nunca ha manejado tanto tiempo seguido, por dos días, lo sé, pero tenemos que seguir adelante; sé que ella puede hacerlo. Yo llevo una de las camionetas viejas, una Chevrolet de cabina simple del año 1990 que solíamos usar en los primeros años del negocio y ahora es mi camioneta personal [que conservo hasta el momento de escribir este libro]. Llevo muebles detrás, en la caja, y arrastro un trailer de U-Haul con algunos cachivaches de la casa. A pesar de la incomodidad de mi mano, anoche, no muy tarde, terminé de cargar el trailer y por eso decidimos salir hoy en la mañana en lugar de la tarde, aunque hay tráfico bastante pesado a esta hora.

Tal como había pensado, hay mucho tráfico pesado y muy lento por trabajos de reconstrucción en la carretera I-45, a la salida de Houston por el norte, hacia Dallas.

Hace mucho calor.

No puedo poner el aire acondicionado; la carga del trailer es mucho para este motor, así que mejor no lo fuerzo con carga adicional. Tampoco tengo radio. No me importa; después de todo, es mejor para mantenerme concentrado en mis reflexiones. Me agrada y me siento muy cómodo reflexionando mientras manejo y disfruto de la carretera, del panorama. Siempre ha sido así.

Seguimos la ruta Houston, Dallas y Wichita Falls, donde paramos a pasar la noche. Luego continuamos por Amarillo, Dumas, Dalhart, Ratón, Trinidad y Walsenburg, donde a pesar de estar ya cerca de Denver, a unas doscientas millas más o menos, decido quedarnos a pasar la segunda noche para no forzar a Norma.

Cuando en Walsenburg le ayudo a Norma a bajar los pajaritos y Casey, viene a mi mente la interacción con Dios en Abril, en el taller, en el "arca" que ese día era precisamente ésta, la camioneta de Norma, la que estaba en el taller y a la que fui cuando sentí el llamado que me llevó a ella,

« ¡Llegaste a la tierra! ».
« Pasaste por el agua. Fuiste subido del agua;
Puedes irte;
Vive conforme lo que crees;
Larga todos los animales y sigue la Señal del Cielo;
Abre la puerta;
Vete. Vive;
Busca a Dios en el Cielo ».

En la noche decido sacarme la espina de mi mano. Ante el dolor y la incomodidad para manejar, ya no puedo esperar más. Envuelvo la mano en un pañuelo. Apoyo el borde de la mano derecha contra el borde de la mesa de luz, dejando la parte de la mano entre el hueso y la piel sobre la mesa. Aspiro profundo, y me doy un golpe en la parte inflamada. Me quito el pañuelo ahora manchado. La espina saltó hacia afuera en medio de un chorro de pus. Es grande. Voy a conservar la espina para mostrar su tamaño. La lavo, envuelvo en un trozo de papel aluminio y la guardo en mi cartera.

Al día siguiente es notorio el alivio en el dolor de mi mano y la merma de la inflamación.

Desde esta mañana y durante todo el camino de hoy, pasando más tarde por Pueblo y Colorado Spring, tengo mi primera vista de las Montañas Rocosas. ¡Dios mío! Hacía tiempo que no disfrutaba de tan bella vista de montañas. Ayer, el sol poniéndose por detrás de ellas no me dejó apreciarlas como ahora que son iluminadas por el sol desde el este.

Finalmente, con la Presencia de Dios, arribamos a Denver sin inconvenientes.

La impresión inicial que me causa Denver es muy positiva.

Es domingo, es algo antes del mediodía, no hay congestión de tráfico. La vista hacia el centro de la ciudad me agrada.

El tiempo es magnífico; sí, lo es, aunque algo caluroso para lo que me imaginaba; seco y muy soleado. Es un día espléndido.

Encuentro sin inconvenientes la salida correcta de la autopista. Me agrada que tras todo lo ocurrido en el último año y tras tantos otros que llevaba sin viajar, no he perdido el sentido de ubicación aunque se trate de una ciudad a la que arribo por primera vez. No. Lo que ha ocurrido no me ha afectado en nada mentalmente; no es algo que yo necesite confirmar, pero es agradable experimentar lo que siento en este momento.

En el apartamento que Norma y Carlos rentaron cuando ellos

llegaron por primera vez a Denver, ya están esperándonos Carlos y Omar (cuando entrábamos a la ciudad, Norma les llamó por teléfono). Finalmente me reencuentro con Omar, algo que muchas veces me pidió pero, como era usual, postergué indefinidamente una y otra vez por el trabajo. Era entonces impensable en aquellos tiempos planificar un viaje a Denver; estaba muy lejos y nos tomaría un tiempo inaceptable para nosotros dejar el trabajo sin tener a nadie a quién dejar a cargo. Nos abrazamos muy fuertemente Omar y yo. No tengo palabras. De todas maneras nunca serían suficientes. Luego abrazo a Carlos.

Finalmente, Dios mío, aquí estamos.

Al día siguiente, y luego de un rato de reconocimiento de los alrededores, el encanto del arribo pareciera haberse esfumado. El cambio a este ambiente natural diferente, agradable, no esconde la realidad de tener que hacer algo para recomenzar, y estamos solos, una vez más, sin nadie a quién acudir para informarnos de la manera en que Norma y yo lo necesitamos.

El apartamento es muy pequeño para los tres.

Estaremos un tiempo con Carlos para ayudarnos entre los tres, tal como lo acordamos antes de venir, pero algo tenemos que hacer porque el apartamento es realmente pequeño, apenas tiene setecientos veinte pies cuadrados. No se trata de no avenirse a un cambio. No, no es eso sino de hacerlo de manera que no impida lo que precisamente vinimos a hacer: ayudar a Carlos para que complete su maestría (post-grado) y tener Norma y yo espacios para comenzar a hacer algo por nuestra cuenta. Por ahora nos concentraremos en arrancar con algo para generar ingresos, lo que sea, y mucho más importante, una distracción para Norma para recuperarse de todo lo que ella ha pasado sin entender. Luego, poco a poco, iremos rectificando en dirección hacia lo que deseamos ambos.

Comienzan mis primeras reflexiones e interacciones con Dios en Denver, particularmente en el balcón del apartamento, en las tardes y temprano en las noches, bajo el cielo y a la vista de las montañas.

Recuerdo un sueño que tuve hace poco.
Estoy en una montaña, subiendo.
Todavía falta subir, pero aquí me siento tranquilo.
Sé que otros suben, aunque no veo a nadie.
Se me ocurre pensar que si tengo que bajar desde esta carretera en auto podría acelerar sin control, ir cuesta abajo sin poder detenerlo pues tiene una gran pendiente. No me gusta nada. Pero afortunadamente lo que tengo que hacer ahora es subir. Creo que es mejor hacerlo a pie. Veo que otros lo hacen.
La cima está allí, a la vista. La ruta llega al tope y allí se pierde. Imagino, "es obvio" me digo a mí mismo, que desde la cima el camino comenzará a bajar.
Hay un sacerdote conmigo. Me habla acerca de la manera que su esposa ("¿su esposa?" me pregunto a mí mismo) quiere hacer las cosas, y que así él no quiere. No, así no; él no quiere que ella lo obligue a hacer las cosas de esa forma. Que por suerte allí está él, solo, escapando de su actitud (de la esposa).
Ahora sigue la interpretación.
Al subir me siento bien.
Es la montaña, parte de la "creación" de Dios.
Cualquier cosa hecha por el hombre (representada por el automóvil) con la que yo suba a la "montaña", siempre me provocará miedo al momento de tener que bajarme de allí (cuando yo tenga que reconocerme frente a Dios). En cambio, si tengo los zapatos especiales (recursos espirituales) para caminar (para vivir) no tendré problemas.
En la montaña, al subir lo hago con los recursos de Dios (mis pies). Si tuviera que bajar con mis recursos (auto) lo haría empleando recursos del hombre y es lo que me causa el temor. Ten-

go que hacerlo como Dios orienta.

La armonía que se me induce desde otros que me ayudarán, *"veo que otros lo hacen"*, se refiere a quienes ya señalaron el camino de la armonía espiritual para enfrentar los problemas de la vida y dirigirnos, sin temor, de regreso a Dios.

El sacerdote, autoridad espiritual, es mi consciencia espiritual. Yo quiero subir la "montaña", ir hacia Dios; no quiero que mi "esposa" (en el sueño representa al mundo, en realidad a mi identidad temporal, cultural, basada en el mundo) interfiera conmigo.

Las fuerzas más grandes que impiden o interfieren en nuestro camino hacia Dios pueden provenir de nuestro compañero de vida. No porque necesariamente sea cierto, menos porque haya sido previsto de esta forma, sino dada la relación que Dios sugiere con el hombre, y entre los hombres entre sí, hombres y mujeres, que se ejemplifica con la que Dios nos orienta que desarrollemos con "nuestro compañero". Nuestra compañera o esposa en el sueño representa a todos los compañeros de vida, los seres humanos. Si los compañeros no están orientados en armonía con Dios, identificados y reconocidos mutuamente como uno solo frente a Dios, entonces el compañero que está identificado frente a Dios, dadas las fuerzas de los lazos y las relaciones con su compañera, podría ver flaquear su voluntad para continuar siendo fiel a Dios, es decir, fiel a sí mismo, a su reconocimiento de Dios. No se debe deshacer necesariamente el vínculo asumido por los compañeros, sino ayudar a reconocer a Dios o desarrollar la relación entre ambos por amor, para extenderse mutuamente lo mejor de sí mismos, para ayudarse uno al otro a realizarse en la vida, sin interferirse mutuamente; y si uno de ellos no desea esa relación, entonces el otro debe aceptar esa decisión, esa voluntad de su compañero de continuar cada quién por su camino.

"Dios nos pone a prueba", dicen muchos.
Están equivocados.

Predicar la aceptación de circunstancias y cambios es una cosa, vivirlas es otra. Antes de predicar aceptación, hay que vivir las situaciones que se piden a otros que acepten. Y una vez que se viven, nos damos cuenta que la prédica no resuelve la necesidad del que necesita. No se debe hablar a nombre de Dios de lo que no se sabe, como cuando se dice: "es lo que Dios quiere", "es la voluntad de Dios, hay que aceptarlo", "Dios nos pone a prueba". No, no; nada de eso es verdad. Los predicadores fallan porque cuando alguien necesita algo, no espera que se le diga que acepte lo que le ocurre sino que se le ayude a aceptar, lo cual es muy diferente; y se le ayuda a aceptar compartiendo la situación con el necesitado o ayudándolo a recuperarse. A eso se refiere Dios con el compañerismo en la experiencia de vida.

Lo que es cierto, para todos quienes enfrentan alguna circunstancia de vida particular, o un cambio, es que resolveremos con FE, con inamovible convicción, por el reconocimiento inespeculado de nuestros recursos primordiales y de la ayuda de Dios que provendrá, de una manera u otra, incluso enviando a un ángel dentro de una "piel de humano".

Debemos despertar consciencias y ayudar en vez de predicar sin actuar conforme a lo que se predica.

Jamás experimentaré Quién soy frente a Dios sino hasta que deje todo[*] y buscándole me reconozca a mí mismo como Su hijo, su re-creación a imagen y semejanza de Dios, y comience a vivir ese reconocimiento para hacerlo realidad.
Juan.

[*]
Hasta que deje todos mis temores y todo lo que genera mis temores.

Si yo estuviera solo, ¿no sería todo más fácil?
Sí, pero eso no me hace desear estar solo. Amo a mi compañera de vida y deseo ayudarla a entender. No hay dudas que mi

compañera sufre. ¿Sufrir es parte del plan de Dios? Sí, y no. No lo es pues el plan de Dios, conscientemente, es que todos Le alcancemos, que Le reconozcamos y evolucionemos hacia Él sin sufrir. Sí es parte de Dios, energéticamente, aunque mucho nos cueste aceptarlo, cuando pensamos en *Dios como el proceso e-nergético que tiene lugar solamente de una manera que no puede ser alterado.* Pero entonces Dios, ahora como consciencia de ese proceso energético, nos orienta para eximirnos de los sufrimientos. Es lo que debemos reconocer como Verdad. Estamos acostumbrados a identificar la Presencia de Dios con todo lo que nos va muy bien, pero Dios no deja nunca de estar junto a nosotros cuando nos va "mal"; por Su Presencia desea orientarnos, pero nosotros no reconocemos esas orientaciones y por eso nos "perdemos" a Dios para superar las circunstancias que nos afectan.

Quién reconoce este proceso no predica sino que vive en sí mismo el Dios que ha alcanzado. Pero, cuidado,

ayudar al compañero necesitado no incluye negar a Dios, pues al negar le privaría de recibir la estimulación de Dios a través del que actúa por FE a pesar del que el necesitado no crea en él por las razones que sean. [Ya lo revisamos antes].

"Hombres de poca FE", es lo que nos repetiría Jesús; no tenemos consciencia de Dios, no tenemos reconocimiento adecuado de Quién es realmente Dios.

Estamos en el primer fin de semana siguiente a nuestra llegada a Denver.

Norma y yo vamos al Monte Evans.

Arriba del lago Echo, faltando sólo unas pocas millas para llegar a la cima, abortamos el ascenso. El camino de montaña, empinado, angosto y muy próximo a precipicios profundos e intimidantes, impresionó muchísimo a Norma. Ya estamos regresando, despacito ahora hasta que alcancemos el pie de montaña.

El camino es realmente bello, indescriptiblemente bello. Pero no menos impresionante; no voy a negarlo ahora.

Quizás por falta de costumbre, yo mismo no me sentí muy confiado hace un rato manejando esta camioneta de Norma, una camioneta de trabajo de caja larga y cabina extendida. Norma comenzó a sentirse mal ante la impresionante vista de los abruptos precipicios. Su creciente miedo se transmitió a mí. Pude conservar la calma, pero sentía que podía perderla si ella se descontrolaba más. Me sudaban las palmas de las manos y tenía miedo que Norma hiciera algún movimiento brusco que afectara el volante, que me distrajera, y allí, en ese tramo, no había ningún lugar para maniobrar, detenerse, apartarse. En un momento dado recordé un sueño que tuve[(*)], y entonces me estremecí de la cabeza a los pies. Con las manos empapadas en sudor, yo ya no podía sujetar bien el volante. De repente se abrió, se ensanchó la carretera en una curva. Vi que era un sitio en el que podíamos dar la vuelta, y entonces decidí, allí mismo, que debíamos abortar el ascenso.

En el lago Echo paramos a descansar un rato y disfrutar la vista de la montaña desde este sitio que es confortable para Norma.

Yo no quería regresarme. Hubiera esperado por la calma de Norma y el efecto en mí, para intentarlo de nuevo. Además, tengo que enfrentar el recuerdo de aquel sueño cuyo significado es otro, es verdad, pero yo lo sentí muy aplicable en esta oportunidad. De todas maneras, hoy no puedo intentar otra vez llegar hasta la cima con esta camioneta y con Norma en el estado en que se pone ante esos precipicios; es demasiado fuerte para ella.

(*)
Fue un sueño en colores, muy breve, muy real.
Yo iba manejando mi camioneta de trabajo roja igual a la de Norma.
Alguien, a quién yo no reconocí, iba a mi lado. No hablábamos. No

me volteé a mirarle en ningún momento. Pero allí estaba él, quietecito.

Viajábamos por una carretera asfaltada muy angosta, bordeando una montaña ubicada a mi derecha. A mi izquierda había un precipicio sin fondo, infinitamente profundo, azul, muy azul. La carretera tenía una fuerte pendiente en descenso.

De pronto, me encontré yendo muy rápido cuesta abajo. Advertí que iba muy rápido y acelerando. "No podré controlar la camioneta a esta velocidad", fue lo que pensé. Tuve miedo, casi pánico.

Un estrechamiento de la carretera apareció frente a mí, y había una parte rota en ella, un hueco en el asfalto en el lado de la montaña, a la derecha. Inmediatamente apareció una curva hacia la derecha.

Traté de controlar el vehículo. Iba muy rápido. Comencé a girar hacia la derecha poco a poco, suavemente, al mismo tiempo que trataba de mantener el control de la camioneta apenas tocando freno. Tenía la esperanza de completar el giro sin caer al abismo a mi izquierda.

No pude terminar de controlar la camioneta.

La camioneta se salió del camino. Saltó hacia el frente, al vacío.

Yo era consciente de lo que sucedía. Un temor indescriptible se apoderó de mí. Por un momento esperé que no fuera cierto.

Sentí caer.

"Voy a morir. Lo sé. No puedo hacer nada ahora para evitarlo", me dije.

No veía nada, solo un abismo azul.

"Pronto tocaré fondo. Esto es morir", agregué para mí mismo.

"Perdóname Señor amado", elevé mi plegaria a Dios.

Me desperté.

Estaba muy calmado. No pude dejar de asombrarme dada la experiencia que acababa de tener.

[Esta vez yo no estaba agitado como al despertar de otros dos sueños anteriores del mismo tono, algún tiempo atrás. Ambos sueños en colores también. Uno, cayendo desde una gran catarata sobre un río, a la cual el barco se había acercado demasiado; y otro, cayendo en un avión que acababa de despegar. En ninguno de esos dos casos yo estaba acompañado. En esos dos sueños yo no reaccioné pidiendo perdón ni llamando a Dios; sólo esperé que no fuera cierto mientras era presa de una gran angustia. De esos dos sueños desperté con una gran agitación e impresión. El corazón se me salía del pecho].

Ahora repaso la interpretación del sueño con la camioneta roja.

EL PROYECTO DE DIOS Y JUAN

La montaña es la Tierra, nuestra vida terrenal. En el abismo al que tenemos que "saltar" está la vida eterna.

El camino es el "borde" por el que siempre vamos a transitar.

Dios era Quién iba a mi lado.

¿Por qué no llamé a Dios, Quién estaba a mi lado como siempre, para que me ayudara cuando advertí que la camioneta iba demasiado rápido como para controlarla?

Esto es lo que hacemos en nuestras vidas: queremos resolver las cosas a nuestro modo y nos olvidamos de Dios. No me di cuenta de que Dios estaba allí, ¡al lado mío! Era cuando yo todavía no tenía consciencia espiritual, por eso no Le reconocí.

Pero, tuve algo en el último momento.

Me acordé de Dios.

Por eso imploré Su perdón (aunque no necesitamos perdón de Dios ya que Su amor primordial es incondicional).

Dios siempre nos lleva a la calma; por eso desperté en calma, junto a Él, al hacerme consciente en alguna medida por acordarme de Él.

[En los sueños anteriores yo no tenía consciencia espiritual. En el último momento, cuando todavía tenía tiempo de acudir a Dios, no lo hice y por eso despertaba agitado].

En este sueño de la camioneta roja, yo iba conduciendo por la vida, por mi propia vida; yo era quién manejaba la camioneta (en los otros sueños anteriores eran otros los que manejaban el avión o barco) pero yo no podía controlarla por mí mismo (me salí del camino, de la *armonía*). Al ir descendiendo por el camino, cuando advertí que la camioneta empezaba a salirse de la ruta (*que mi vida comenzaba a desviarse*), al ver que no podía controlarla, debí haber pedido ayuda a Dios allí mismo y no esperar. ¿Por qué no pensé en Dios en ese momento? Debo hacerlo, siempre. A mi lado va siempre la mejor protección, la de Dios; y yo no Le reconocí, no Le hablé... ¡estando junto a mí! Caí al abismo. No veía nada. Iba a morir. Llamé al Señor, para pedirle Su perdón (Le necesitaba; a Él me entregaba). Perdón no es lo que necesitamos de Dios porque somos amados incondicionalmente; ya estamos perdonados. Lo que necesitamos es acudir a Dios. Al pedir perdón, ya que no sabemos que estamos perdonados, debemos rectificar, debemos dejar "morir" lo que nos separa de Dios. Por eso, al decir yo "Esto es morir" estaba diciendo que dejaba lo que me separaba de Dios, y entonces desperté a una nueva vida, esta vez en calma. Me desperté en calma. Es la tranquilidad que nos extiende Dios, y sólo Dios.

Regresamos al Monte Evans al día siguiente, domingo, en la camioneta Blazer que le habíamos dejado a Carlos. En la noche anterior le pregunté a Dios si podía regresar allí, al Monte Evans, con Norma. Sí, podía hacerlo pues Norma estará en calma. Estuve un largo rato en el balcón interactuando con Dios sobre varias cosas, incluso ésta, la de regresar a la montaña. Comienzo a sentir a Dios particularmente como mi Madre, y frente a Ella soy sólo un niño que deseando largarse a una nueva experiencia busca Su bendición. No puedo dejar de sentir así a Dios ahora, cada vez que en las noches pierdo mi vista y mi mente en el infinito cielo que aquí luce más profundo, quizás por la altura, menos contaminación en la atmósfera, o por mi percepción, nada más.

Acabamos de superar el punto en la ruta al que llegamos ayer.

¡Todo luce tan diferente hoy, y tan tranquila Norma!

Al ser la Blazer más baja, ahora la vista para Norma no es tan impresionante. A ambos nos ayuda una vista más corta hacia el asfalto por el frente, particularmente al dar vuelta en las curvas en ascenso, cerradas, sin nada adelante, excepto el vacío bien cerca del frente del vehículo.

Es, sin dudas y otra vez, un gran espectáculo esta ruta.

Tenía mucho tiempo que no me regalaba algo como esto.

Gracias Dios mío.

También recobré mi autoconfianza que fue sacudida ayer, que yo mismo me dejé sacudir.

Otra vez, gracias Dios mío.

[Éste fue mi primer encuentro íntimo con la montaña en Colorado que no repetiría sino hasta ocho años más tarde, cuando retornando a ella pero esta vez al Parque Nacional de las Montañas Rocosas, encontraría en sus bellos glaciares el ambiente natural para finalizar nuestro proyecto, de Dios y mío. En los glaciares tendría lugar otra fantástica experiencia de la mano de Dios, que se extendió por tres años; experiencia que llevo en mí y hablo de ella como mi *Salto a la Alberca del Cielo*, por mis excursiones al lago Sky Pond, al pie del glaciar Taylor].

En la mañana del lunes, en el balcón de nuestro apartamento, Norma le da de comer a una ardilla que después de largo rato, y tras varios intentos, se acerca y toma la galleta de su mano.

Norma entra rápidamente, muy excitada, a contármelo.

Obviamente, nos habíamos olvidado de vivir más cerca de la naturaleza, pero mucho más importante en este momento es que, con esta reacción espontánea desde su corazón, Norma expresa que seguimos juntos en nuestra esencia como compañeros de vida, juntos buscando regresar a la armonía con el proceso existencial y sus hermosas manifestaciones.

Epílogo

de la Segunda Manifestación de Dios a Juan

Establecernos en Colorado por los próximos once años no se llevó a cabo sino luego de una serie de marchas y contramarchas que nos llevaron de regreso a Missouri City, a Denver nuevamente, otro regreso a Missouri City y de allí a San Antonio, hasta que finalmente tomé la decisión definitiva de irme a Boulder, Colorado, solo, a buscar un trabajo y mientras tanto alojarme unos días con Carlos en una habitación estudiantil. Norma se quedaría en San Antonio hasta que yo "arrancara" de una vez.

No fue una decisión nada fácil dejar a Norma, pero era necesario e impostergable. Estábamos ya en Marzo de 2003.

Llegué a Boulder tres días antes del blizzard de fin del invierno de ese año.

Dos semanas después, visitando los alrededores llegué hasta Longmont, a unas quince millas de Boulder, y me gustó. Renté de inmediato un apartamento sabiendo que ése sería el sitio en el que me establecería y encontraría trabajo.

Un mes y medio más tarde, a principios de Mayo, conseguí trabajo en el Distrito Escolar de Saint Vrain Valley, en el que permanecí hasta que terminé la primera fase de mi proyecto con Dios, el que resumo en la última sección, después de Notas de Cierre a la Segunda Manifestación de Dios a Juan.

El trabajo simple como custodio en el distrito escolar fue el trabajo adecuado para ganarme la vida, en el ambiente adecuado para desarrollar en mi mente el proyecto que incluía entender y describir lo siguiente,

1. Los complejos aspectos del proceso existencial en ambos dominios del mismo, material y primordial (o espiritual), con los que luego conformaría el *Modelo Cosmológico Consolidado,* que es la descripción de la Unidad Existencial Consciente de Sí Misma, es decir, de Dios;

2. El mecanismo de las re-distribuciones energéticas y re-creaciones de manifestaciones de vida que tienen lugar dentro de la Unidad Existencial por las que se expresa su eternidad (re-distribuciones y re-creaciones por las que podría decirse, incorrectamente, que se "sustenta" la eternidad),

3. La estrecha relación inseparable entre Dios y el ser humano. La Unidad Existencial es la Forma de Vida Absoluta; es el Cuerpo de Dios en el que todos nos hallamos inmersos y del que somos partes inseparables.

Para el momento de establecerme en Longmont yo ya había entendido que Dios me había dado, en nuestro encuentro en Julio de 2001 y en las interacciones de Abril de 2002, todas las orientaciones eternas para re-crearme a mí mismo por un proceso continuo que a su vez me "sintonizaría" en armonía con Dios, en el nivel o dimensión existencial que necesitaba para acceder la estructura energética de la Unidad Existencial, ¡la Estructura Energética Trinitaria de Dios!

Norma se reunió conmigo algo más de un año después, en Julio de 2004.

Longmont está muy cerca, apenas a treinta millas, de Estes Park, la entrada al Parque Nacional de las Montañas Rocosas.

Luego de un intenso trabajo de revisión de las bases energéticas y orientaciones racionales que Dios me había proporcionado para delinear la estructura de la Unidad Existencial, comencé a salir a explorar los glaciares del Parque que se constituyó en "mi patio de juegos" por todos los fines de semanas a lo largo de tres años. Allí, de la mano de Dios, tuve extraordinarias experiencias durante las caminatas y escaladas de invierno y verano, en todas las condiciones de tiempo, solo, con Dios. Norma me acompañó en muchas de esas salidas en el verano y el otoño (cuando disfrutamos del cambio de colores de la vegetación en la parte baja del parque), pero no a principios de primavera ni en el invierno. Llegar a los glaciares en invierno en una aventura que requiere de un gran esfuerzo físico para escalar la nieve y el hielo, y temple mental para hacer frente a las fuertes condiciones climáticas, particularmente los vientos, y a la soledad a veces abrumadora, muy intimidante. Tampoco fue fácil para mí al principio.

La experiencia de cómo fui preparado por Dios mismo, interactuando con Él, para una aventura que jamás había tenido yo antes en mi vida en un ambiente como éste, es a la que me refiero como *Salto a la Alberca del Cielo* y que es parte del proyecto de participación de mis interacciones con Dios en la montaña y los glaciares.

Esas salidas fueron de intensa interacción con Dios para completar y validar el *Modelo Cosmológico Consolidado* que iba reconociendo y describiendo.

Cuando supe que había completado el modelo, decidí retirarme temprano del trabajo en el distrito escolar. Si no me retiraba no podría ponerme en la fase de preparar la participación pues necesitaba el tiempo completo para dedicarlo a los escritos finales. Terminé en el distrito escolar en Septiembre de 2013 y nos mudamos a San Antonio, Texas.

Ahora viene la nueva etapa de nuestro proyecto, de Dios y mío, el de la participación al mundo que inicio con estos libros.

"¿Estás listo Juan?"

Sí Madre mía, estoy listo.

Notas de Cierre

A la Segunda Manifestación de Dios a Juan

¿No nos falta algo antes de ir al Proyecto de Dios y Juan?

La otra experiencia, la de Norma, mi compañera de vida.

Norma deseaba entender lo que había ocurrido conmigo y las duras consecuencias en ella. Obviamente, ella sufría sola todo lo que había ocurrido y que no podía entender.

Norma quedó atrapada entre sus propios sentimientos hacia el Dios que siente en su corazón y su experiencia junto a mí que le trajo consecuencias que no podía relacionar con una acción de Dios en mí.

Norma necesitaba ayuda, pero no pudo recibirla de un mundo que, como ella, también necesita de ayuda a pesar de lo que se crea. El mundo no podía ayudarla en lo que no solo no sabe sino que no sabe que existe, que tiene lugar.

La versión cultural acerca de Dios y Sus acciones que ha sido transferida a Norma, es diferente, limitada, y hasta distorsionada, porque en el mundo no se conoce de la desarmonía entre las dos identidades del ser humano que necesita ser corregida en quién recibe la acción de Dios. El mundo no sabe del proceso interno que tiene lugar en el receptor de la acción de Dios cuando se hace consciente de la desarmonía con Dios.

Norma era la que necesitaba y todavía necesita ayuda, y no menos que antes; no yo.

Yo sabía que lo que me ocurría estaba relacionado con Dios, y yo buscaba entender en interacción con Dios. Todo lo que yo necesitaba <u>era ser dejado solo</u> en interacción con Dios. En cambio, Norma necesitaba que <u>no se la dejara sola</u> porque ella no podía entender lo que ocurría, y yo no podía ayudarla. Norma necesitaba de alguien fuera del círculo de cubertura inmediata de la acción de Dios. Pero, ¿quién, en un mundo que no sabe de esto, podría ayudar a Norma o acompañarla? Norma tenía que ir a Dios por ella misma pero el camino que le enseñaron no es el correcto, y mientras no lo encontraba, ella sufría; y quienes decían que la amaban estaban muy ocupados, tal como nos lo fuerza el mundo con su modelo de desarrollo y de experiencia de vida. Norma ni el mundo ni quienes estaban cerca de ella son culpables realmente; no es culpable ella de no aceptar la naturaleza de mi experiencia ni son culpables los demás por no ayudarla. No hay culpa cuando no se es consciente del error, de la equivocación. Culpa es un concepto racional que implica la responsabilidad exclusiva del que hace algo que afecta a otro (a pesar de que todos, de una manera u otra que no sabemos reconocer, somos responsables de todo lo que ocurre y, o experimentamos, ya sea por acción o por omisión, consciente o inconscientemente). No fue la acción de Dios en sí lo que provocó las perturbaciones y confusiones en mí al principio de Su acción, ni las consecuencias sobre el negocio y los efectos en Norma, ni las reacciones adversas del mundo, de los demás, frente a nosotros dos, sino nuestras desarmonías con el proceso existencial. ¿Cómo podía Norma, y el mundo en el que estamos, aceptar que yo dijera en aquellos momentos que la acción de Dios era un regalo, cuando ella y el mundo que nos rodeaba sólo veían un cambio inexplicable en mí y que todo lo que habíamos hecho, y por lo que habíamos trabajado tan intensamente la familia, se derrumbaba y se perdía? Eso no es Dios para el mundo ni para Norma educada por el mundo y hecha parte inconsciente del mundo. No obstante, la acción de Dios ¡es regalo de Dios!, aunque suframos consecuencias temporales por no haber estado preparados para entender Su acción; pero una vez que ésta y su propósito son entendidos, es absolutamente imposible dejar de seguirla. Una vez que aprendemos a caminar no se puede dejar de disfrutar de la experiencia de caminar. Pues, de igual modo, una vez que hemos pasado a otra realidad no se puede renunciar a ella. No se puede renunciar a Dios una vez que Le alcanzamos pues sería negarse a sí mismo.

No. Norma no podía recibir ayuda de un mundo que buscando a Dios no sólo no sigue, no vive a Dios Único, verdadero, que llevamos en nuestro corazón, en nuestra esencia, en el alma, sino que ni siquiera sigue o vive al Dios limitado racionalmente, condicionado culturalmente, en el que dice que cree. En el ser humano presente en nuestro planeta predomina un problema de disociación entre sus dos identidades, *la eterna en el alma y la temporal cultural*, que le hace actuar de la manera contradictoria[*] que observamos en el mundo, en la asociación de la especie en la Tierra, por la que genera las experiencias de sufrimientos e infelicidades que plagan a la especie humana, individual y colectivamente.

[*]
Contradicción en un nivel de consciencia de sí mismo del proceso racional es hipocresía en otro nivel (o aplicación) del mismo.

"¿Esto quiere Dios?".

Si alguien, incluso yo mismo cuando necesitaba que Norma me dejara reflexionar (esa era la única ayuda que yo necesitaba en esos momentos), cuestionara una falta de amor por parte de ella hacia su esposo, hacia mí, al procuparse ella más por las consecuencias en el negocio que por entender qué es lo que estaba ocurriendo conmigo, ella también se pregunta, y con todo derecho, dónde estaba mi amor por ella y mi reconocimiento por su trabajo, por su dedicación, sus esfuerzos con ningún otro interés que llevar adelante el negocio de la familia con el que se sustentaba todo lo que todos los miembros de la familia buscábamos y habíamos acordado. Después de todo, ella me había entregado a mí todos los aspectos del negocio por el que ella se desvivía. Norma había dejado todo en mis manos confiando ciegamente en mí, y yo le respondí ¡dejando que todo se perdiera sin mostrar ninguna emoción, sin importarme!, comportamiento para el que ella no podía encontrar ninguna explicación racional, ni tampoco podía darle el mundo.

Para ella y para el mundo yo he fallado a mi esposa, a mi compañera de vida; después, este hombre (Juan) "tiene el coraje de hablar de amor y de responsabilidades".

Se entiende que se crea en mi falla. Por una parte, la especie humana en la Tierra tiene una seria limitación en lo que entiende como amor, y por eso practica una aproximación distorsionada. Por otra parte, está el aspecto de FE que yo tenía y Norma no, es decir, mi convicción de que lo que estaba ocurriendo era parte de un proceso que luego entenderíamos en el tiempo y al que yo no podía negarme. Yo estaba "saltando" a otra realidad existencial que no iba a dejarme regresar a ésta; no podía, yo ya era parte de otro "mundo", otra realidad existencial. Es lo que este mundo no entiende y por lo que sufre. Pero Dios no iba a abandonarla a Norma; ella estaba sufriendo las consecuencias de la desarmonía con Dios aunque ella no fuera "culpable" de haber sido educada en otra versión de Dios, en otra versión de la realidad existencial. Todo el sufrimiento de Norma es por su desarmonía inducida por el modelo de desarrollo del mundo con respecto al proceso existencial. Eventualmente yo retomaría el control para la creación de una nueva experiencia de vida para ambos, a la luz de la nueva realidad; es lo que le decía a Norma. A partir de ese momento en que le dije eso, era solo una cuestión de aceptación por parte de ella, y aquí es donde viene otro serio problema con el mundo y con quienes dependen de él. Veamos.

La sociedad humana responde con gran solidaridad en las situaciones y circunstancias que están entre las que acepta como parte de las experiencias de vida a las que define como normales, esperables que ocurran en este dominio existencial, tales como una catástrofe natural, un accidente o enfermedad, pero rechaza a las que no entran dentro de las que se le ha enseñado a aceptar. Después de todo, yo, a los ojos de los demás, "dejé todo sin importarme nada". ¿Cómo podría yo mostrar lo que estaba ocurriendo dentro de mí, a lo que no podría ni quiero renunciar? Cuando Norma tuvo que regresar a Venezuela sola con los tres chicos, luego de una fallida operación en mi oído derecho que tuve en Houston en 1981 que me obligó a estar tres meses por una infección post-operatoria, la comunidad en el campo petrolero acudió en su ayuda espontáneamente mientras yo continuaba con mi espera en Houston hasta estar seguro de haber pasado el peligro de otras complicaciones. Pero mi encuentro con Dios el 4 de Julio de 2001 no era nada dentro de la categoría de eventos normales en este mundo. No. Para el mundo, yo simplemente estaba obrando "para dejar de trabajar en algo que no me gustaba" y por eso estaba creando, inventando todo eso de que "era algo que tenía que ver con Dios"; y cuando Norma pidió ayuda, a familiares y amigos, no la tuvo. Incluso su propia familia no le ayudó porque yo no estaba asumiendo mis responsabilidades con ella. Era mi falla, no la de ellos. Yo era el que tenía que ayudarla. Ellos, como el resto del mundo en general, no puede saber de estas experiencias con Dios porque tiene una idea muy equivocada de nuestra relación con Él y del establecimiento de la relación con Él. En el pasado, quienes pasaron por esta experiencia con Dios no contaron, o no se registraron los períodos transitorios por los que pasaron para re-ajustar sus identidades temporales a la nueva realidad existencial a la que "saltaron", trascendieron. ¿Cómo no iba Norma a preocuparse por el negocio y la incierta situación económica a la que yo la llevaba con mi "salto a otro mundo"?, si el mundo la castigaba a ella ¡por continuar estando conmigo, por seguir conmigo! (su propia familia no atendió su llamada de ayuda).

Para el mundo, era la elección de Norma si ella se quedaba sin nada por seguirme a mí. Para el mundo, Norma se quedaba sin nada no porque le hubiera pasado una catástrofe natural o accidente sino porque "a tu marido se le ocurrió dejar todo, así por que sí nomás, sin importarle nada", y con esa orientación respondía el mundo. Pero el mundo no me castigaba ni me afectaba a mí; no podía ni puede hacerlo. En cambio, sí lo hizo y hace con Norma, porque el mundo no entiende, y no puede entender porque simplemente no tiene tiempo para ponerse a entender a Dios, y entonces desconoce las necesidades de Norma más allá del dinero y los bienes materiales. ¿Acaso no lo dijo Dios Mismo?,

« *¿Ves? No tienen tiempo para Mí (para entenderme)* ».

« **El metal, el dinero, les blinda, les cierra los corazones** ».

Para los que creen en Dios, las manifestaciones de Dios no necesariamente son lo que esperan que sean bajo las ideas prevalentes en el mundo acerca de ellas. Hay en muchos casos particulares grandes conmociones en el receptor de la manifestación de Dios, por razones que el mundo no ha entendido y ahora puede revisar. Y hay un gran rechazo del mundo hacia esas manifestaciones particulares, a su naturaleza, porque no las entiende, y no las entiende porque no responden a las ideas limitadas, distorsionadas que tiene de Dios y de cómo se establece un evento por el que el receptor de la manifestación "salta" a otra dimensión de realidad existencial.

Si yo explico pero no se cree o acepta lo que digo, entonces debe buscarse la interacción íntima con Dios. Dios es la Fuente, ¿no?

Si a Dios acudimos para que nos ayude a entender, entonces hagámoslo toda vez que Le necesitemos. Dios está para orientarnos.

EL PROYECTO DE DIOS Y JUAN

Dios se presenta a Norma.

Febrero de 2004.

Finalmente, Dios se hizo Presente especialmente en Norma.

Estando Norma en San Antonio, donde se había quedado después de mi partida hacia Colorado casi un año antes, en el día de su cumpleaños, el 15 de Febrero, Dios provocó que Norma viera, ¡dentro de su propio cuerpo!, a su corazón, y junto a él, a Dios y a mí. Una vez más, además de estimular la consciencia de Norma de la Presencia de Dios en su corazón, en su esencia, Dios le hizo referencia a la Trinidad de Vida.

No encontramos a Dios sino en nuestro corazón, es decir, no alcanzamos consciencia de Dios sino por el reconocimiento de Su Presencia en el alma, en nuestra esencia; luego podemos ver Su estructura energética en el universo, o mejor, en la Unidad Existencial de la que nuestro universo es un entorno temporal.

Nuestra relación, hoy, Febrero de 2015.

El próximo mes de Marzo de este año 2015 cumpliremos, Norma y yo, cuarenta y tres años de casados.

Norma todavía cree que lo que ocurrió conmigo no es cosa de Dios, aunque ella cree en Dios. Por otra parte, mi actitud frente a mi experiencia le sigue afectando pues yo sigo firme en mi proyecto con Dios "dejándola a ella de lado", y porque este proyecto "no se acaba nunca a pesar de que ya lleva casi catorce años de preparación", como me dice.

Yo sólo respondo que busco crear una nueva experiencia de vida para ambos, siguiendo el camino para hacer realidad un gran proyecto para beneficio de todos que Dios me sugirió y yo deseo llevar adelante. Este proyecto es nada más y nada menos que mostrar a Dios Único, un Dios muchísimo más grande de lo que se ha alcanzado con las interpretaciones racionales y aproximaciones culturales prevalentes en nuestra civilización; y mostrar cómo podemos interactuar con Dios muy dentro nuestro, ya que Él se presenta en nuestros *sentimientos primordiales*, los que no son sino estimulaciones de Dios para orientar acciones en armonía con Su presencia.

Norma puede seguir pensando en que yo le he fallado como esposo, y que sigo fallándole. Tiene derecho a pensarlo conforme a sus bases, a su desarrollo de entendimiento de las cosas de Dios, del proceso existencial. Para mí, ella sigue siendo mi compañera frente a la que puedo experimentar Quién soy.

Hacia la Realización del Proyecto de Dios y Juan

- ¿Qué veo en los cielos?

- *"Recuerda que estás dentro de un hiperespacio cerrado, de un 'espejo' que mezclará y confundirá lo que veas, lo que interpretes de lo que recibas del espacio".*

- ¿Cómo hago entonces, para separar los componentes que se mezclan?

- *"Es parte de lo que tienes que aprender por ti mismo".*

- ¿Puedo aprender?

- *"Sí, si pones tu 'corazón' en eso, en lugar de la razón".*

- ¿Me enseñarás?

- *« Deja todo, y sígueme ».*

- Te seguiré.

Alcance del Proyecto

Este Proyecto resuelve o responde a las inquietudes raciona-les fundamentales de la especie humana en la Tierra.

Las inquietudes fundamentales pueden resumirse en las tres siguientes:
1. *Origen y evolución del universo;*
2. *Origen y propósito de la manifestación de vida universal;*
3. *Origen de los males del mundo que plagan a la especie humana en la Tierra desde su aparición en ella.*

Puesto que no puede haber vida sin el universo, sin el arreglo energético [lo cual nos dice que el universo y la vida son insepa-rables (son *ambos parte de una unidad*, de un mismo proceso e-nergético)] en realidad las dos primeras inquietudes son mejor ex-presadas de otra manera aún más fundamental,

¿Quiénes Somos, de dónde provenimos, y qué hace-mos en la Tierra?

De dónde provenimos es objeto de interés de la Ciencia, de la disciplina del proceso racional que se encarga de la exploración del proceso existencial por la observación metódica, sistemática, para establecer relaciones causa y efecto del proceso existencial que alcanzamos por los sentidos y la instrumentación (que no es nada más que una extensión de los sentidos).

Provenimos de un proceso energético, el que sea, por Crea-ción para unos, por evolución para otros, pero en todo caso es parte del universo o es el universo mismo (que es un proceso en sí mismo). Luego, el proceso SER HUMANO es parte del proceso del que proviene, del PROCESO ORIGEN.

Quiénes somos, de dónde provenimos y el propósito de la vida son también, junto al origen de los males del mundo, objetos de interés de la Teología, de la disciplina del proceso racional que se encarga de explorar los aspectos del proceso existencial en el dominio primordial, espiritual, que no se alcanza por los sentidos materiales sino por la mente como pensamientos y sentimientos, y se experimentan en las emociones.

Hasta hoy, Ciencia y Teología se han venido separando absurdamente en la búsqueda de la misma inquietud. Ya lo hemos visto en varias oportunidades a lo largo de esta participación, en el Libro 2 particularmente.

Este proyecto consolida, coherente y consistentemente, las observaciones y experiencias de las que se ocupan separadamente ambas disciplinas del proceso racional, y esa consolidación resulta en el *Modelo Cosmológico Consolidado*, en la descripción de la Unidad Existencial y del mecanismo del proceso que se entretiene dentro de ella, proceso por el que se re-crea la Consciencia Universal, el reconocimiento de sí mismo con entendimiento de sí mismo del proceso de re-distribución energética y de interacciones de comparación entre constelaciones de información en diferentes constantes de tiempo.

La consolidación de la información existencial en ambos dominios del proceso existencial, material y primordial (o espiritual), ha sido posible gracias a mi experiencia con el proceso existencial consciente de sí mismo, con Dios, con la *mente universal* de la que somos un sub-espectro.

La participación del *Modelo Cosmológico Consolidado* se inicia a partir de esta sección y se irá expandiendo por los libros referidos en el Apéndice II, y otras publicaciones y acciones que se harán públicas oportunamente. Ver información de publicación en el mencionado Apéndice.

¿Por qué debería interesarnos a todos reconocer la relación real con el proceso del que provenimos?

Porque nuestro estado natural de sentirnos bien, nuestra felicidad permanente en toda y cualquier circunstancia de vida, depende sólo de la relación que durante nuestra experiencia de vida mantengamos con el proceso del que provenimos.

Podemos no estar interesados en los aspectos energéticos del proceso existencial, pero no podemos desvincularnos, jamás, de la relación inseparable que tenemos como individualizaciones del mismo. De mantener la armonía con el PROCESO ORIGEN es que depende nuestra felicidad en toda circunstancia de vida, y para mantener la armonía solo necesitamos seguir las *orientaciones eternas*. Apéndice II, Referencia (2), I.2.

Si nuestra felicidad permanente, el estado natural de sentirse bien del ser humano en toda circunstancia de vida, depende de la relación con la Fuente, con el proceso del que provenimos, entonces este proyecto es para todos.

No obstante, debemos tener en cuenta que hacerse parte de este proyecto requiere superar limitaciones racionales y prácticas culturales que limitan, inhiben y, o distorsionan nuestros desarrollos y nuestra realización como seres humanos conforme a nuestro poder de creación y potencial natural. Dicho de otra manera, requiere que nos hagamos libres del mundo, de sus prejuicios y de sus referencias de desarrollo en desarmonía con el proceso existencial.

En esta parte sólo veremos algunos aspectos de las orientaciones de Dios que me condujeron a este proyecto de hacer conocer la Estructura Energética de Dios, de la Unidad Existencial, como se describe resumidamente en el Apéndice II.

Dios

PROCESO ORIGEN
del que proviene el proceso SER HUMANO

En Junio de 2001 Dios respondió a mi acto de FE frente a la eternidad. (Ver Libros 1 y 2).

Mi acto de FE abrió las *"Puertas del Cielo"* por las que me llegó el flujo de conocimiento primordial, los *super conocimientos.*

Entre esos *super conocimientos* estaban las orientaciones para resolver las estructuras energéticas del universo y la Unidad Existencial, y de la interfase entre los dominios material y primordial (o espiritual).

Al reconocer yo la procedencia de lo que estaba recibiendo ("este conocimiento no es mío"), Dios confirmó entonces mi reconocimiento con Su acción: nuestro encuentro en la Luz el 4 de Julio de 2001. Con esta acción, Dios no sólo respondía sino que realimentaba el proceso de interacción que yo había puesto en marcha con mi acto de FE, aunque todavía era inconsciente de ello y por eso cometía equivocaciones a las que Dios me estimuló corregir. (En el proceso de corrección, mi identidad temporal cultural pasaba por perturbaciones que eran parte de sus re-ajustes en armonía con el proceso existencial, Dios, del que yo reconocía, aunque muy primitivamente, que era parte inseparable).

Se puso en marcha el proceso de re-creación de mí mismo

frente a la experiencia de la Presencia de Dios en mí, siguiendo las orientaciones eternas recibidas durante nuestra "caminata por la eternidad" previa a nuestro encuentro en la Luz. Esta "caminata" fue penetrar en otro nivel de la estructura "capas de cebolla" de consciencia del proceso existencial, siempre en el entorno común a Dios y el ser humano.

Luego, en la "noche de la garcita blanca" recibí la orientación para reconocer la relación energética entre Dios y el ser humano a través de la Trinidad Primordial. Reconocí la orientación, por lo que Dios, una vez más, respondió y confirmó mi reconocimiento con otras orientaciones y revelaciones en la noche del 30 de Abril de 2002, en una acción que se extendió por varios días, antes y después de esa noche.

En nuestra interacción en la noche del 30 de Abril Dios me habló de la Tierra, del problema de deterioro de la capa de ozono que protege la manifestación de vida en la Tierra, y deseaba hacernos saber, por mi intermedio, de las consecuencias por las que tendremos que pasar si no reparamos ese deterioro.

Vamos a revisar en la próxima sección Su Advertencia (por amor, jamás por otra razón) por la que desea estimularnos a reconocer las consecuencias de nuestro modelo de desarrollo de la civilización, de la asociación de la especie humana en la Tierra, y a rectificar antes de que sea demasiado tarde.

Antes veremos por qué Dios me participó esta advertencia, cómo llegué a hacerme Su instrumento para estimular a la civilización de la especie humana en la Tierra.

Yo deseaba entender el mecanismo energético por el que se sustenta la eternidad del universo, y de la Unidad Existencial, luego, una vez que entendí que el universo es un entorno temporal de la Unidad Existencial Eterna.

[Ya se mencionó que en realidad *la eternidad (dada por el cierre absoluto de la Unidad Existencial) genera o induce un mecanismo* de re-distribución energética que es el único que puede tener lugar].

Ahora bien.

Si Dios me hubiera llevado de una vez a la Unidad Existencial, me hubiera privado entonces de la experiencia de re-crearla, de la experiencia de seguir el proceso de su re-creación, proceso por el que, y precisamente, sustenta su eternidad (mejor dicho, es que manifiesta su eternidad).

Por otra parte, notemos con atención,

luego de reconocer el principio del proceso de re-creación de la Unidad Existencial que sustenta las analogías universales,

entendí que la Tierra es una estructura energética ¡análoga a la Unidad Existencial!, y por lo tanto, era más fácil entender primero <u>el mecanismo energético por el que se cierra la Tierra como una nuclearización universal</u>, luego como una estación remota de concepción de vida universal, para posteriormente extenderlo a la Unidad Existencial.

La Tierra tiene, en la estructura de su cadena atómica, la información del proceso existencial, de la misma manera que el ser humano tiene, en su compleja estructura biológica, la información para la interacción que hace consciente al proceso que esa estructura establece y sustenta.

Siguiendo el <u>proceso de cierre de una nuclearización universal</u>, partiendo de la estructura de la Tierra, ¡llegaba a Dios! Llegaba a la estructura energética de la Unidad Existencial *a través del mecanismo que sustenta la eternidad de su energía contenida*, es decir, <u>a través del mismo proceso de evolución del universo por el que surgió la Tierra</u> [siendo el universo un entorno temporal de la Unidad Existencial eterna (que es absolutamente cerrada), un entorno temporal que se genera por un evento real al que se le ha llamado Big Bang y que ocurre periódicamente en la Unidad Existencial]. Si *la Unidad Existencial es cerrada absolutamente, algo que ya ha sido largamente reconocido*, <u>entonces nuestro universo es una re-distribución de otro entorno de la Unidad Existencial, lo que lleva a un proceso existencial oscilatorio periódico.</u>

[Los científicos saben cómo se cierran estos procesos].

Pues, eso fue lo que ocurrió.

El buscar entender qué quiso decir Dios que la Tierra puede "explotar", y por qué, y cómo tiene lugar el proceso, es lo que me llevaría a la Unidad Existencial, a Dios, a Su estructura energética y el mecanismo de re-distribución energética o evolución absolutamente análoga a las que sufren la Tierra y el universo en otras escalas de tiempo.

Alcanzar el *Modelo Cosmológico Consolidado* fue posible por la consolidación de las estructuras energéticas de los dos dominios de la existencia, dominio material y dominio primordial (o espiritual).

Sobre el dominio primordial, o inmerso en el dominio primordial, tienen lugar todas las manifestaciones temporales de nuestro dominio material. En otras palabras, <u>nuestro universo está inmerso en otra unidad energética inmensamente más grande</u>, y hoy está a nuestro alcance, de todos, con solo desearlo y hacer lo que se requiere para alcanzarlo. El *Modelo Cosmológico Consolidado* se resume en la Referencia (1) y se introduce en la Referencia (2), II.4, vol. 1, Apéndice II.

Alcance del Proyecto.

Es hacer conocer a Dios Único y Absoluto, nuestra relación con Él, y el mecanismo de la interacción consciente con Él.

Es presentar a un Dios con Quién interactuar conscientemente, y de Quién hacerse parte voluntaria desde este entorno temporal de la existencia. El Dios Único Absoluto al que llegamos no lo hacemos por creer en ninguna interpretación racional y, o aproximación cultural, sino por un reconocimiento íntimo, individualmente.

Podemos partir de creer, sólo si hacemos algo más que creer para hacer realidad a Dios en Quién creemos: viviéndolo en nosotros. Para saber si el Dios en Quién creemos o al que reconocemos es el Absoluto, contamos con el Espíritu de Vida por Quién se rige también Dios. Ver la sección Guía del Espíritu de Vida en el Libro 2.

Los Otros Libros citados en el Apéndice II constituyen parte de este proyecto.

Para la Ciencia y la Teología.

Dios, energéticamente, es la Unidad Existencial.

Dios tiene cuerpo.
Es toda la sustancia natural, primordial, de la que todo se genera y re-crea, cuyas asociaciones originan la materia desde partículas primordiales, pasando por los electrones y átomos, moléculas de vida, hasta las galaxias y sus constelaciones.

Dios tiene alma.
Es la estructura primordial que rige el proceso de inducción energética (que da lugar a la evolución universal) y estimula las interacciones que sustentan la Consciencia Universal.

Dios tiene mente.
Es la *mente universal*, es la intermodulación del manto energético universal que se hace consciente de sí mismo.

Dios es el proceso de re-distribuciones energéticas e interacciones entre estructuras de información por el que la Unidad Existencial sustenta su consciencia de sí misma.

Dios es la Identidad de la Unidad Existencial.

Dios es el nivel de consciencia del proceso existencial hacia el que evolucionamos.

Para Todos.

Hay un solo "camino" para trascender a otra dimensión de consciencia del proceso existencial en el que estamos inmersos y del que somos partes inseparables, o lo que es lo mismo, para trascender al próximo nivel hacia Dios.

Es a través de la interacción directa, íntima con Dios, para lo que no necesitamos entender detalles de la estructura energética de Dios, del proceso existencial consciente de sí mismo. Solo necesitamos desarrollarnos por las *orientaciones eternas* y vivir por las *actitudes primordiales* que se explican en todas las referencias. Para todos, tenemos las referencias (2), I.1 a I.3, y algo más avanzada, la referencia (2), II.4, vol. 1.

"Estás en Mi Vientre"

¡Siento un gran traqueteo otra vez!

Debo estar atravesando los profundos, interminables e intimidantes oscuros abismos del Sur situados detrás de la Constelación de Tucanas.

No veo nada. Sólo me siento ser llevado por una suave ondulación interrumpida de vez en cuando por este traqueteo que me resulta familiar pero no atino a reconocer.

¿Dónde estoy realmente?

Me despierto.

¡Vaya sueño que acabo de tener!

De inmediato viene a mi mente la respuesta a la pregunta que hace un momento formulé en el sueño.

- *"Estás en mi Vientre".*

Me sobresalto de la sorpresa.

Sé que proviene de Dios, pero me quedo pensativo pues no sé si interpreté mal. No me atrevo a "moverme" en mi mente. Quiero congelar mis pensamientos.

- *"Anda, no temas expresarte".*

- Es que… me sorprendes.

No sé qué responder realmente. Estoy congelado, paralizado.

Las limitaciones racionales y el mal uso de nuestros conceptos me sobresaltan.

"¿Estoy en Tu Vientre? ¿El Vientre... de Dios?", me pregunto para mí mismo.

- *"Pues sí, estás en Mi Vientre. Vives inmerso en Mi líquido amniótico. Usa tu imaginación".*

Todavía no me atrevo a "moverme", a pensar nada.

- *"Vives en el éter de los ancianos; en el hiperespacio de energía al que te llevé antes".*

- ¡Oh, Madre mía! ¿Cómo habría yo de imaginarme que era por allí?

- *"Usa siempre tu imaginación, libera tu mente, echa a andar, echa a correr tus pensamientos en busca de la armonía Conmigo".*

¡Uhm! ¿Decir... Vientre de Dios?, es lo que ahora pienso para mí. Mañana se me podría ocurrir otra cosa de Dios... ¿no?

- Tengo miedo a veces de atreverme a "correr"... tan lejos...

- *« Por eso te inhibes ».*

- A veces también tengo miedo de que no crean nada de esto, que... que estoy inventando...

- *"Por eso también te inhibes y le cierras las puertas a la Verdad.*

Tener miedo por la memoria de los hechos reales en tu dominio material y hacer uso sólo de las emociones y los sentidos es usar la razón. Por eso es que pocos realmente imaginan, en cambio especulan".

- Dicen que todo cuanto digo acerca de Tí, de lo que me participas y haces conocer, de todo lo que me haces consciente, el universo, la vida, es sólo producto de mi fértil imaginación.

- *"Porque ellos creen que la imaginación es algo que ustedes logran por sí mismos. No saben que la imaginación es parte de Mi proceso de vida".*

- ¿Y cuando usan la imaginación los que hacen mal?

- *"No imaginan, no salen de su dimensión, sino que razonan. Hacen uso de sus experiencias y las de los demás allí entre ustedes, para lograr sus especulaciones en su dimensión de realidad".*

- Pero... algunos hacen cosas con gran contenido inteligente, ¿no?, para obtener lo que desean por actos malos, criminales, como los cabecillas... "cerebros" de organizaciones...

"La inteligencia universal está disponible para toda forma de vida para ser usada conforme a su capacidad racional. Pe-

ro la imaginación como herramienta de creación está ligada a la intención. Imaginar es crear fuera de tu dominio. Sólo puede crearse fuera de tu dominio en armonía con el Bien, con la Intención de Vida, el Espíritu de Vida".

- Entiendo. Y ahora regresando al... Vientre, ¿puedo entonces verme, considerarme inmerso en el líquido... en Tu propio "líquido amniótico", por estar inmerso en el manto energético del hiperespacio universal?

- *"Sí".*

- ¿Quiere decir que la radiación intra-interestelar a aquella fantástica frecuencia que me dijiste, es Tu medio de comunicación celular...?

- *"Sí".*

- ¿Y que las oscilaciones naturales hiperespaciales son Tu pulso... pulsación, y tu "respiración"...?

- *"Sí".*

- ¿Y que el período universal de re-creación, la única constante universal, es Tu propio... período...?

- *"Sí".*

- Entonces, el Universo Absoluto, Todo, el Hiperespacio de Vida... la Forma de Vida Absoluta... ¿eres Tú? ¡Eres Tú!

- *"Sí".*

Advertencia
a la Civilización en la Tierra

Acerca del creciente deterioro de las condiciones energéticas del planeta indicado por la reducción en la capa de ozono en la atmósfera del planeta

Las Revelaciones de Dios a Juan están en el Apéndice I, en la sección correspondiente a la noche del 30 de Abril.

A continuación vamos a hacer una breve revisión de la Advertencia de Dios en referencia a la capa de ozono de la Tierra.

Deterioro de la Capa de Ozono.

La Advertencia de Dios es la *advertencia del proceso existencial consciente de sí mismo* frente al deterioro de una estructura energética suya fundamental para la protección de la manifestación de vida en la Tierra, siendo nuestro planeta una estación remota de concepción de vida universal, un instrumento del Espíritu de Vida.

Notar lo siguiente.

No se puede "resolver", o entender la Advertencia de Dios que transcribiremos enseguida, a partir de la simple lectura de la versión textual original. Fue necesaria la interacción con Dios para entender la estructura energética de la Tierra como *sistema resonante universal*, parte de un sistema de interacción particular dentro del sistema solar por el que nuestro planeta se define como una estación remota de concepción de vida universal [Introducción en la referencia (2), II.4, vol. 1].

Por ejemplo, recibí de Dios,

« Estás en el basurero del universo ».

« Nuestro universo físico es un universo de reciclaje.

Pero tan alarmante como suena, es alentador. Al menos se nos ofrece una salida. Con nuestra FE podemos salir de este sub-universo »,

donde podemos ver que mi estructura racional interpreta la palabra *basurero* cuando es *reciclador*, como supe luego interactuando con Dios. Nuestra estructura racional, la mía en este caso, "filtra" y, o distorsiona el concepto primordial que recibe de Dios, como ha ocurrido tantas veces en el pasado desde nuestra aparición en la Tierra. La distorsión a la que da lugar nuestra estructura racional sobre la información que proviene de Dios, o del proceso existencial, es lo que ha dado origen a las interpretaciones limitadas y, o distorsionadas; a las diferentes versiones racionales y religiosas que hoy se practican en las diferentes culturas de la especie humana en la Tierra. Yo sabía que no podía ser *basurero* y me puse a interactuar con Dios para alcanzar el concepto primordial del que yo hice esa interpretación, *basurero*. De la misma manera ocurrió con todas las otras Revelaciones que Dios me dio la noche del 30 de Abril de 2002 y las Orientaciones en los días previos y posteriores.

Para enfatizar la importancia de tener en cuenta nuestro efecto "filtro", vale la pena recordarnos el caso que se ha mencionado a menudo referente a *armonía* (concepto primordial) y *obediencia* (concepto racional).

Sigamos ahora con la Advertencia de Dios acerca de la capa de ozono, para la que valen estas mismas consideraciones.

Advertencia a nuestra civilización de la especie humana en la Tierra acerca de la capa de ozono en la atmósfera.

« La destrucción de la capa de ozono puede hacer "explo-

tar" el planeta.

Si no se detiene la destrucción de la capa de ozono, el planeta desaparecerá ».

« Habrá un anticipo.

Gran sismo.

El sexto gran sismo.

Sigue la misma línea de los precedentes.

Arranca del mismo sitio...

... después del cataclismo de (__ __) habrá otro igual, el final.

Es todo.

Lo demás lo agrega el hombre ».

Antes que nada, una vez más, Dios no nos advierte de un castigo sino de las consecuencias de nuestras propias acciones. Insisto en esto dada la fuerte orientación todavía prevalente acerca de que Dios nos castiga por nuestros males o errores.

La Advertencia de Dios es un acto de amor.

Nosotros podemos, ya sea individual o colectivamente, tomar esta Advertencia de Dios conforme a como estemos listos o no para reconocer una acción directa de Él.

Se espera que reaccionemos colectivamente; no obstante, una reacción colectiva es la suma de reacciones individuales, de manera que cada uno debe actuar por sí mismo, por lo que reconoce en su corazón.

Si no queremos hacer nada, Dios nos deja seguir aunque experimentemos consecuencias dolorosas debido a las reacciones naturales del proceso energético, a las reacciones que sólo nosotros provocamos con nuestras acciones para sostener un modelo de desarrollo de nuestra civilización, de la asociación de la especie humana, que no está en armonía con el proceso existencial.

Que nuestro modelo de desarrollo de la especie humana en la Tierra no está en armonía con el proceso existencial es indicado por el deterioro de la capa de ozono.

El "hueco" de la capa de ozono es un indicador natural de distorsión del proceso de re-distribución energética del planeta como estación de concepción de vida universal.

Sin embargo, aún estando nuestro desarrollo en desarmonía, Dios respeta nuestra voluntad y permite que ocurra lo que vaya a ocurrir, aunque sea por nuestra ignorancia, ya que las consecuencias serán para "despertarnos" lo que no se pudo hacer por otra estimulación.

La interpretación que alcanzamos depende de nuestra relación con Dios; y cada uno debe seguir la interpretación que alcanza por sí mismo, aunque sea estimulada por otro que no sea Dios. En este último caso buscará la guía del Espíritu de Vida, para saber si la estimulación que recibe de otro está en armonía con lo que alcanza con la guía del Espíritu de Vida. Para recibir la acción del Espíritu de Vida debe antes reconocerse Su Presencia en u-no, de lo contrario ¿cómo provocar la acción de Quién no se reconoce? Y <u>la acción a provocar será, entonces, ¡nuestra acción misma!</u>, <u>estimulada por nuestro reconocimiento de Su Presencia</u>, <u>del Espíritu de Vida</u>, en nosotros mismos. Somos, todos, manifestaciones del Espíritu de Vida.

Desde el momento inicial supe que Dios me orientaba algo que requeriría cierto tiempo entender. Nunca dudé que eventualmente alcanzaría lo que Dios puso a mi alcance en Su Advertencia. Yo sólo tenía que mantenerme atento a Su guía.

Fue necesario recorrer todo el proceso de la re-creación energética universal, lo que me tomó nueve años para entender, y luego dedicarle otros tres años más para ponerlo al alcance de quienes se interesen por esta Señal de Dios.

Ahora bien.

Yo no puedo hacer vivir en otros mi fantástica experiencia de descubrir la Verdad. Tienen que lograrlo cada uno, uno a uno en relación directa con Dios.

Yo sólo estimulo a tomar la interacción directa con Dios.

Mi participación es solo un estímulo a buscar, mejor dicho a reconocer, y tomar el camino de la verdadera experiencia de vida en armonía con nuestro Origen y propósito eterno.

Sobre esta Advertencia que nos participa Dios hago una consideración adicional a la luz de Sus orientaciones posteriores.

Debemos entender la inevitabilidad del destino físico de nuestro planeta como parte de un "diseño" inherente a la inteligencia eterna.

Eventualmente la Tierra desaparecerá, y también nuestro sistema solar y el universo, pero es solo para dar lugar a otro universo, otro sistema solar y otra Tierra, en este mismo momento surgiendo en otro entorno de la Unidad Existencial. La vida es eterna y ahora tenemos el mecanismo que sustenta la eternidad de la existencia consciente de sí misma, re-creándose a sí misma, periódica, infinitamente.

¿Por que preocuparnos entonces, si de todos modos desaparecerá la Tierra?

Lo veremos al final de la sección Nuestra Respuesta a la Advertencia de Dios.

Dios nos ha advertido ya de las consecuencias del deterioro de la capa de ozono que protege nuestra atmósfera de la radiación ultravioleta; deterioro provocado por nuestro desarrollo en desarmonía con la estructura energética resonante del planeta por la que se permiten y se sustentan las condiciones de vida.

Debemos detener ese crecimiento del deterioro; y aún más que eso, debemos revertirlo.

Por eso nos dice Dios,

« Lo demás lo agrega el hombre »,

indicando que es nuestra responsabilidad inmediata proceder con los cambios de actitudes que resulten en cambios reales en la dirección en la que dirigimos nuestras vidas y las actividades en ella.

Dios ya nos advirtió.

Ahora debemos proceder nosotros.

Cuando Dios dice que el planeta puede "explotar" se refiere a colapsar la interacción que define las condiciones de vida, la resonancia periódica. Si el crecimiento económico se hace insostenible energéticamente por el planeta, que el "planeta desaparecerá" significa que la vida desaparecerá porque las condiciones de vida colapsarán. No necesitamos explorar Marte para conocer algo que ocurrirá aquí, por nuestra irresponsabilidad.

La destrucción de la capa de ozono tiene un efecto en la estructura de resonancia del planeta que los expertos no pueden ver; no han reconocido la naturaleza, menos descripta su conformación espacial, del manto de energía universal [introducido en la referencia (2), II.4, vol. 1].

Nuestro planeta es un gigantesco solenoide esférico que modula la atmósfera electromagnética que le rodea.

La pérdida de la capa de ozono significa "decapado", pérdida de "capas" de la atmósfera por pérdida de oxígeno, por deterioro del período natural de su re-distribución en nuestra superficie, que no se detecta porque la relación entre oxígeno y nitrógeno se mantiene constante enmascarando esta pérdida.

Por otra parte, el deterioro en la capa de ozono nos hace altamente susceptibles a ser blanco de impacto por un asteroide, al distorsionarse la modulación natural alrededor de la Tierra por el deterioro de la capa de ozono. La variación del radio energético de la atmósfera, por cambio de distribución de sus componentes, afecta a una frecuencia sub-portadora de la pulsación terrestre que es vista desde el espacio exterior.

El anticipo a que se refiere Dios como cataclismos naturales en el pasado, terremotos y maremotos, nos lo hace para ilustrarnos que aquellos cataclismos anticipados (las anticipaciones, no los cataclismos en sí) tuvieron relación con las acciones del hombre en su entrega a las idolatrías y su dependencia de ellas y de otros intereses por los que no reconoce las orientaciones y advertencias de Dios (las anticipaciones como estimulaciones de Su Presencia en el ser humano y en el proceso existencial).

La especie humana en la Tierra, en general, no cree que Dios le haga saber, que le anticipe las consecuencias a las que se conduce por sus acciones en desarmonía con el proceso existencial, con Dios mismo, y con el ser humano mismo. Dios lo hace porque Él y el ser humano son partes inseparables. *Somos Uno.*

Dios indicó dónde sería el anticipo, el cataclismo antes del final.

Cuando ello ocurra, ya no necesitaremos saber cuál es la ciudad, que se halla en esta parte del mundo, en los Estados Unidos de América. Aún más mucho importante que saber exactamente dónde y cuándo ocurrirá el cataclismo, y de qué naturaleza será, es lo que vamos a hacer frente a la Advertencia de Dios, y lo que cada uno interprete para sí mismo de esta Advertencia.

Nuestra respuesta a la Advertencia de Dios.

« El sufrimiento es consecuencia de nuestros propios errores ».

La primera consideración de la que debemos estar plenamente conscientes es que la Advertencia de Dios es un acto de puro amor de Dios hacia Sus hijos, hacia la re-creación de Sí mismo. Es el proceso existencial informando y estimulando a las individualizaciones de sí mismo.

Fiel a Su propio *Principio de No Interferencia* en la voluntad de Sus individualizaciones, fiel a Su voluntad de inhibirse de interferir en la voluntad de las manifestaciones de vida a Su imagen y semejanza, Dios no se contradice a Sí mismo con Su Advertencia, sino, y por el contrario, nos muestra Su amor al llamarnos la atención a lo que inevitablemente sucederá, rectifiquemos o no. Pero, al rectificar, por una parte reconocemos a Dios, y por otra parte actuamos conforme al Espíritu de Vida que se re-crea en, y por nosotros, seres humanos, dándonos así otra gran oportunidad de revisar y armonizar nuestra relación y reconocimiento frente a Él.

La Advertencia de Dios es un llamado frente al cuál responderemos conforme a nuestra consciencia de Su Presencia. Es una estimulación que Dios nos da a todos por igual.

Dios desea estimularnos un cambio de la dirección que hemos dado a nuestras vidas, pues éstas están desviadas con respecto al propósito único de la vida consciente de sí misma: disfrutar la vida. El estado de la asociación de la especie humana en la Tierra y el deterioro de las condiciones energéticas que definen a nuestro planeta como una estación remota de concepción de vida nos lo dicen inequívocamente.

No obstante, Dios sigue respetando nuestra voluntad.

Dios continúa respetando las decisiones que tomemos, cualesquiera que ellas sean.

Los problemas globales de nuestra civilización y el deterioro energético creciente de nuestro planeta nos confirman que Dios nos lo ha dejado todo en nuestras manos para que actuemos conforme a nuestra voluntad, bajo nuestra sola e ineludible responsabilidad primordial por nuestros propios actos frente a nosotros mismos dado nuestro reconocimiento del poder de creación inherente al ser humano.

Debemos entender el modo como Dios actúa sobre nosotros, ¡por amor!, haciéndonos libres para crear nuestras experiencias de vida, aunque siempre advirtiéndonos de las consecuencias de nuestras decisiones. Las experiencias de sufrimientos e infelicidades del hombre no son más que productos de una libertad mal empleada, mejor dicho, erróneamente empleada, por ignorancia, por falta de consciencia, falta de entendimiento del proceso existencial y nuestra relación con él; experiencias y aspectos sobre lo que Él mismo, Dios, nos invita a reflexionar.

Si no rectificamos, por las razones que sean, Dios deja que experimentemos los males de nuestro mundo que nosotros creamos con nuestros desarrollos en desarmonía con el Espíritu de Vida, con nuestra esencia espiritual, primordial.

Para experimentarnos, Dios nos dio el dominio de la vida terrenal, el dominio sobre la Tierra y lo que hay en ella. No obstante, somos tan torpes que no hemos reconocido el verdadero alcance de Su acción, a pesar de que nos lo dijo en el Libro de Génesis del Antiguo Testamento,

«... Les entrego dominio sobre todos los animales »,

refiriéndose al componente animal siempre remanente en el ser humano.

Nosotros hemos estado más preocupados en seguir nuestra interpretación racional limitada, y sus prácticas culturales, que en buscar el verdadero Mensaje de Dios. Entonces, Dios deja que experimentemos nuestros propios males, pero también nos estimula para que nos libremos de ellos, por nosotros mismos, por nuestras decisiones en armonía con Él, con Su Presencia.

Una vez más, no hay castigo de Dios, jamás. No obstante, hay un proceso existencial inmutable al que tenemos que ajustarnos, <u>proceso que no está dispuesto por Dios pues es fruto de una presencia eterna</u>. Dios, consciencia de ese proceso, es resultado de ese mismo proceso inmutable. No obstante, el proceso existencial, aunque es de consecuencias inescapables, no es de experiencias indeseadas inescapables. <u>Que nos liberemos de las experiencias indeseadas sólo depende de nuestra decisión, no de Dios</u>. Referencia (2), I.2.

Finalmente, nuestra próxima manifestación de vida, luego de ésta en la Tierra, es de nuestra creación con nuestras acciones aquí, en ésta, por lo que a pesar de la inevitabilidad de lo que ocurra en la Tierra, **es nuestra actitud por la vida lo que cuenta para nuestra evolución hacia otra dimensión de realidad existencial.**

Revelaciones de Dios a Juan

Hacia el final de nuestra interacción la noche del 30 de Abril de 2002, Dios dijo lo siguiente,

" ....

Ésta es la Verdad Absoluta dada por el Padre de Vida Eterna a Juan, Su profeta, sobre quién actúa el Espíritu de Sabiduría para encontrar la Verdad.

Ahora, a escribir el Libro de La Vida Eterna.

Amén.

Segundo Nuevo Evangelio.

La Verdad Absoluta".

« Todo lo anterior queda como prueba de la mentira del hombre ».

Cada quién debe fijar su propia posición frente a esta Acción de Dios y Sus Estimulaciones, Orientaciones y Revelaciones, con respecto a las interpretaciones y versiones culturales a las que Dios se refirió antes de la declaración precedente.

- Madre mía, me pedirán pruebas. Ya lo hicieron antes. ¿Qué les digo ahora?

- "Quiénes buscan la Verdad, la reconocerán en sí mismos; y los que ya han decidido por rechazarla, nada aceptarán, no importa lo que hagas, lo que digas, lo que les muestres.

Déjales tranquilos. No tienen a dónde ir, y eventualmente regresarán a Mi rebaño".

- ¿Sufrirán?

- "Es su decisión".
- ¿Les muestro todo el Conocimiento?
- "Les muestras todo cuanto te he dado.
Nadie puede tener todo el Conocimiento. Hay para todos".

Apéndice I

Orientaciones e Interacciones Espirituales

Transcriptas como fueron recibidas y entendidas en el momento. No hay interpretaciones.

Una vez más,
estas orientaciones me fueron dadas para revisarse y re-interpretarse muchas de ellas, pues así como llegaron a mí es como se interpretaron limitadamente en el pasado. Muchas de ellas <u>casi no tienen sentido</u> sino hasta que, buscando entenderlas en interacción íntima con Dios y en armonía con el proceso existencial y, o el Espíritu de Vida, surge la interpretación. (Por ejemplo, Dios no castiga; en cambio, yo recibo y transcribo una orientación que "dice" que Dios castiga; *castigo* es lo que entiende culturalmente la mente, hasta que Dios hace saber la versión original, que es *consecuencia*). <u>El desear entender algo que se reconoce que proviene de otro nivel de la Consciencia Universal es lo que nos abre las *"Puertas del Cielo"*</u>. No es Dios Quién nos da la versión incorrecta sino que ella es resultado del efecto "filtro" de los conceptos culturales que hemos incorporado en nuestra estructura de identidad cultural, como ya vimos en el Libro 2.

Estas versiones limitadas y, o distorsionadas de las orientaciones primordiales están en la estructura de consciencia colectiva temporal de la especie humana en la Tierra.

Dios me invita a buscar las interpretaciones correctas interactuando con Él, siguiendo la guía del Espíritu de Vida. Por ejemplo, cuando se hablaba de Jesús como *Hijo de Dios* era porque Jesús seguía, escuchaba e interactuaba con Dios porque estaba en la dimensión de la consciencia universal de *Hijo* de la *Unidad Binaria de Consciencia Universal inmersa en la Estructura Energética Trinitaria de la Unidad Existencial, Dios.* En las estimulaciones y orientaciones que veremos podremos reconocer que la estructura de consciencia que accedemos nos dice algo de los "niveles" de la Consciencia Universal (Ángel, Dios, Dios Todopoderoso).

Mi dedicación a mi propia re-creación de mí mismo y búsqueda de las interpretaciones correctas de las orientaciones eternas que había recibido de Dios, fue lo que abrió nuevamente las *"Puertas del Cielo"* para mí, sorprendiéndome como un impetuoso río que me arrollaba y obviamente me confundió, aunque en esta ocasión tenía otra característica mi reacción.

En muy contados casos hice una interpretación espontánea y la anoté para revisarla luego.

26 y 27 de Abril de 2002.

Las orientaciones comenzaron a media mañana del 26 de Abril, pero constituyó un flujo casi sin pausa durante la tarde. En la mañana no pude continuar trabajando por lo que me ocurría. Regresé al taller con mi grupo para dar por terminado el día de trabajo. Norma se reunió conmigo allí y decidió hacerse cargo de un solo grupo de trabajo formado con toda la gente para continuar en la tarde. Yo accedí a acompañarla en su camioneta.

Sentado en la camioneta junto a ella, tuve el flujo de inducciones espontáneas que se presentaban y debía escribirlas. Era un flujo rápido. En un momento pensé, uno de los pocos eventos fruto de mi pensamiento autónomo, que había sido muy imprevisor al no traer conmigo suficiente papel para escribir. Comencé a escribir detrás de los volantes (anuncios de BCHS). Yo escribía rápido para seguir el flujo de las estimulaciones/orientaciones. Se podía apreciar en mi letra deformada por el apuro. No podía prestar atención a lo que Norma me hablaba y eso la exasperaba aún más. No cesaba de reclamarme por abandonar mi trabajo. Yo no podía prestar atención en nada que no fuera lo que llegaba a mi mente.

Cuando Norma se detenía para hacer el trabajo en las casas con toda la gente, de ella y los míos, yo permanecía en la camioneta transcribiendo las orientaciones. Dicho de manera simple, yo estaba otra vez en una interacción con Dios, con el universo, con la red de información existencial embebida en el manto energético universal, en su red espacio-tiempo. Durante esta interacción no iba a ocuparme de las cosas en este dominio existencial.

Notas.

Las estimulaciones/orientaciones se transcriben en *itálicas*.

Si alguna nota, comentario o interpretación espontánea tuvo lugar en el momento de recibirlas, se indica en letra de tipo normal.

Entre comillas, entre los símbolos « », o en **negritas** van las orientaciones/estimulaciones que por alguna razón pensé luego que debía transcribirlas con esa notación.

En la mañana y tarde del 26 de Abril.

No necesitas tanto para vivir. Dios provee.

Debemos mantener el Espíritu en la familia.

Cuando recibimos el llamado del Espíritu no podemos negarnos.

Los sentimientos están en el corazón. Las emociones, en el cuerpo.

Las emociones sirven al cuerpo. Los sentimientos son del corazón.

La fidelidad debe estar con Dios, no con los hombres.

El corazón es fiel a Dios. Donde tengo el corazón tengo a Dios.

El engaño (infidelidad) a un hombre se perdona. La infidelidad a Dios, no.

Traicionamos a Dios cuando en la familia no somos fiel a Él.

Dios perdona todo esto hasta que se hace saber por segunda vez.

El Espíritu advierte. El Ángel corrige. Dios castiga a los hombres.

Cuando no sabemos a quién servimos nos confundimos y damos vueltas, perdemos el rumbo en la vida.

« Regresa adonde te equivocaste y espera por la señal ».

« Confundido frente a los demás para desorientar al enemigo ».

Lo que hacemos muestra a quién servimos.

Lo que decimos en palabras muestra lo que creemos, dónde está el corazón.

Paciencia para encontrar la Verdad. Le corresponde al hombre.
Templanza para aceptar la verdad. Le corresponde a Dios.

El hombre tiene fidelidad, paciencia. Dios tiene templanza, pa-

ciencia infinita.

Fidelidad, medida de la paciencia. Fidelidad infinita es templanza.

No se debe juzgar sin preguntarse uno mismo, antes de hacer algo, qué habría hecho uno. Prudencia. Sabiduría.

Haz lo que te dejen. Templanza.

El trabajo de Dios está en el corazón.

Que los otros hagan lo que quieren. Tú adviérteles, enséñales, guíales, aconséjales. No les escuches (no reacciones)*; no juzgues.*

Dios obra sobre el corazón de los hombres. Dios está presente en el corazón.

Dios nos muestra nuestro corazón que el mundo no nos deja ver.

Invocar mal el Nombre de Dios es cuando lo hacemos para pedir algo para nosotros.

No se puede forzar una respuesta por insistir en pedir. Dios la otorga como resultado de nuestras acciones.

Cuando imaginemos algo terrible para nosotros, confiemos en Dios. Que se haga Su voluntad.

Responde (escucha) **los llamados del corazón. Dios te habla. No los dejes ir.**

Saca afuera (realiza) **los llamados del corazón. Si no puedes evitar ignorarlos, dáselos a otros. Si no, es envidia** (celos)**.**

Debemos hablar con el Ángel Intercesor cuando queremos alimentarnos espiritualmente. Lo hacemos cuando es en beneficio de los demás.

Nuestro Ángel entiende nuestras necesidades previstas por Dios, Padre. Pero no está de más participarle.

Compartir es una acción espiritual que debe ser practicada continuamente. Es una medida del amor por el hermano.

Debemos amar al hermano.

Debemos compadecernos del prójimo.

Amamos al hermano espiritual. Compadecemos al que no lo es pues no sabe lo que se pierde.

Debemos buscar al hermano espiritual para unirnos a él, ya sea como marido y mujer, amigo, o hermano; los tres, hijos de Dios.

Los hijos de Dios salen del pueblo de Dios que lo componen los que "obedecen" al profeta, al mensajero de Dios en la Tierra.

El Ángel del Señor va delante mío. Satanás, atrás mío.

Jesús señaló a quién interfirió con el Plan al decir a Pedro que el Ángel va primero y detrás viene Satanás.

Lo que se dice primero es verdad (Lo que se dice espontáneamente). Lo otro, lo que se agrega, lo dice el demonio (si comenzamos a pensar la respuesta).

Cuando nos oponemos al Plan de Dios es que negamos a Jesús, negamos al Hijo de Dios.

Oponerse al Plan de Dios es oponerse a la eternidad.

El demonio actúa sobre la condición humana del hombre para oponerse al Plan de Dios. Lo vemos en Job.

Estoy entregado espiritualmente al Señor, totalmente.

Cuando estamos confundidos, pedimos al Ángel Intercesor en vez de ponernos a dar vueltas. No debemos hacer nada sobre ese punto de nuestra confusión hasta que el Espíritu, el Ángel Intercesor, nos lo comunique.

En caso de duda, de conflicto frente al Espíritu de Vida o si no sabemos si estamos contra el Espíritu de Vida, no debemos hacer nada.

Obrando sobre la condición humana, y las emociones de quienes amamos, el demonio quiere confundirnos para dividir nuestra lealtad, nuestra fidelidad a Dios.

Dividiendo, el demonio nos debilita. Por eso quiere ir socavando la fidelidad a Dios tratando de minimizar la paciencia, virtud que se opone a la lujuria. Lujuria es la medida del apetito carnal (la dependencia de la experiencia material).

No debemos tentar al Ángel pidiendo que nos resuelva algo que pudimos preveer.

Si no preveemos debemos cargar la culpa, y aceptar la responsabilidad, en vez de aprender por las consecuencias. (No podemos justificar nuestras acciones sólo para aprender a través de las consecuencias).

Preveer es aprender primero. Para aprender debemos ir a la Fuente.

De todas las fuentes busca los frutos más altos, los que defienden la Verdad.

El pecado original es tratar de oponerse al Plan de Dios, al Hijo de Dios, al hijo espiritual salido de acuerdo al Plan de Vida Eterna.

Cuando adviertas un error acude rápidamente a tu Ángel Intercesor en la vida, la Verdad. Es el Ángel de Dios en la Tierra para los hombres que buscan al Padre. Quedó en la Tierra al morir Jesús (amor). Guía a los hombres que buscan la Verdad.

El Ángel de Sabiduría es el que guía. Él es mi Señor.

"Yo soy la Sabiduría" dice mi Padre espiritual por mi boca.

Cuando estés tratando de comunicarte con tu Ángel, no permitas que nadie te interrumpa, ni siquiera Aarón. El demonio busca provocar. Quién te interrumpe es el demonio.

El que te puede interrumpir (entiendo *quién puede actuar sobre tí) es quién te ayuda a ver en la noche, en la oscuridad, en la confusión; el Ángel de la Verdad.*

Busca a Aarón. (¿Es Aarón mi hermano espiritual?).

Los lazos de sangre no deben interrumpir tu comunicación con Dios, Padre. Ni los hermanos espirituales.

[Norma acababa de presentarse para preguntarme algo. Yo no podía atenderla en ese momento, y ella casi explotaba de frustración ante mi actitud].

*« **No necesitas instrumentos** » para hablar con Dios. Tienes Su Ángel. Tú eres el Espíritu de Sabiduría. Eres Su instrumento. Tienes tu Ángel.*

Dios ha enviado al Espíritu de Sabiduría para dejarle en la Tierra.

Durante el día, el Ángel del Señor es una nube para protegerte de tus enemigos; durante la noche, para iluminarte.

En la noche del 26 de Abril.

*« **Dios es todo,***

Espíritu y Amor,
Al servicio de la Verdad, razón de la sabiduría,
Al servicio de la justicia del Dios Todopoderoso ».

« Dios dice,
Yo Soy tu Padre,
Fruto de la Verdad, razón de la sabiduría al servicio de la
justicia del Dios Todopoderoso ».

Dios es fiel rector de la voluntad de los hombres, fruto de la mentira y la desobediencia, razón de la justicia de Dios Todopoderoso.

Destierros son las pruebas por las que pasamos para purificar nuestra mente (la identidad temporal cultural), *fruto de la soberbia del hombre, razón de la justicia del Todopoderoso.*

Ayunos son las pruebas por las que pasamos para purificar nuestras emociones, fruto de los deseos del hombre, razón de la justicia del Todopoderoso.

Muerte es la prueba por la que pasamos para purificar nuestro corazón, fruto de la intención del hombre, razón de la justicia del Todopoderoso con el propósito de la Vida Eterna.

Árbol de La Vida es obediencia.

Árbol del Conocimiento del Bien y del Mal es la desobediencia.

Obediencia es pensar en la dirección correcta.

Trinidad de Vida es Dios.

Obedezco cuando me acerco al Espíritu de Vida.

Desobedezco cuando me alejo del Espíritu de Vida.

Dios es lo que mejora la célula de vida para acercarse a Dios.

Dios es lo que mejora la célula espiritual para acercarse al Espíritu de Vida Eterna.

Fuimos puestos en la Tierra para que encontremos nuestra identidad espiritual. Debemos reconocernos. ¿Somos hijos del hombre, o del Hombre que Dios, nuestro Padre, quiere?

Debemos buscar nuestra identidad espiritual.

El linaje de la familia espiritual debe mantenerse. Negarse es desaparecer.

Los hermanos espirituales sean unidos, para que no se los coman los perros de afuera.

Cuando nos dividimos espiritualmente estamos sirviendo a los intereses del demonio.

Hay que tomar decisiones en base al Espíritu de Vida Eterna.

Todos los esfuerzos que hagamos deben conducirnos a que toda célula viva se desarrolle en armonía, hacia la eternidad.

La armonía exige que nos "sub-dividamos" materialmente para crecer espiritualmente.

Las acciones espirituales son acciones tendientes a la preservación de la vida para conservar su propósito, la eternidad. La materia debe servir al propósito eterno. Debe minimizarse. Crecer en espíritu.

Cuando aceptamos las pérdidas materiales (fama, éxitos, dinero, posiciones) nos acercamos, inconscientemente, a Dios.

Cuando renunciamos a los "frutos de la tierra" (fama, dinero, posiciones) ya hemos encontrado a Dios.

Encontré a Dios al encontrar la armonía (conceptual) de las in-

teracciones entre la fe, la religión, la moralidad y la racionalidad, entre lo que creo que soy, lo que se me dice que soy, lo que digo que soy, y lo que busco para ser.

Dios quiere escuchar un pueblo, uno solo en el universo, que Le llame para alabarle, no para pedirle.

El cuerpo (parte material) necesita descanso, no la mente.

Pecado es el fruto de la mentira del hombre.

Pecado es hijo de la mentira del hombre, Adán, y la desobediencia de la mujer, Eva.
Pecado es fruto (hijo) de la mentira del hombre y la desobediencia de la mujer.

Mentira es falta de amor.

Desobediencia es falta de esperanza.

Hay que amar la verdad aceptando la culpa. Hay que odiar la mentira haciéndose responsable. Para vivir en armonía y justicia.

Aceptar la culpa es hacer justicia. Se acepta la culpa reflexionando.

Hacerse responsable es armonía. Se hace responsable trabajando para reparar ("pagar") las consecuencias.

Sábado 27 de Abril.

Orientaciones e Interacciones en el taller.

Estoy sentado frente al escritorio del taller, escribiendo lo que recibo, sin prestar atención a nada más, ni siquiera a Rogelio que está reparando las máquinas a pocos pasos de mí.

« *Si me asusto de lo que pienso, debo callar* (dejar de pensar, es lo que entiendo espontáneamente) ».

« *Si me parece muy grande de manejar, callo; necesito meditar antes de hablar. Si no sabes qué hacer, no hagas nada hasta que encuentres la respuesta en tu corazón* ».

« *El corazón reacciona a la mente bloqueando la palabra* ».

« *Si insisto, no podré hablar. Debo parar. Volver atrás. Reflexionar* ».

« *Bloquear la palabra es bloquear la comunicación de la mente* (identidad presente) *con la consciencia* (identidad eterna) ».

« *Podemos pensar pero no hablar hasta haber reflexionado y tomado una decisión con nuestro corazón* ».

« *No debo abandonar a mi esposa* ».

« *Fidelidad al compañero es fidelidad a Dios, en las buenas y en las malas. Fidelidad es una medida de la promesa de estar juntos* ».

« *Dios está junto a nosotros eternamente.*
Su Promesa de Vida Eterna es Esperanza, es lo que nos permite creer.
Quién no cree en la vida eterna no tiene esperanza.
No tener esperanza es no tener vida ».

« *Una acción positiva que proviene del corazón es callar.*
Una acción negativa, que viene del cuerpo, de las emociones, es soltar la palabra.
La primera palabra es emotiva.

La segunda palabra es reflexiva, mental.

La que no se dice viene del corazón.

La reflexión instruye a la mente, a la razón. La somete al corazón, a Dios.

Debemos dar tiempo a la segunda palabra.

Esto es templanza, paciencia.

Paciencia, medida de la templanza ».

Exclamo de pronto, dentro de mí, sin abrir mi boca,

¡Mi arca del tiempo es la camioneta!

Me dirijo a ella que está adentro del taller grande.

Cierro las puertas ("cierro el arca", me digo).

Cierro las ventanillas. El cierre debe ser completo, como lo fue con el arca de Noé.

Aparece el siguiente pensamiento,

« Encontré mi arca de Noé, donde encontré mi compañera. En la nueva vida que Dios me dio. Ahora debo subirla (a Norma) *a mi Arca de Dios. Paciencia. Templanza ».*

Pasa un rato.

No hago nada. Espero. Atento a alguna señal.

Estoy esperando por una señal. No sé cuál ha de ser. Solo tengo que esperar, es lo que entiendo de alguna manera.

« Recibirás señales para salir del Arca ».

Estoy sudando fuertemente. Hace calor. El temor por no saber que tan larga será la espera acentúa mi transpiración.

De pronto escucho un silbido.

¡Es la señal que he estado esperando!

Casi salto de mi quieta posición en atención en mi asiento.

Me parece que pudo haber sido el pitico que emite la radio cuando recupera la señal en espacios cerrados, o cuando se reestablece la conexión después de una pérdida de señal. No, no eso; la radio se prende manualmente y ahora yo no he tocado nada aquí dentro. ¿Tal vez fue un pajarito que entró al taller y anda buscando cómo salir? No sé, no tengo prendido mi audífono como para reconocer ese pitico o silbido.

De todas maneras, recuerdo que Dios utiliza a veces señales o fenómenos físicos para conducir Su señal, si nosotros la reconocemos como tal.

Pasa otro rato (obviamente el pitico anterior no era una señal).

De pronto, resuena en mi mente,

« *¡Llegaste a la Tierra!* ».

« *Pasaste por el agua. Fuiste subido del agua;*
puedes irte;
vive conforme lo que crees;
larga todos los animales y sigue la Señal del Cielo;
abre la puerta;
vete y vive;
busca a Dios en el Cielo ».

Abro la puerta.

Siento el aire fresco a pesar del intenso calor dentro del taller techado con chapas. Me quedo dentro de la camioneta escribiendo notas sobre esto que acaba de pasar, y luego otras inducciones que llegan tan pronto como termino de escribir rápidamente mi "paso por el arca de Noé".

« *Dios obra sobre nuestro corazón.*
Nuestros sentimientos están en el corazón (esencia)***.***
El corazón nos hace fieles a Dios.
El miedo a la Verdad no me hará temblar el pulso.
La Verdad no puede ser ocultada.
El que oculta la Verdad es anticristo.
El poder no destruirá la Verdad.
La Verdad está en mi corazón. No es lo que creo sino lo que siento. *Es mi consciencia espiritual. El que oculta el corazón es el que oculta su consciencia.*
Ocultar la consciencia de pecador es ser anticristo.
El Fuego, Poder Eterno, no destruirá la Verdad.
La Verdad es fruto del amor y la esperanza.
Confesar la verdad es poder vivir.

Vivir es tener esperanza de un mundo mejor.

Tener esperanza de un mundo mejor conduce a purificarnos a través del fuego.

El Espíritu de Vida Eterna nos salvará del fuego eterno.

Pero hay un precio que pagar por nuestras impurezas.

Cerrar las puertas de nuestra arca ».

Cierro nuevamente la puerta de la camioneta. Entiendo que una orden.

« Esperar la Señal del Cielo.

No he cargado los animales.

Noé desobedeció a Dios.

Yo no desobedeceré a Dios.

Esperaré por su orden para continuar desde su última orden.

No puedo esperar a la orden de Dios desde el Cielo.

Dios está en mi corazón.

Mi corazón me dice que salve sus animales, su creación.

Abriré el arca.

[Ahora quiero abrir el arca otra vez, la puerta de la camioneta].

Abriré el corazón de Dios que está en mi corazón.

Voy a buscar los animales para salvarles.

Los animales quedaron en la tierra (Tierra).

El hombre trabó la puerta del arca de Dios.

[Por alguna razón no puedo destrabar la puerta. Algo estoy haciendo mal, o dejando de hacer. Finalmente la destrabo].

Por eso no puede abrirla.

Pero ahora Dios está otra vez en nuestro corazón.

Por última vez, ¡ábreme tu corazón!

Lo dice Dios, Padre.

Deja de buscarme con la razón.

Búscame con el corazón.

Como lo hizo Mi hijo Jesús.

Ahora, desde tu familia.

La familia de Dios en la Tierra.

Lo dice Dios desde el corazón de Dios en la familia de la Tie-

rra.

La familia es un padre, una madre, tres hijos unidos con el corazón de Dios del padre, y que al menos uno de ellos sea presentado a Dios como la primicia de su corazón, de su amor a Dios para ser sacrificado[*] *al altar de Dios.*

Un hombre y una mujer unidos en la esperanza de un mundo mejor en amor a Dios, tengan sus bases en obediencia al Espíritu de Vida para trabajar en busca de... ».

Interrumpo. "¿Qué es altar de Dios?", pregunto.

« Cuando Dios habla no se interrumpe, se espera.

Hay que esperar que Dios hable para tener el primogénito.

El primer hijo es el fruto de la esperanza de la madr...

Nuevamente interrumpiste a Dios ».

[Estaba distraído pensando].

« Hay que esperar.

El altar de Dios está en los cielos.

Es espiritualismo.

Es espíritu.

Si vas a hacerme uno (altar) con obras, que no sea ostentación; no vaya a ser que se vea tu intención.

La familia de Dios en la Tierra es padre, madre y tres hijos, unidos como fruto de la esperanza de vida eterna y amor a Dios.

La familia de Dios en la Tierra es padre, madre... ».

...

Se cortó el flujo de orientaciones que estaba recibiendo.

Al ponerme a pensar, tratando de entender ahora, interrumpí el flujo.

Perdóname Señor (mi Guía), por haberte interrumpido.

(*)
Dios no exige ningún sacrificio de nuestro hijo. El hijo a que se refiere es el fruto de nuestro proceso racional, es nuestra consciencia. Es lo que Abraham entendió incorrectamente, pero Dios lo detuvo a tiempo. Ver en el Libro 2, capítulo Guía del Espíritu de Vida, la sección Aplicación de la Guía del Espíritu de Vida, Caso Abraham, (Revisitación).

Noche del 27 de Abril.

Ante una situación de desacuerdo frente a Norma y Carlos, yo recibo los siguientes pensamientos que escribo de una vez, sin pensarlo,

« El hijo está reclamando al padre (que está presentando una posición correcta, es decir, el bien). La esposa se une, a su vez, contra el padre (bien), siendo que el padre está haciendo el trabajo que ella, la esposa, quiere.

Hay un bloqueo;

hay que volver atrás;

reflexionar para recuperar la armonía;

si no se encuentra solución, decidir por el bien ».

Más tarde, en la noche, habiendo ido ya a la cama, tengo que bajar a escribir lo siguiente:

« El padre habla, el hijo obedece al padre;

El esposo decide siguiendo a Dios, la esposa sigue en obediencia a Dios;

El padre habla, enseña (Dios);

La madre escucha (Espíritu, futuro);

El hijo obedece (Verdad, presente);

La madre rectifica, informa (espíritu, pasado);

El padre castiga (Dios eterno);

El Ángel del Señor guía ».

« Desobedecer a la madre es desobedecer al Espíritu de Vida; es negar las fuentes del pasado, es oponerse al futuro.

La esposa es el espíritu de familia, la fuente espiritual. Debe servir (guiar) al esposo para mantener el espíritu en la familia, fuente de la vida eterna.

El esposo obedece a Dios, ama a la esposa.

265

La esposa obedece al esposo, ama a su hijo, esperanza de vida.

Dios ama al esposo.

Esposo obedece a Dios, ama a su compañera.

Esposa obedece al esposo con esperanza de vida.

Hijo es fruto del amor y de la esperanza de vida, en obediencia a Dios.

Es la Verdad, fuente de información que nos conduce a la vida eterna ».

« Comer del Árbol del Conocimiento del Bien y del Mal es desobedecer a la Madre, al Espíritu de Vida ».

« Comer del Árbol de la Vida es obedecer al Padre ».

« El Espíritu de Vida no puede ser negado, no puede ser desobedecido ».

« Todo lo que hagamos de bien espiritualmente, nos conduce a la eternidad ».

« Todo lo que hagamos de bien materialmente, nos aleja de la vida eterna.

La materia es pasado. El espíritu es futuro.

Negarlo es regresar al pasado; aceptarlo es caminar al futuro; encontrarlo es encontrar a Dios, Inteligencia Suprema de vida basada en la presencia eterna del Espíritu Santo.

Así es, eternamente ».

« La Fuente de Vida, Padre, es la Inteligencia de Vida, es el Árbol de la Vida ».

« La Fuente de las Fuerzas de la Vida, futuro y pasado, es la Información de la Vida, es el Árbol del Conocimiento del Bien y el Mal ».

« Reconocer la Verdad Absoluta es el presente en nuestra vida eterna ».

« *Debemos dejar atrás nuestro pasado, la materia. Debemos dar paso al espiritualismo* ».

« *Hay dos cosas en la Vida Absoluta. Bien, y mal. Un presente, y dos fuerzas, futuro y pasado* ».

« *Judas es el que traiciona al hermano espiritual, no al hombre* ».

30 de Abril de 2002.

Las Revelaciones de Dios a Juan.

Advertencia a Nuestra Civilización en la Tierra acerca de la Capa de Ozono.

A continuación, las estimulaciones y orientaciones de Dios en la noche del último día de Abril de 2002, en el taller de la compañía.

La mayor parte fue "dictado" de alguna manera en mi mente, sin razonamientos ni reflexiones de mi parte, y sin detenerme, excepto en los casos indicados, en los que me interrumpo para preguntar y Dios me llama la atención por eso.

Escribía muy rápido. La sucesión de los pensamientos a través de los cuales Dios se comunicaba conmigo era muy rápida por momentos. No tenía tiempo de razonarlas, de revisarlas. No me alcanzaban las hojas; tuve que usar toda clase de papeles a la mano, e incluso unas tablillas de madera hasta que el ritmo de pensamientos me permitió ir a la caja de los volantes (anuncios de propaganda) de BCHS.

No hay una relación inmediata entre los sucesivos bloques de pensamientos que me llegaban de Dios.

¡Atención!
Nuevamente, no serían entendidas sino hasta la reflexión e interacción directa con Dios.

No son Verdades impuestas u obligadas sino Verdades que van a ser confirmadas cuando se hace el proceso de conscientización, de entendimiento por sí mismo. En otras palabras, son las Verdades como propósitos a los que conduce el proceso de conscientización que tiene como referencia a las Orientaciones Eternas ya dadas.

Una cosa es creer en ellas, aceptarlas; otra cosa es hacerlas realidad, confirmarlas, por un proceso universal.

Padre e Hijo,
El hijo que demanda debe ser corregido.
El hijo que se resigna debe ser despertado.
El hijo que acepta debe ser vigilado.
El hijo que da debe ser alabado y orientado.

Aprender a juzgar por nuestros actos es buscar a Dios, Padre.

Espíritu Santo es la Fuente de Vida Eterna.

El Universo es un Universo Vivo, Eterno.
El Universo está basado en la Verdad Eterna, Verdad Absoluta, Eterna.

Dios es Todo, Todopoderoso. Un solo Dios, Único, contenido en toda manifestación de vida, fuente de Sabiduría.

Esperanza es una medida de la consciencia espiritual absoluta, la Verdad.

Fe es una medida de la fidelidad a la consciencia.

Obediencia es una medida de la consciencia espiritual.

Amor es una medida de la consciencia racional.

En todo momento, en cualquier momento siempre estamos en presente en el Universo Eterno.

La luz es interfase entre los dos dominios energéticos de la Unidad Existencial.

Niveles de consciencia en el espacio-tiempo.
En Ezequiel habla la primera consciencia espiritual (los sueños y pensamientos).
En Juan Bautista habla la segunda consciencia espiritual (la palabra).
En Jesús habla la tercera consciencia espiritual (los actos).
En Dios (Padre) habla la cuarta consciencia espiritual (presente).
En Dios (Hijo) habla la quinta consciencia espiritual (futuro).
En Dios (Amigo) habla la sexta consciencia espiritual (pasado).
Dios (Espíritu de Vida) habla la séptima consciencia espiritual (eternidad).

Consciencia de hijo,
Las maldiciones proferidas por palabras se alojan en consciencias débiles a las que se accede por el oído.
Consciencia de padre,
Los hipnotizadores entran en la consciencia de padre a través de los ojos.
Consciencia de Dios,
Se entra con el raciocinio en armonía con el Espíritu.

Espíritus malos,
son originados por fuerzas opuestas (en desarmonía) *al bien, al plan de Dios.*
Se oponen al crecimiento de la Vida Eterna como consecuencia de leyes inescrutables absolutas.

La Vida Eterna es Verdad Absoluta.
Pero necesitamos ser depurados para pasar allí.

Los malos espíritus se originan por la desobediencia (desarmonía) a Dios, Padre Eterno.

Pasamos por el mismo proceso eternamente, incluyéndose Dios, Padre Eterno mismo. Es la Verdad.

Podemos creer, o no creer.

El Padre respeta una decisión, pero todos pueden alcanzar la armonía total para someter la razón al espíritu.

Si no creemos, el Padre juzgará por nuestros actos en obediencia (en armonía) a nuestra consciencia racional, en relación con las manifestaciones de vida; y nuestra consciencia espiritual en relación con la vida espiritual.

El Padre provee asistencia por medio de la luz blanca (suma de colores).

Niveles de consciencia.

Hay siete niveles de consciencia, entre ellas,

Consciencia Absoluta; Dios; dios; racional; moral (práctica de la experiencia de vida)...

Prohibido (sugerido no usar por los efectos en el cuerpo humano por la manera en que se usan o por los propósitos por los que se usan, o son analogías de otros que debo reconocer luego),

Las baterías a base de Litio (son radioactivas).

Anteojos para el sol.

Largavistas para espiar.

Aparatos de visión infrarroja.

Aparatos de radiación ultravioleta.

Armonía.

Antes que nada, no podemos buscar una armonía que no conocemos.

Para comenzar una concientización de recuperación de armonía universal debemos entender los universos en que nos movemos.

Somos seres espirituales. Necesitamos armonía espiritual.

Somos seres racionales. Necesitamos armonía racional.

Somos seres humanos, físicos, materiales. Necesitamos armonía del cuerpo.

Somos individuos. Somos sociables. Somos eternos.

Espiritualismo.

El espiritualismo no es ritual.

Es un compromiso de buscar la guía del Señor a partir del conocimiento dado.

Es un proceso de autorreflexión para aprender a comunicarse con el Señor (Guía). *Autorreflexión es encontrar a Dios. Para ello, primero debemos encontrar la armonía consigo mismo. Basado en su autocontrol de reflejos y de hábitos en las comidas.*

Llamar al Señor.

El Señor llama por los pies.

[Recibo el pensamiento *El Señor llama por los pies,* e inmediatamente me sacude los pies; entiendo que es por el alma. Estoy describiendo, espontáneamente, cómo se manifiesta la interacción que tiene lugar con nuestro Señor].

Respondemos afirmativamente con el pensamiento (en la mente).

El Señor responde con una señal más fuerte (tengo una sacudida más fuerte).

Luego procedemos a solicitarle su ayuda para otro hermano.

Cuando lo hacemos, pensamos en nuestro hermano, aquél al que queremos ayudar (es la identidad temporal, cultural).

Damos las gracias, Señor.

El Señor responde (tengo una fuerte sacudida de los pies).

[Me siento alentado a practicar, y lo hago pidiendo a Dios algo por mi vecino al lado del taller.

"Señor (me escucha, pues me sacude los pies),

quiero pedirte que ayudes a mi vecino a entenderse con su padre (el Señor me sacude otra vez los pies).

271

Gracias Señor (el Señor me sacude los pies más fuerte)"].

Consciencia.
La consciencia reside en el Espíritu de Vida.
La consciencia moral reside en el Espíritu de Vida.
La consciencia individual reside en la razón (es la identidad temporal, cultural, no la consciencia).
Consciencia es el ambiente mental, espiritual, donde tiene lugar el pensamiento que reside en el cerebro. (Lo que reside en el cerebro es la interacción que da lugar al pensamiento).

Pensamiento, razonamiento.
Filosofía (yo), espiritual; religioso, moral; científico, material.

A la Verdad Absoluta, Vida Eterna, accedemos a través de nuestra consciencia espiritual, consciencia de Padre de Vida Eterna, y de la obediencia (armonía) *al Padre de Vida Eterna.*

Tenemos virtudes, sentimientos; e interacción entre consciencia espiritual, o corazón, y la razón (identidad temporal, cultural).

La virtud es una medida de ceder al espíritu en vez de la razón.

Corazón de Dios es la interacción espiritual entre razón y corazón (esencia, alma).
Pensamiento está en el ambiente espiritual (primordial) en el que reside el "plasma".

El ambiente espiritual tiene siete niveles.

Palabra.
Articulación del pensamiento en vibraciones;
(es la conversión de información de una dimensión energética a otra);
traducción del concepto espiritual formado en el "plasma", en la interfase físico-espiritual, en manifestaciones físicas que pueden

ser entendidas sin recurrir a un intermediario entre los dos herma-
nos que deforme el contenido original.

La palabra debe ser escrita u oral.

Oral, el medio de transmisión no puede ser distorsionado por
los interlocutores.

Escrita, hay un problema de interpretación estructural, in-
tención; y un problema conceptual, espíritu.

Por ello, la palabra de Dios debe ser oral o escrita, con autori-
zación (en armonía con) *de la Palabra Original que siendo Eterna*
no puede ser cambiada.

No hay interpretación estructural ni conceptual en la Pala-
bra de Dios. Ya fue dictada. Es eterna.

El ritmo de un corazón es el ritmo de un Quásar.

La Verdad.

« No se ofende a Dios Todopoderoso si buscamos la Ver-
dad por la Verdad Eterna. Es Palabra del Señor ».

Si no provenimos de una familia de padre, madre, y tres (3)
hijos, nuestra identidad espiritual está en el pasado;

Si provenimos de una familia de padre, madre, y tres (3) hijos,
nuestra identidad espiritual está en el presente;

Si provenimos de una familia de padre, madre y más de tres
(3) hijos, nuestra identidad espiritual está en el futuro,

Lo que equivale a decir, que luego de "morir" según el concep-
to de esta Tierra, el destino espiritual es inverso.

Palabra del Señor.

Pecado original.

Incesto (tomar su pensamiento como referencia para el proceso de validar su pensamiento)*.*

[Por eso se distorsionan las interpretaciones].

Madre e hijo, Eva y Abel, preferencia de la madre por un hijo.
Lo que hizo con uno tuvo que haberlo hecho con el otro. Dios,

---

273

Padre, recibió los regalos de Abel pero le disgustó los de Caín.

Preguntar la verdad.

Cuando hacemos una pregunta no debe ser hecha con otra pregunta diferente de lo que realmente deseamos preguntar.

Si lo hacemos, abrimos camino a la especulación. Creamos un círculo vicioso del cual no podremos escapar.

En la policía se tergiversan las entrevistas.

Para hablar sinceramente el padre (maestro, anciano, consejero) debe ir adelante. El alumno, atrás. Esto, para que se bloquee el lenguaje subliminal que resulta del reflejo de las emociones del corazón en el pulso sanguíneo, que al moverse (circular), genera radiación electromagnética (aura).

La parte trasera del corazón es bloqueada por la médula espinal. Cuando el hombre era lagarto sirvió (la médula espinal) para proteger el corazón del sol.

Por eso Jesús dijo: ¡Satanás, detrás de mí!, porque de ese modo Pedro no podría falsearle. Jesús se daba cuenta porque la falsedad de Pedro le perturbaba.

Si los hombres no conocen, no pueden ser.
Si no saben, no pueden responder.
Si no se les enseña, no se les puede pedir (exigir)**,**
Para eso estoy aquí.

Para hacer conocer la Sabiduría, Padre de la Verdad, Fruto del Amor y el Espíritu, Hijo de Dios.

¿Soy Hijo de Dios?

Sí, lo soy; y no, por mis acciones en desarmonía por falta de consciencia.

Pero el Padre me da opción de Vida Eterna, si le obedezco (si busco la armonía).

« Tengo el Espíritu de Sabiduría, Padre de la familia de Dios en la Tierra ».

« La familia de Dios en la Tierra es la célula viviente cuya con-

cepción, surgida como fruto del amor y el espíritu, tiene opción de vida eterna si obedece al Padre. Es la Promesa de Dios, Padre Eterno ».

« Habla Dios, Padre, por intermedio de su Profeta Juan, portador del espíritu de sabiduría, guiado por su Intercesor, el Espíritu de Sabiduría ».

« Vivimos con un propósito: identificarnos espiritualmente.

Así sabremos cuál es nuestro papel, si queremos participar en el Plan de Vida Eterna dado a conocer por el Padre Eterno.

Este Plan se completa cuando de entre nosotros se pueda reunir un solo justo (¿uno solo?… o ¿diez? justos) que obedezca(n) al Señor después del anuncio.

El tiempo comienza a correr desde el anuncio.

No se sabe cuándo aparecerá el último Espíritu de Dios, Espíritu de Justicia, que dará a cada quién lo que ha estado buscando; balance entre lo que pidió y lo que ofreció; lo que tiene y lo que dio ».

Reflexiono espontáneamente,

creo que aceptando mi anuncio se perdona todo el pasado, siempre y cuando se acepte la culpa, se cargue con la responsabilidad y se ponga a reparar como hizo Jesús, con espíritu de verdad…

Aceptando, y haciendo lo que se anuncia, se Promete la Vida Eterna.

Última oportunidad.

A Jesús el Padre le dio la tarea de entender el Plan de Salvación para ese momento. Para salvarse, y salvarnos.

A Juan, el Padre le confirió la tarea de entender el Plan de Salvación para este momento. Para salvarme y salvarles, porque todos somos hijos de hombres, frutos de la mentira del hombre y la desobediencia de la madre causados por la falta de amor y esperanza.

Adán mintió, cargó la culpa en la mujer, y ésta en la serpiente, siendo éstas las acciones del hombre como fruto de esa relación entre ellos, y entre ellos y Dios, su Padre.

Éste es el primer pecado, original. Contra Dios. Espíritu de Vida. Ahora se anuncia el segundo pecado: contra el Espíritu de Vida Eterna. No puede ser tolerado.

Podemos salvarnos.

Éste es el plan de salvación.

Cuando Dios dijo al hombre y la mujer que siguieran Su consejo, ellos se rebelaron, alzaron en soberbia mintiendo y acusándose mutuamente en lugar de reconocerse frente a Dios y aceptar la culpa y ofrecer reparación.

De los frutos de esa relación,

Abel ofreció frutos que agradaron a Dios; el otro, Caín, ofreció frutos que desagradaron (en desarmonía) a Dios.

El fruto que ofreció Abel fue manifestación de vida, corderito; el fruto que ofreció Caín fue de la tierra.

Obviamente, Dios, ahora lo sabemos, espera manifestaciones de vida, acorde a Su Plan de Vida Eterna.

Caín tuvo envidia (celos en realidad). Ya que él no tuvo el favor de Dios, tampoco lo quiso para su hermano. Lo mató. Quiso apartar la vida de su hermano frente a Dios.

Dios castigó.

Primero tiene que rescatar a Abel, aquél que ofreció las primicias de la vida a Su Padre, Dios.

Para ello estableció un plan de salvación.

Primero, para rescatar a Abel.

Una vez rescatado Abel, éste presentaría el Plan del Padre para rescatar a Caín.

Una vez reunidos Abel y Caín con su madre, Eva, traerían de regreso a Adán, el padre, a casa.

Mi Casa es la casa de Mis Hijos...

"¿La casa de mis hijos?", me pregunto.

…

Se cortó el flujo de pensamientos de Dios.

Advierto que he estado dejándome llevar por mis propios pensamientos. Algo me llevó por otra línea de pensamientos. ¿Fue solo una distracción mía?

De pronto, se reanuda.

« Cuando estás en la Montaña nadie debe interrumpirte ». [Entendí inmediatamente que después tendré que revisar, interactuando con Dios, otra vez todo esto para mostrarle que deseo entender, que voy a rectificar. Así, entonces, recobré enseguida el flujo de orientaciones].

Dios pide dos veces. Dios enseña dos veces.

Una vez que Dios habla, se Le obedece (se Le escucha).

Cuando estás en la Montaña, nadie debe interrumpirte.

Dios se puso a buscar a Abel.

Dios se entregó en la Tierra.

Cuando le encuentre a Abel, se pondrá a buscar luego a Caín.

Abel se sacrificó por su hermano, la vida. Le gustó a Dios.

Caín se sacrificó por sí mismo, la Tierra. Esto disgustó a Dios.

Dios preguntó a Caín por Abel. Caín se levantó contra Dios. Ofendió a Dios. Soberbia.

Nadie entra a Mi Casa sino Mis hijos.

Ya perdí uno, Abel; ahora no quiero perder el otro, Caín.

Dios quiere salvar a Sus hijos, el bueno y el malo.

Ahora Dios quiere que Abel salve a Caín; que le busque, y entre ambos regresen a Dios a Su Casa.

Es tiempo.

Caín, el hermano de Abel, es todo aquél que se reconozca como quién mató a Abel desterrándolo de su casa espiritual, el Reino de los Cielos.

Todo aquél que aparta a su hermano en la Tierra, se aparta a sí mismo del Reino de los Cielos, de la casa espiritual.

Debemos buscar a nuestro hermano espiritual y llevarle a casa, trayéndole al Reino de los Cielos.

Debemos comenzar por nuestro hermano en la Tierra. Debemos llevarle el Reino de los Cielos a su casa, su casa espiritual.

Debemos hacerlo el sábado, cuando solamente trabajamos el sábado a dedicación exclusiva para el Señor en anticipación a nuestro descanso eterno.

Dios nos da seis días de trabajo »...

...

Siento una pausa.

Entonces reflexiono.

Nadie puede servir a Dios y a otro dios al mismo tiempo.

Se puede trabajar el sábado, y todo el tiempo. Lo que Dios quiere decir (nos sugiere) es que dediquemos tiempo a Dios para crecer en consciencia, en entendimiento de nuestra relación con Él.

...

Sigo recibiendo.

Dios nos pide (sugiere) *un día de trabajo a la semana para Él, en la Tierra. Cualquier día. Pero a Su profeta le pide más dedicación. Cuanto más, mayor la recompensa.*

El Mensaje de Salvación.

El Mensaje de Salvación del hombre, previsto por Dios Padre Todopoderoso no incluyó jamás la destrucción de Su creación ni de ninguno de Sus hijos.

El Plan de Salvación, a anunciar por Juan Bautista, se vio truncado por las fuerzas inescrutables del Universo que incluyen la participación del hombre por el hombre mismo en camino hacia la Vida Eterna, camino de regreso a casa, la Casa de Dios Padre Todopoderoso.

Como en los tiempos eternos, las fuerzas del mal, fuerzas opuestas a los intereses de Dios, Padre, obligaron a crear este universo físico para proveer un santuario a todos aquéllos que quieren ponerse en el camino definitivo hacia el Señor.

Juan Bautista iba a hacer el anuncio.

Pero, intereses del hombre truncaron el Plan.

Juan Bautista fue sacrificado.

Jesús se ofreció para tomar el puesto.

El amor de Jesús, y su desprendimiento total de sí mismo para seguir al Padre, le llevaron a la muerte a manos de quienes él amaba y a quienes quería salvar.

Jesús nos abrió una puerta hacia Dios, a cambio de su dolor.

Jesús nos entregó el modelo de hijo que Dios, Padre, quiere (busca) **en la Tierra.**

Pero la acción de Jesús no nos salva; no es para actuar diferente de él como lo hacen ahora los que dicen seguirle.

Creer no basta.

Debemos actuar conforme a lo que creemos, a lo que sentimos hacia Dios.

Las lágrimas de Jesús expresaron su dolor por aquéllos que le mataban como única respuesta a no entender la espiritualidad de Jesús.

Jesús era espiritual.

Jesús se atrevió a "saltar" a la Vida Eterna desde ahora, dando vivo testimonio de hacer conforme a la Voluntad del Padre, obedeciendo al Padre; y amando a sus semejantes, a quienes le creyeron y esperando el perdón del Padre para quienes le condenaron.

El Plan de Salvación es para todos, no para un grupo. El Plan obra sobre las consciencias.

Consciencia espiritual. Consciencia eterna.

El Mensaje Eterno es para todos. Ha sido dado a todos. Pero pocos lo aceptaron.

Solo hay un Mensaje de Dios Padre: Vida Eterna, Su promesa; nosotros, Su propósito; el mal, Su razón para orientarnos; la fidelidad, el medio.

Montémonos en la alfombra de la Salvación.

"¿Alí Babá y los (cuarenta) Ladrones del Paraíso?", me pregunto.

Entiendo que hay muchas inspiraciones espirituales que el hombre no las ha tomado como tales, pero que han estado presentes en el hombre, de diferentes maneras, en diferentes momentos de diferentes culturas.

José creyó en María.

María le dijo a José que Jesús no era pecador.

Jesús, era pecador.

El Padre elige a los pecadores desde la eternidad. Si estos pecadores se reconocen, el Padre los confirma, y los pone a Su servicio para redimir sus pecados »...

...

Siento otra pausa.

Se suceden pensamientos variados, los que voy escribiendo conforme se desarrolla la interacción espiritual, entre momentos de silencio, momentos de excitación y pausas, descansos en los que bebo agua de a sorbitos, único alimento de este último día previo a esta noche de ayuno y Acción Espiritual.

"No solo de pan vive el hombre", Jesús está muy claro y muy firme en este momento en mí. Tengo la certeza de que en circunstancias adecuadas la luz es un alimento.

Desde días anteriores solo vengo tomando té con galletas de agua, ensaladas verdes y arroz...

...

Por la desigualdad social dejé Argentina y luego Venezuela, para caer atrapado en la idolatría del dinero en Estados Unidos.

Todos tenemos la misma inteligencia de vida.

El contacto físico entre esposos elimina electricidad estática del cuerpo.

Cuando se hace la unión hay una gran concentración de energía a través de la piel que es necesaria para la concepción, la que lleva información de cada uno de los padres.

SÍMBOLO DE LA JUSTICIA, FIEL DE LA BALANZA.
UNA DIRECCION, DOS FUERZAS; UN PROPÓSITO, DOS VOLUNTADES.

Los símbolos gráficos son interpretados. Los conceptos son eternos.

Nuestros ojos transforman luz en "plasma" al recibir la luz.

Luz blanca, luz fluorescente, "plasma" en vibración; es calmante.

Nuestras emociones nos atan al pasado. Lo mejor, dado por los sentimientos, está en el futuro. Lo peor nos ata al presente.

El sufrimiento es consecuencia de nuestros propios errores. Es lo que debemos pasar para purificarnos. Sufrir templa el alma.

El sufrimiento corporal hace fuerte al espíritu.

En espiritualidad no hay sufrimiento, no hay dolor.

El temor a la muerte es el rechazo a dejar la materia, el cuerpo, este mundo.

Solo con Dios aprendemos a enfrentar la muerte, el paso de la interfase hacia la espiritualidad.

Atentando contra la vida estamos colmando la disposición de Dios a escuchar. Por eso ya no escucha las súplicas por los hombres, para el hombre, sino para la vida, para la armonía.

Allí donde se le invoque Su Nombre con una acción en armonía con Su Propósito, Vida Eterna, allí responderá. Pondrá una marca en ese punto, como hizo con Abel. Lo demás nos lo deja a nosotros. Si continuamos en desobediencia, no podemos pedirle.

No podemos pedir si no sabemos dar primero.

Al dar, al modo de Dios, estamos llamándole. Al dar lo que Él espera, Le estamos dando (sacrificando) *nuestras primicias* (los frutos) *del amor a Dios, obediencia al Padre.*

« Padre,
Tú estás en mí; y yo estoy en Ti.
El universo vivo eres Tú. Yo estoy en Él. Yo soy el polvo. Tú estás dentro de mí. Yo estoy dentro de Ti ».

La célula de vida eterna es una. Hay una sola. Cinco componentes, a cualquier escala.
La Célula Absoluta es Dios, Espíritu.
La célula puede tener cualquier tamaño; a cualquier tamaño tiene frutos, se reproduce; a cualquier tamaño tiene Fuente, Padre.
No hay Vida Eterna fuera de esta célula, Familia de Vida Eterna.
Intentarlo (entiendo, intervenir, interferir) *lleva a la destrucción, a cualquier escala.*

Las causas de los sufrimientos del mundo es la lujuria sexual, poner el cuerpo al servicio de intereses opuestos a Dios; poner el cuerpo y la sexualidad al servicio mutuo, en forma exclusiva, en contra del Espíritu de Vida.
[Dios se refiere a la experiencia en el mundo material, que es Su Cuerpo].

« Dios Todopoderoso es la distribución justa del Conocimiento de la Verdad como fruto de la obediencia a la esperanza de Vida eterna ».

« Hay fuerzas y vectores absolutos ».

Mi hermano Miguel es espiritual. Debo ayudarle.
Gracias, Padre.
Augusto me trae la paz.

¿Por qué me trae la paz Augusto?
Augusto hace las paces con mi hermano Miguel.
Cracias, Padre.

Es idolatría besar los Libros.
El Libro impreso en materia es sólo eso: materia impresa.
Lo que el Padre quiere conocer es cuánto hemos impreso de ese Libro en el corazón.

Muchas veces pedimos cosas porque no sabemos.
El Padre no responde porque Él ya sabe.
Otras, el Padre responde.
Y nos damos cuenta que pedimos sin saber.
Ahora nos queda la esperanza de que el Padre comprenda nuestra condición humana.
La esperanza (de la Madre/Padre, luego es la FE en el hijo) *es una fuerza que mueve al Padre también. Más que la fe* (creer).
Porque la fe la ponemos nosotros, pero la esperanza (es la FE del hijo) *la pone el Padre. Amén.*

El Libro de La Vida Eterna está impreso en nosotros, de algún modo. Todos lo tenemos. Nuestra evolución espiritual es lo que permite reconocerlo.

« Moisés y Faraón.
Faraón es Faraón y Moisés al mismo tiempo (dos identidades).
El Padre nos muestra la reacción del Faraón, propia del hombre común, que no tiene consciencia espiritual; y, al mismo tiempo, nos muestra el titubeo interno de Moisés, profeta de Yavé (Dios), *que sí tiene el privilegio de la comunicación con Yavé.*
Es la misma falta de consciencia espiritual del hombre.
Aarón es la consciencia espiritual de Moisés, que se la trajo (despertó) *su suegro ».*

Dios me presenta el caso de Juan, mi caso, mi esposa Norma, mi suegro F. (padre de Norma), y un sobrino de Norma

quien es, entonces, nieto de F.

Lo que dice Dios a continuación no es nada ni un juicio contra nadie en particular, sino que ilustra una situación general que debe ser reflexionada por cada uno, íntimamente. Por ejemplo: "**Nuestros hijos no son nuestros sino puestos bajo nuestra custodia por Dios**".

« (Habla Dios por Juan, el hombre en la eternidad).

Mi consciencia espiritual me la despertó F., mi propio suegro (recordar al suegro de Moisés, que "despertó" a Moisés frente a la Revelación de Dios).

¿Cómo la despertó?

F. me pidió, la primera vez, por intermedio de su hija Norma que ahora es mi esposa, que adoptáramos al sobrino de mi esposa Norma. Yo me negué.

¿Por qué?

Porque el sobrino de Norma tenía su madre viva.

El padre de Norma no debía cargarle esa responsabilidad a su hija Norma cuando ésta tenía a su madre viva, la abuela del sobrino de Norma y esposa de F.

¿Por qué F. pidió eso a su hija Norma?

Porque Norma no es su hija (hija/hijo no es alguien sobre quién un padre/madre puede extender su voluntad).

El padre no puede cargarle esa responsabilidad a su hija.

Esto es reconocerse espiritualmente puesto que ahora yo, Juan, sé que las responsabilidades de los padres no deben cargarse a los hijos ».

Ahora yo, Juan, tengo que llamar a Aarón, es decir Marcelo, para que me ayude con la completación de esta interpretación.

Marcelo es mi hermano espiritual hoy, pero Ezequiel antes de Jesús (mucho después de Moisés).

« Cuando busco a Dios,
mi compañero es quién busca a Dios.
Quién busca a Dios, está conmigo.

Quién no busca a Dios, no está conmigo ».

Buscar a Dios es buscar nuestro destino en la Vida Eterna.

Buscar nuestro destino en la vida eterna es reconocer nuestra espiritualidad.

Reconocer nuestra espiritualidad es buscar la Verdad Eterna.

Cuando se reconoce la Verdad no puede negarse la Verdad.

Negar la Verdad Eterna es ser anticristo.

La Verdad es Espíritu de Vida.

La Verdad Absoluta es esperanza (en realidad es FE, Conocimiento) *de Vida Eterna.*

El Espíritu de Vida no puede ser negado.

Negar la espiritualidad es generar fuerzas contra ella. No será permitido.

El Espíritu de Vida está en todas las manifestaciones de vida.

No debemos atentar contra ninguna manifestación de vida.

Todo acto de violencia es contra el Espíritu de Vida.

Junto a una misma sangre, hermano de sangre, el enemigo (sangre mala, fuerte) *se hace muy fuerte atacando a uno primero, y al otro luego. Porque los hermanos dividen su atención subliminal sanguínea entre ellos, y el del frente.*

Por eso hermanos, ¡alerta! Dos hermanos unidos hacen una fuerza o voluntad muy fuerte.

Poniendo a mi hermano atrás cuando me habla, no me influye con sus intenciones ocultas que solo se leen en el flujo de sangre, presión sanguínea. Son las que Dios lee.

Tenemos siete niveles de consciencia.

Atlántida desapareció en el "diluvio" de la época de Noé.

Cuando existía la Atlántida, ella hundiéndose, hubo uno, Noé, que preparó su arca de acuerdo a su FE en la Manifestación del Señor. (Aunque reconoció a Dios, el hombre que recibió esta estimulación no reconoció el verdadero mensaje que además de hacer el arca para salvarse se refería al "arca consciencia"). Noé estaba en otro sitio que se inundaría parcialmente, y por creer en Dios se salvó y salvó a su familia.

Representa otro nivel de consciencia del hombre.

Ya no es animal. Es hombre.

Pero el hombre viene del plancton, que es llevado por la ballena (Jonás) *y escupido a Tierra, generando la vida terrestre, vegetal; y animal* (peces voladores, pájaros).

El plancton del agua trepó a tierra y creó otras plantas y animales de tierra.

Antepasado del hombre es, energéticamente (su cuerpo), *animal.*

La evolución fue causada por la radiación electromagnética dada por los cambios en la constitución de la atmósfera.

[Dicho sea de paso, toda esta información está impresa en nuestro cuerpo en un nivel al cual tenemos acceso, estando en armonía con la Fuente, Dios, eternidad].

"¿Para qué escribo entonces?", me pregunto inmediatamente.

« *Mayor conocimiento verdadero, mayor desarrollo positivo* ».

La disciplina del cuerpo nos permite disfrutar del espiritualismo porque dejamos que las necesidades básicas del cuerpo las realice el sistema autónomo y no usemos niveles de consciencia (memoria) *con basura que insertamos desde los ojos.*

Un enfermo disciplinado no necesita TV. Tiene sus ojos (para ser usados como pantallas) *y su imaginación.*

El alcohol mata células cerebrales. La estructura molecular del alcohol es contraria a la del "plasma" cerebral.

Al principio la Tierra tenía un clima tórrido. Muy húmedo, alta temperatura.

La descomposición de la vegetación y la humedad superficial iban decreciendo conforme aumentaba la nube de vapor en la atmósfera de la Tierra. La radiación que llegaba a la superficie dis-

minuía incentivando el desarrollo de inteligencia en el animal.

Al quedar tomadas de la tierra, las plantas perdieron un grado de movilidad en su inteligencia de vida. "Quedaron vegetales".

Parálisis por daños cerebrales. Se pierde un nivel de consciencia por alcohol, drogas, radiación.

La atmósfera de vapor va siendo cambiada por la acción del sol, la radiación cósmica y la fertilización nauseabunda por la descomposición química vegetal y animal (microrganismos).

Se alcanza un punto crítico. Algo se satura.

El agua viene fluyendo del centro de la Tierra; se genera por liberación del oxígeno, helio e hidrógeno atrapados. El helio sube, se escapa; el oxígeno, más pesado se combina con el hidrógeno.

Se va formando agua.

Por densidad el agua va subiendo a la superficie de la Tierra, pero de donde viene va dejando huecos. Se generan tensiones inmensas, increíblemente grandes.

Se producen movimientos terrestres. Terremotos.

Hay gran cantidad de agua.

Es un evento inescapable, diseñado en la eternidad.

Son siete catástrofes supremas de la evolución del Universo Absoluto; eventos del completamiento del período de cada universo individual, de la evolución de cada una de las dimensiones del Universo insondable.

Es un evento que se repite a todo nivel, a toda escala, en todos y cada uno de los puntos del Universo Absoluto.

Nuestro universo es el universo más bajo (menos desarrollado). *Es el que recibe mayor radiación cósmica. Debemos proteger nuestro cerebro cubriendo la cabeza debajo del sol. En los niveles superiores del Universo Absoluto continúa la evolución espiritual.*

El espíritu reside en la mente (en el manto energético); los sentimientos en el corazón; el alma en la sangre ("plasma" universal).

Las tres consciencias residen en el espíritu.

Las tres juntas forman Dios.

« Estás en el basurero del universo ».
Nuestro universo físico es un universo de reciclaje.
Pero tan alarmante como suena, es alentador. Al menos se nos ofrece una salida. Con nuestra FE podemos salir de este sub-universo.

La FE se opone al destino. No hay destino en la eternidad. Nunca cesa la experiencia de vida.

FE es el Bien.
Destino es el Mal.
La FE nos mueve hacia el futuro espiritual, o sea, hacia el pasado físico.
Destino nos mueve hacia el futuro físico, o sea, pasado espiritual.

Los muertos deben ser cremados.
Deben dejarse salir los espíritus que quedan atrapados en el cuerpo, en la materia. Los del cerebro salen con el aliento.

No a las máquinas de ventilación (respiración) artificial.
La iglesia de este país sabe de esto. El Cardenal de (___) lo sabe.

« Preguntar la Verdad, decir la Verdad; ambos, Verdad Eterna.
Poder preguntar la Verdad, y poder decir la Verdad, es poder, eternidad.
"Dije la verdad", digo.
Soy hijo de mis padres físicos, biológicos, José Luis y Ana Clementina María. Eso es pasado.
Soy Juan, el hijo espiritual de Jesús, el discípulo más amado por Jesús.
"Mi hijo Mariano" digo, diciendo la verdad, mi verdad, en el tiempo.
Pero Mariano es hijo espiritual de María Magdalena y Jesús.
"Mi esposa es Norma, mi compañera", digo.

Mi hermano espiritual es Juan Bautista, mi hermano espiritual Marcelo ahora.

Mi compañera espiritual es Dios; ahora, Norma. Yo soy el padre en la familia espiritual.

"Norma es hija de Federico y Hortensia", ahora; pero Norma es María Magdalena, mi prima en el pasado, hija de Marta, hermana de mi madre.

De manera que mi hermano espiritual Marcelo es Juan Bautista en tiempo de Jesús (hijo de María y José, humanos).

(_N_)$^{(*)}$ no es compañera espiritual de Juan; (_N_)$^{(*)}$ no es compañera espiritual de Marcelo, hoy.

(Que no sean nuestras compañeras espirituales significa que tienen otra consciencia por ser de otra generación espiritual).

¿Por qué?

Porque en algún momento se interrumpió el Plan del Señor. Desde el principio. Y el error se arrastra en cada fase de la evolución espiritual hasta que se re-encuentra otra vez.

El demonio se cruzó en el Plan.

El demonio del deseo.

Casarse por placer, no por amor.

Amor físico, sí, pero sin compatibilidad espiritual, sin identidad espiritual consciente.

Ésta es parte de la Revelación de Dios a Juan, que no podía entenderse sino hasta ahora; faltaba este paso de la evolución espiritual.

Hoy podemos saber quiénes somos, de dónde venimos, a dónde vamos, sin tener que ir a brujos.

¿Por qué Norma tuvo que ser llevada a un curandero?

Por que no era hija de sus padres F. y H.

Ellos actuaron por amor. Sí. Dios aprecia eso.

Pero ellos no lo dijeron y dejaron que me casara con quién yo no debía, con la hija de mi tía, hermana de mi madre ».

(Aquí Dios se refiere a la relación espiritual, no a la asociación actual humana).

(*) ¡Atención!

Inicialé los nombres porque esta información cósmica, de Dios, no es lo que en un primer momento parece. No tienen importancia para los lectores esos nombres temporales sino la interpretación de la estimulación/orientación eterna de Dios a la que llegamos.

Marcelo, Juan Bautista, fue traicionado. Jesús tomó su lugar.

Juan, Jesús, pecó con sexo prohibido. Juan Pablo tomó su lugar.

Quién traicionó a Juan Bautista, traicionó a Marcelo.

Con quién "pecó" sexualmente Jesús fue María Magdalena. Juan lo hizo con Norma.

Marcelo y Juan, frutos hoy de lo que nuestros padres espirituales fueron en el pasado, se ofrecieron para redimir el pecado de sus padres.

Dios, el Señor, los entrega de regreso hoy para que salten al futuro, a la vida eterna, a redimir el pecado de sus padres uno, Juan; de su esposa el otro, Marcelo.

Marcelo y Juan son rechazados por quienes les dan la espalda a sabiendas hoy mismo.

Marcelo y Juan no tenían consciencia. Hoy la tienen. Tenerla es asumir responsabilidades.

Jesús, Juan, Marcelo son hijos espirituales del Padre. En la eternidad representan el modelo de hijos del Padre que Dios espera.

Juan, en tiempo de Jesús, es el discípulo amado de Jesús.

Marcelo, en tiempo de Jesús no es discípulo de Jesús. Debemos buscar su nombre espiritual, el nombre espiritual de Marcelo, es de otro tiempo. (¿Es Aarón, en tiempo de Moisés?).

Amén, Padre Eterno.

[Padre, Tú me ayudarás a confirmarlo. Gracias Padre].

Jesús dijo que él era hijo del hombre.

Jesús dijo que él tenía el espíritu de la verdad, el espíritu del hijo de Dios.

Jesús, por sus virtudes adquirió, a pesar de sus pecados, el perdón del Padre Eterno por reconocerse ante el Padre, y así, recibir el Espíritu de Verdad, nuestro Señor, uno de los Espíritus del Padre Todopoderoso.

Jesús nunca dijo que él era Hijo de Dios.

Fueron los hombres quienes lo dijeron.

Jesús era, en espíritu, hijo de Dios.

Jesús era, en la Tierra, hijo de José y María.

Judas traicionó a Jesús diciendo que él, Jesús, había dicho que era Hijo de Dios. Lo traicionó por dinero, no por buscar la Verdad.

Podemos equivocarnos buscando la Verdad, pero no podemos vender la Verdad (rechazarla, traicionarla) *por dinero.*

Jesús fue traicionado por el hombre.

Juan Bautista fue traicionado por el hombre.

El hombre traiciona al Hijo de Dios.

El Hijo de Dios es quién, siendo hombre, rechaza el deseo (la lujuria, el exceso, la distorsión del deseo).

Rechazar el deseo es aceptar la espiritualidad.

Rechazar ser es rechazar el deseo.

Aceptar hacer para ser es aceptar la espiritualidad.

Rechazamos ser Hijos de Dios.

Aceptamos hacernos Hijos de Dios.

Es lo que el Padre de Vida Eterna quiso siempre.

Amén.

Esto dice Dios Padre Todopoderoso.

Mariano es el hijo espiritual de María Magdalena.

María Magdalena es hermana de María, madre de Jesús.

Juan Bautista era el enviado del Señor, Padre Eterno.

El Padre Eterno hablaba por boca de Juan Bautista.

Jesús tomó el lugar de Juan Bautista cuando a Juan Bautista le cortaron la cabeza para que no hablara.

Jesús era el hijo carnal de José y María.

Los que le cortaron la cabeza a Juan Bautista son los que condenaron a Jesús, como en todos los tiempos.

(*Cortar la cabeza* es analogía de cercenar las ideas, la verdad. Sin embargo, la Verdad Eterna no puede ser negada).

Las lágrimas de María son las lágrimas de la Vida, del Espíritu, llorando por las lágrimas de su hijo Jesús y su hermano espiritual Juan Bautista, padre (¿espiritual?) de Juan, el discípulo amado de Jesús.

Judas vendió a Jesús por dinero para tapar sus propias culpas, las del hombre de todos los tiempos.

Ésta es la Verdad Absoluta dada por el Padre de Vida Eterna a Juan, Su profeta, sobre quién actúa el Espíritu de Sabiduría para encontrar la Verdad.

Ahora, a escribir el Libro de La Vida Eterna.

Amén.

Segundo Nuevo Evangelio. La Verdad Absoluta.

« Todo lo anterior queda como prueba de la mentira del hombre ».

Presta atención a la Tierra.

Es un solenoide esférico. Gravitación artificial. Fuerza atómica autocontenida.

En el caso de la Tierra (es un solenoide esférico formado por las partículas cargadas de la superficie) *los asteroides provenientes a alta velocidad y tamaño no pueden impactar la Tierra debido al principio de repulsión* (derivado de la armonía universal).

En la atmósfera están las cargas eléctricas del solenoide Tierra (en la capa de ozono).

Al destruir la capa de ozono se debilita el campo magnético, se liberan fuerzas de cohesión interna, se propagan las fracturas, ocurren los grandes sismos.

La medición de la capa de ozono permite predecir los sismos, fracturas, y sus direcciones.

La exploración científica <u>fuera</u> de la Tierra no cumple ningún *propósito para la vida en armonía con el proceso existencial.*

No debemos contaminar el espacio cósmico.

La exploración científica <u>alrededor</u> de la Tierra ayuda a preservar la vida.

« La destrucción de la capa de ozono puede hacer 'explotar' el planeta. Si no se detiene la destrucción de la capa de ozono, el planeta desaparecerá ».

« Habrá un anticipo.

Un gran sismo.

El sexto gran sismo que sigue la misma línea de los precedentes.

Arranca del mismo sitio. (¿Atlántida? ¿Sodoma y Gomorra?).

Es definido por un plano que pasa por Israel y el centro de la Tierra… ».

...

Reflexiono por unos minutos.

Atlántida, representa en la eternidad la idolatría a la ciencia;

Gomorra, representa en la eternidad la idolatría al sexo;

Creta, representa en la eternidad la idolatría al cuerpo, al componente material del ser humano.

Roma, representa en la eternidad la idolatría a los dioses;

(__ __), representa en la eternidad la idolatría al dinero.

...

« … Después del cataclismo de (__ __) habrá otro igual, y será el final. (No debo revelar el lugar del cataclismo).

Es todo.

Lo demás lo agrega el hombre ».

« Final del Libro de La Vida Eterna ».

Una gran sacudida sobre mis pies confirma la Palabra de Dios, mi Padre. Ha terminado nuestra interacción, mejor dicho, el flujo de Sus estimulaciones, orientaciones y revelaciones.

Una vez terminada la interacción espiritual con Dios, faltando poco para la madrugada, y algo recuperado de haberme dado cuenta de la magnitud de lo que Dios me acaba de conceder, me preparo para dormir por un rato; ahora me siento muy cansado.

Tomo un poco de agua.

Coloco una plancha de madera contrachapada en el piso de concreto del taller. Trataré de dormir aquí en unos minutos.

Echo una mirada fuera del taller. Todo está quieto.

Cierro la persiana.

Al rato de estar cerrada la persiana comienza a hacer un calor sofocante. Tomo otro sorbo de agua.

"Señor, ¿quién es Tu pueblo?", pregunto a Dios en cierto momento mientras estoy dando vueltas lentamente alrededor del interior del taller antes de decidir ir a acostarme.

« *Israel* », resuena la respuesta en mi mente.

"¡Lo sabía!, ¡lo sabía!", grité con gran júbilo dentro de mí, sin abrir la boca.

Mi cuerpo se contorsiona ante esta respuesta que de alguna manera yo la esperaba.

El pueblo de Israel, el pueblo de Dios, está conformado por todos los hombres, los seres humanos, que están en armonía con Dios.

Ya acostado sobre el contrachapado, estando boca arriba recibo *maná*.

Algo está cayendo sobre mi rostro. Le tengo a Moisés en mi mente. Tal vez sean mosquitos revoloteando cerca de mi rostro, pero esa posibilidad no invalida la analogía que acaba de venir a la mente.

Más tarde, todavía boca arriba, pienso en Jesús en la cruz.

Sobre la plancha, estirando mis brazos abiertos en posición de crucifixión, comienzo a gritar en mi mente *"La Salvación, el Plan de Dios es para todos. Sí, es para todos los que opten por Dios, por nuestro Señor".*

Luego me pongo de lado para tratar de dormir.

Parece que no voy a poder dormir.

Doy muchas vueltas, de un lado a otro; la madera es muy dura. Al cabo de un rato me duelen las caderas; cambio de posición una y otra vez. No, no puedo. Me levanto.

Levanto la persiana y voy afuera.

Falta poco para amanecer.

Corre una suave y fresca brisa. Se me antoja como el preludio de lo que se aproxima, de lo que ha de suceder. Creo que lo que Dios me dijo que iba a suceder, el gran cataclismo, ocurrirá hoy. ¿Sería eso lo que Dios quiso decirme también?

Me siento en el banco cerca del portón de entrada, bajo la luz amarilla de la lámpara de sodio de la calle.

- *« Amarillo ».*

- ¿Qué es Señor? - le pregunto.

- *« Amarillo. El último universo antes del blanco ».*

- ¿El último universo antes de... ? ¡Antes de Dios! Ahí es donde estoy, ¿eh?

- *« Sí ».*

Me levanto y voy a caminar un rato al otro lado de la calle que tiene una amplia bancada. No hay movimiento, ni de carros ni de nadie a pie; solo se escuchan algunos aislados ladridos de perros.

Regreso al taller.

Nadie ha llegado todavía. Es muy temprano aún. Los muchachos que saldrán a trabajar con Augusto llegarán alrededor de las seis y cuarenta y cinco. Faltan un par de minutos para las seis.

Mientras les espero, escribo algunas otras notas aunque estoy realmente cansado por la interacción de anoche. Hay algunas cosas que no escribí completamente porque no podía seguir el ritmo rápido de los pensamientos que venían a mí. Entiendo que fue un flujo de información, una corriente de pensamientos cósmicos que provinieron de Dios y que compartió conmigo a través de la mente universal sobre la que se extienden la de Dios y la mía como parte de la de Dios.

« Los tienes escritos, grabados en ti », me dijo Dios cuando me preocupé ante el hecho de que a veces no podía seguir el ritmo para escribir el rápido flujo de pensamientos que estaba recibiendo, o porque por escribir no estaba prestando la debida atención. En muchas ocasiones abrevié las notas confiando en que recordaría todo después.

En cierto momento le pregunto a Dios si Juan, el discípulo amado de Jesús, sabía lo que Él, Dios, me había dicho a mí acerca de lo que va a suceder en este país.

- **« Sí, lo sabía »** - es la respuesta de Dios.

Le pregunto entonces si tengo que volver a leer el *Libro del Apocalipsis.* Pensé que si lo leía otra vez podría entender algo más.

- **« No »** - responde Dios.

- Padre, ¿y la Biblia? ¿Tengo que leerla otra vez?

- **« No es necesario »** - responde Dios.

Más tarde agrego otras cosas más que no pude escribir durante la interacción. Al releer ahora las abreviaciones que anoté en algunos casos, "surge" en mi mente la información completa. Ya no me preocupo. Cuando esté descansado volveré a revisar todo para completar lo que haga falta.

Otra vez acerca de los crucifijos e imágenes.

Si Dios ya me había dicho que no más empleo de imágenes y representaciones materiales en relación con Él, ¿por qué entonces me dejó tanto tiempo, más de nueve meses, para manifestármelo otra vez la noche del 26 de Abril?

« Dios sabe que ustedes necesitan tiempo ».
Dios había estado dándome tiempo.

La vida.

Tenemos la responsabilidad de mantener la vida, de continuar la vida, de mejorarla, reproducirla, compartirla, en armonía con Dios.

Al habernos sido otorgada la vida tenemos la responsabilidad inherente a la vida de continuarla de acuerdo al plan original: experimentar el proceso existencial y nuestro poder de creación, y experimentar a Dios en nosotros mientras que Dios se re-crea a Sí Mismo a través del ser humano, en todos los aspectos que Le definen.

« Dios y la Especie Humana Universal (no solo la de la Tierra) somos los dos componentes inseparables de la Unidad Binaria de la Estructura de Consciencia Universal ».

« La vasta manifestación de vida universal es la Presencia de Dios; es la manifestación misma de todos los aspectos en todas las individualidades de Sí Mismo de Dios ».

Otras Manifestaciones Espirituales y orientaciones y pensamientos recibidos.

En las siestas del 2 al 4 de Mayo de 2002.

Siguen unas cuantas orientaciones y pensamientos recibidos durante estos días.

Los incluyo aquí, originales, para mostrar el intenso trabajo a realizar luego, por más de una década, para interpretar lo que hoy ofrezco para todos en diferentes trabajos, en los diferentes libros listados en la sección Referencia (2) del Apéndice II.

Se reafirma en mí lo que había venido reflexionando.

Algunas Manifestaciones, Presencias Espirituales que ocurren en estas siestas, están relacionadas con, o validando el hecho de que nuestros acercamientos a Dios se expresan en nuestra relación con el cónyugue, la pareja; el compañero; el hijo; los hermanos; los semejantes, todos. Pues *Somos Uno, eternamente.*

Como antes, agrego breves interpretaciones espontáneas (en letra normal entre paréntesis o corchetes).

Nota.

En estos días ya estaba pensando que el proceso de conscientización no es nunca lineal, o secuencial en una sola dirección de flujo de información, sino realimentado por pasos a todo lo largo de él, lo que obliga a detenerse y comparar la información ya procesada con los resultados de otras estimulaciones y pensamientos, y luego re-ajustar todo, una y otra vez, hasta alcanzar finalmente una estructura coherente y consistente que se participa en los Otros Libros. Por eso es que las interpretaciones espontáneas son incompletas.

Cuando en una relación entre dos se pone un intermediario, se generan problemas potenciales. Dios, profeta, pueblo. Nadie más.

[Notar que Dios sólo tiene como "intermediario" a los profetas, y sólo para estimular y orientar por las *Orientaciones Eternas*. No hay intermediarios para interactuar con Dios. La interacción es íntima, personal entre Dios y cada uno de nosotros].

Hay que despertar la consciencia espiritual usando nuestro raciocinio para dirigir nuestras acciones, es decir obras (pasado) y pensamientos (futuro), hacia el espíritu, hacia lo bueno, lo correcto, la verdad, lo que realmente trasciende el tiempo; hacia el futuro, la eternidad, Dios Todopoderoso.

El Padre busca hombres de consciencia espiritual, de consciencia de vida eterna que rige la vida ahora para hacer lo que debemos para alcanzar el futuro.

Con la consciencia de vida eterna se actuará preservando la armonía que rige todos nuestros actos personales y de relación frente a Dios.

« El hombre debe reconocerse frente a Dios.
El Espíritu de Dios está en el corazón de la familia de Dios, en el corazón de todo hombre, hijo de Dios en espíritu. Palabra de Dios, Padre de Vida Eterna. Amén ».

« Jerusalem es el pueblo espiritual del Padre ».
Cinco días de trabajo para el hombre, un día de trabajo para Dios, un día de descanso.

[Todos los días deben ser dedicados a Dios. El "día dedicado" a Dios es el trabajo día a día, <u>la vivencia en armonía con Dios</u>. "El trabajo para Dios" es nuestro trabajo para crecer en nuestra relación con Dios, y no necesariamente un trabajo físico sino para reflexiones íntimas. Cualquier día puede ser para nuestro descanso].

Encontrar a Dios es encontrar la familia espiritual.
Encontrar la familia espiritual es tener a Dios.
Tener a Dios es trabajar para Dios.
[Tener a Dios se muestra en acciones ("en trabajar") en armonía con Dios].
Cuando encontramos a Dios, le traemos de regreso a Su casa.
[*Su casa* es el corazón de los hombres (su esencia, el alma)].

Trabajamos para eso, despertando nuestra consciencia espiritual; trayendo la Palabra entre nosotros; reconociendo la Verdad, aceptando la Verdad.

Ningún Plan de Dios incluye matar al amor de Dios, al hombre, ni al amor del hombre, su familia, residencia del corazón de Dios en el corazón del hombre.

Debo deshacerme de mis cosas materiales, poco a poco, y esperar el llamado de Dios. Debo retornar al hogar el corazón de Dios y allí esperar el llamado de Dios.

[Debo deshacerme de la dependencia del dominio material y buscar siempre el balance con el dominio espiritual].

Ofrece a Dios el primogénito de tus hijos (tu consciencia).
Entrégale a Dios el primogénito de tus hijos (espirituales).
El primogénito espiritual es César.
El me dio la Paz. Cordero de Dios.
El primogénito de tus hijos es la Paz.
Yo soy la Paz, primogénito de Dios.
Yo soy Abel.

La madre lleva la vida (representa al espíritu).
El padre no puede ser lo que debe ser, padre (FE), si no hace lo que debe hacer (Amor), **amar a su esposa, para poder tener su hijo** (Esperanza).

Hermanos espirituales renuncian juntos a todo, sin reservas, para entregarse a Dios. (Renuncian a lo que les impide la armonía).

Mi hijo espiritual, el que me trae la paz, es el que siembra armonía, recoge paz.
Quién siembra armonía recoge paz. Augusto siembra (habla) *armonía. El que recoge* (escucha) *halla la paz.*

No cuestiones (No objetes).
Pregunta.
Obedece (haz en armonía).
Reflexiona (haz en pensamientos).
En el tiempo (pasado) *hallarás la verdad.*
Obrar por reflexión (siguiendo los sentimientos) ***es obrar con***

consciencia.

Obrar por impulso (por emociones) *es el hombre.*

Obrar por instinto (sin pensar) *es el animal.*

Obrar sin espíritu de vida es la bestia.

Para ser (en el universo espiritual),

debemos hacer (en nuestro universo material, físico),

lo que debemos (en la interfase, en nosotros mismos, nuestro cuerpo, materia y mente) *para poder ser* (espiritualmente).

« Yo Soy (Espíritu) *», nos lo dijo el Señor;*

luego, yo soy (espíritu) *imagen de Dios,*

por intermedio de las fuerzas espirituales, FE,

lo que puedo ser (hijo de Dios),

si hago lo que debo ("obediencia", armonía con Dios, Padre, Creador), *caridad, esperanza,*

para ser (Hijo de Dios, eterno).

[Hacer lo que debo es "obediencia"; es buscar a Dios, Padre, dentro de mí, a través de mis actos, obras y pensamientos. Son mis actos espirituales y, o fuerzas espirituales que buscando mi identificación con Dios se reflejan en mis acciones, obras y pensamientos, en los niveles que corresponde para mantener mi armonía espiritual para crecer de acuerdo al Plan de Dios].

El Plan de Dios es sustentar la Vida Eterna por la Re-Creación de Sí Mismo a través del ser humano.

Pidamos al Padre (FE) *en reconocimiento frente a Él,*

actuando en obediencia (Amor)*;*

que nos será dado luego (esperanza)*.*

Pedimos para la Eternidad cuando pedimos para los demás.

Para nosotros debemos pedir el hacer Su voluntad.

Hay dos fuentes de los deseos: Dios, y el resto.

Los deseos positivos se nutren del amor, de sentirse bien, de buscar la Verdad dentro de sí mismo.

Los deseos negativos que se nutren de la condición huma-

na, material, física, son: soberbia (creerse fruto de sí mismo), competencia y posesionismo.

« Cuando se desea algo intensamente se ponen en movimiento fuerzas que escapan del control del hombre ».

[Si los deseos son hacia Dios, deseos de creer, amar, vivir en "obediencia" a Dios (en armonía), esas fuerzas espirituales que nos mueven hacia Dios son esperanza, amor y FE.

En la Fuente las fuerzas espirituales son *Verdad, Amor y Felicidad*, y en el receptor, el ser humano, son FE (saber o reconocer primordialmente), amor y creer. Las mismas fuerzas se perciben y definen diferentes en diferentes niveles de la estructura trinitaria del ser humano. El creer en Dios lleva a disfrutar el proceso de vida, el proceso de la conscientización, sin temor. Tengo que reflexionar más sobre esto.

Si los deseos son opuestos a Dios, las fuerzas son las que nos apartan de Dios, nos apartan de la "obediencia". Son las tentaciones que obran sobre nuestra condición humana, material, haciendo que esta condición prive sobre nuestra espiritualidad (a la que rechazamos al dejar que esas fuerzas actúen cuando cedemos a los malos deseos).

Las tentaciones o malos deseos son alzarse o rebelarse contra Dios (soberbia), querer competir con Dios al pretender que Dios se nos exprese a nuestra sola voluntad para nuestros propósitos (tentar a Dios). Tentación es querer compartir nuestra vivencia con Dios y nuestros deseos en desarmonía con Dios, es decir, servirle a Él y a nuestros intereses en desarmonía al mismo tiempo. No puede ser. Son las cosas que quiere inducirnos el "demonio", las fuerzas del mal generadas por las desarmonías en nuestros desarrollos. Debo continuar elaborando sobre esto].

El "demonio", las fuerzas del mal, se alimenta de la condición humana material, y obra sobre esa condición.

Una cosa es el rechazo a la muerte que hacemos como temor por la desobediencia a Dios (la desarmonía con Dios). *Otra cosa es el temor a la muerte que manifestamos como una expresión inconsciente del apego al materialismo; es el demonio, las fuerzas opuestas* (en desarmonía) *a Dios, las que alimentan en nosotros este temor.*

Para buscar a Dios no se requiere celibato. Es más, el orden natural es la familia.

Cuando Dios nos permite[*] *acercarnos a Él, entendemos la Trinidad de Vida y la significancia de la familia* (que es analogía en la Tierra de la Trinidad de Vida).

[*]
[Dios nos lo permite siempre. Dios nos "responde" siempre. <u>Cuando nos "sintonizamos" actuando en armonía con Dios es que nos "acercamos" a Él</u>. Le reconocemos y luego interactuamos para entender Su respuesta.

Me viene el pensamiento de ayuno.

Ayuno predispone la "sintonización" con Dios.

Entonces recuerdo lo que ya se me dijo,

"Ayunos son las pruebas por las que pasamos para purificar nuestras emociones, fruto de los deseos del hombre, razón de la justicia del Todopoderoso".

El ayuno es predisposición, intención y acción de someter (armonizar) el cuerpo al espíritu.

Ayuno es una decisión en armonía con la espiritualidad y nuestra condición humana, temporal, finita; decisión que debe servir como medio para aprender a hacer lo que se debe hacer para ser, desde nosotros mismos, con nuestro propio cuerpo.

Debemos reconocernos espiritualmente frente a Dios, nuestro Padre; debemos hacerlo en los tres componentes *espiritual, racional (mente) y material (cuerpo)* de la trinidad humana.

El cuerpo, el arreglo material, es la representación de la razón por la cual hay un orden para lograr un propósito.

La templanza, la virtud que combate las fuerzas del mal que se "oponen" a Dios obrando sobre nuestro cuerpo físico, material, se nutre con ayuno. Ayuno debe entenderse como <u>renunciar a lo que nos afecta</u>; nunca es renunciar al materialismo sino al abuso y a la dependencia de él, a lo que nos place afectando el desarrollo de consciencia. Debemos abstenernos, ayunar cuando necesitamos re-establecer el balance natural de la trinidad *cuerpo-mente-alma*].

Si uno cree en la Eternidad, tiene que obedecer a Dios, (estar en armonía con Él). ***Si no obedeces, habrá que purificarte. Sufrirás.***

Si algo existe aquí, hoy, no importa qué tan pequeño pueda ser ni por qué tan breve tiempo, es porque hay una Fuente Eterna para que esa existencia sea posible.

La Acción Espiritual es una acción más allá de la comprensión racional puramente humana. Es una acción a la que solo podemos comprender con el corazón, con nuestro reconocimiento espiritual frente a Dios, nuestro Señor (Guía), Espíritu de Vida.

En obediencia (en armonía) *a Dios trascendemos nuestra temporalidad y nuestra condición material una vez que cruzamos la interfase de la muerte material.*

La consagración a Dios es un acto voluntario, íntimo, consciente, en reciprocidad a Su manifestación, a Su respuesta, a Su confirmación, a Su fidelidad eterna, a Su promesa.

Las responsabilidades permanentes inherentes al ser espiritual incluyen perdonar y enseñar, compartir.

La armonía implica amor recíproco.
Por ello el Señor es "celoso", exige (sugiere y estimula) *amor recíproco. La obediencia* (predisposición a la armonía) *es medida*

del amor al Señor. La prudencia nos conduce a la Sabiduría, al Señor.

Si advertimos, servimos al bien.
Si amenazamos, servimos al mal.

Apéndice II

Modelo Cosmológico Consolidado

¿Por qué interesarnos en revisar conceptualmente el *Modelo Cosmológico Consolidado?*

La estructura de identidad individual de cada ser humano es un sub-espectro de la estructura de identidad colectiva de la especie humana en la Tierra, y ésta es un sub-espectro de la estructura universal. Luego, si deseamos entender lo que ocurre en la mente humana, lo que ocurre en el *sub-espectro de operaciones de la mente universal asignado a nuestra identidad*, tendremos que revisar la estructura de identidad universal y su relación con el proceso existencial, Dios, y la Trinidad Primordial.

El *Modelo Cosmológico Consolidado* es el modelo que describe a la Unidad Existencial con sus dos componentes o sub-dominios energéticos cuyas interacciones resultan en el sub-dominio temporal, material, en el que se encuentra nuestro universo, el entorno de la Unidad Existencial que alcanzamos desde la Tierra.

Los dominios energéticos se definen por la asociación de sustancia primordial de la que todo se genera y se re-crea.

El proceso existencial que tiene lugar dentro de la Unidad Existencial es consciente de sí mismo.

A este modelo es al que "evolucionó" la colección de *super conocimientos* recibidos a partir del 19 de Junio de 2001 cuando me reconocí frente a la *eternidad*. La "evolución" de mi entendimiento fue el resultado inevitable de la interacción con Dios, Fuente Eterna de los *super conocimientos y las Orientaciones Primordiales.*

El *Modelo Cosmológico Consolidado* es el resultado de la integración coherente y consistente de la información existencial en ambos dominios del proceso existencial, *material y primordial (o espiritual).* El dominio material se halla inmerso en el primordial. Una analogía simple de estos dos dominios es el agua de mar; el agua es el dominio primordial, e inmerso en el agua se halla la sal; el material cloruro de sodio (y otras sales) es el dominio material del océano. El dominio material es un sub-espectro de asociaciones del dominio total de asociaciones posibles que toma la sustancia primordial. También, un sub-espectro es un rango particular de todo el espectro de valores posibles que toman las variables existenciales que definen a la *energía, a la capacidad de la sustancia primordial de generar movimientos* y asociaciones de ella en diferentes ambientes de la Unidad Existencial y en diferentes constantes de tiempo. La variable mecánica absoluta es la rotación, la "carga" (análoga a la carga eléctrica) de las partículas primordiales, de las asociaciones de sustancia primordial cuyas siguientes asociaciones, a su vez, generan la materia por un proceso que hoy está a nuestro alcance. Incluso el proceso de recarga de las partículas absolutas está a nuestro alcance.

Veamos una versión resumida del *Modelo Cosmológico Consolidado.*

Para la Ciencia.

El Principio de Todo Lo Que Es, Todo Lo Que Existe, es una presencia eterna, la Unidad Existencial.

« La Verdad no puede ser ocultada ».

« El Espíritu de Vida Eterno no puede ser negado ».

"Nada puede ser creado de la nada".

La eternidad de la presencia a la que llamamos energía ha sido reconocida por Ciencia y Teología.

Llamamos Dios a la Consciencia de la Presencia Eterna; y Origen Absoluto al proceso existencial universal que esa Presencia establece y permite, por el que se sustenta la consciencia de Sí Misma de la Presencia Eterna.

El proceso existencial es una re-distribución de energía, de pulsación existencial y sus asociaciones (pulsación cuyo origen ya tenemos), y de interacciones entre constelaciones de información, o constelaciones de *relaciones causa y efecto*, que se comparan en diferentes constantes de tiempo frente a una *estructura de relaciones causa y efecto eterna, inmutable*. Esta última, *la estructura inmutable, es la referencia absoluta del proceso existencial que en Teología se reconoce como Espíritu Santo.*

La eternidad es una sucesión absolutamente infinita, interminable, de re-creaciones de la Unidad Existencial. La ciencia emplea la versión matemática de la eternidad y no se ha dado cuenta. Es la versión que da lugar a la herramienta racional *Transformación de Fourier*.

Los componentes temporales de Dios son todas las manifestaciones de vida, todas las estructuras de inteligencia del proceso existencial, y obviamente entre ellas, la especie humana.

Algo más específicamente,
todo parte de la presencia eterna de la sustancia primordial de
la que todo se genera y se re-crea, y cuyo volumen y configuración es la Unidad Existencial.

"No hay nada inmaterial (insustancial)".

« Tú y Yo estamos hechos del mismo polvo de estrellas, (de sustancia primordial) ».

Energía es la capacidad de generar movimientos.

Energía es el efecto de la "carga", de la hiperrrotación de la sustancia primordial sobre sus asociaciones de sí misma, las partículas primordiales y las siguientes asociaciones de éstas.

Tenemos el origen mecánico de la hiperrotación de la sustancia primordial, de la re-energización de las partículas primordiales.

La Energía no se crea ni se pierde, sólo se transforma.

Luego, la energía contenida en la Unidad Existencial es eterna, por lo que la Unidad Existencial es cerrada absolutamente.

Fuera de la Unidad Existencial que contiene Todo Lo Que Es, Todo Lo Que Existe, nada se define, nada existe.

Tenemos el origen de la fuerza primordial de la que se deriva la gravitación universal.

Tenemos la distribución espacial de la hebras de la estructura de gravitación universal.

Tenemos el proceso de adquisición de masa de las partículas primordiales y todas sus asociaciones siguientes.

Nuestro universo es el entorno temporal de la Unidad Existencial que alcanzamos desde la Tierra.

La Unidad Existencial es un hiperespacio multidimensional de naturaleza binaria, es decir, conformado por dos sub-dominios de asociación de sustancia primordial cuyas interacciones establecen, definen y sustentan una interfase entre ambos: nuestro dominio material.

La presencia eterna, Unidad Existencial absolutamente cerrada, hace que el proceso que tiene lugar dentro de ella sea uno solo, único, y se re-crea a sí mismo puesto que la energía es eterna, el movimiento contenido es eterno.

Todo lo que se re-distribuye dentro de la Unidad Existencial ocurre de una manera que se define como la característica primordial de *armonía* del proceso de re-distribución e interacciones internas.

Armonía es el Principio de Interacción que da lugar a las Leyes Universales.

La interacción entre los dos sub-dominios de asociaciones de la sustancia primordial convergiendo o divergiendo de una *hipersuperficie de convergencia* (o de divergencia) inmutable, generan una interfase alrededor de ella que es el dominio material en el que nos encontramos, y que se comporta inversamente a la convergencia o la divergencia de los dos sub-dominios primordiales.
Tenemos la expresión racional que describe esta interacción.

El dominio material es un entorno a ambos lados de la *hipersuperficie de convergencia,* y ésta es una esfera dentro de una hiperesfera energética multidimensional de naturaleza binaria cuya estructura es en *"capas de cebolla",* en hiperesferas concéntricas de diferentes densidades de energía.

"La luz es el efecto resultante de un fenómeno de resonancia universal que tiene lugar en la hipersuperficie de convergencia. Nuestro sentido de visión es la experiencia de esta

---

resonancia universal".

Tenemos la estructura binaria *Alfa y Omega* bajo la que se conforma internamente la Unidad Existencial sobre la *hipersuperficie de convergencia.*

« Yo Soy, Alfa y Omega, Principio y Fin ».

Tenemos el mecanismo de transferencia de la información de vida entre las hiper galaxias *Alfa y Omega.*

La hipersuperficie de convergencia y los dos sub-dominios energéticos a ambos lados de ella, dentro y fuera de ella, conforman la *Estructura Energética Trinitaria Primordial.*

La pulsación existencial que anima todo el proceso interno es generada por las reacciones de la sustancia primordial, y sus asociaciones, en las dos hipersuperficies límites de la Unidad Existencial.

Nuestro universo temporal surgió de un evento que hemos reconocido limitadamente y al que llamamos Big Bang.

Tenemos toda la información energética para re-crear mecánicamente y entender este evento que resulta de la interacción entre las hiper galaxias *Alfa y Omega.*

La analogía de este evento en nuestro dominio es la interacción entre varón y hembra en las especies de vida, entre las manifestaciones locales y temporales del proceso primordial.

El proceso existencial que tiene lugar dentro de la Unidad Existencial es consciente de sí mismo; es Dios. Es consciente la interacción entre los dos componentes *Alfa y Omega,* entre las dimensiones *Padre e Hijo* del proceso existencial, entre las dimensiones de consciencia universal cuya referencia es el Espíritu Santo, la estructura inmutable de referencia de todo el proceso existencial.

El ser humano es una imagen del proceso existencial, una re-creación a *imagen y semejanza* de Dios, en otra escala.

La información del proceso existencial, proceso ORIGEN cuya Identidad Consciente de Sí Misma es Dios, está en la estructura trinitaria del proceso SER HUMANO.

El proceso existencial es el proceso racional de la Unidad Existencial, de Dios.

El proceso racional en el proceso SER HUMANO es estimulado por el proceso ORIGEN en el que se halla inmerso y del que es parte inseparable. El proceso SER HUMANO es un sub-espectro del proceso ORIGEN y por lo tanto la mente del ser humano es un sub-espectro de la mente de Dios.

La mente es la intermodulación del manto energético universal.

Espíritus son estructuras de intermodulación conscientes de sí mismas.

Para Teología.

El ***Modelo Cosmológico Consolidado*** explica la Estructura Energética de la Trinidad Primordial que la Teología Cristiana reconoce como ***Padre, Hijo y Espíritu Santo***.

En la Trinidad Primordial tienen lugar las interacciones por las que se sustenta la Consciencia Universal. A esta consciencia acceden las manifestaciones temporales dependiendo de sus desarrollos racionales en armonía con el proceso existencial.

1. Padre e Hijo son dominios (dimensiones) de la Consciencia Universal.

La dimensión de consciencia universal "Padre" orienta el desarrollo de la dimensión de consciencia "Hijo" siguiendo la referencia del Espíritu Santo (de Vida).

2. Espíritu Santo (Espíritu de Vida) es la componente absolutamente eterna, inmutable, de la Consciencia Universal.

    La ciencia maneja una herramienta racional, *Transformación de Fourier*, que permite describir y entender esta componente que es la suma de las infinitas componentes temporales en todo y cualquier instante dentro de la Unidad Existencial.

3. La trinidad de la especie humana *[alma-mente-cuerpo]* es un sub-espectro de la Trinidad Primordial.

4. Dios y la Especie Humana Universal son los dos componentes de la Estructura Binaria de Interacciones Consciente de Sí Misma. Dios y Especie Humana son inseparables.

    Somos una sub-estructura de la estructura de Consciencia Universal, Dios, en un nivel que está en desarrollo hacia el nivel que nos dio origen, ¡hacia Dios mismo!

    Si una individualización, una parte de la mente de Dios, se desvía del Todo, de la Unidad, el resto le llama la atención.

5. Dios se re-crea a través del ser humano.

6. Somos co-creadores con Dios, con el proceso existencial.

7. El ser humano reconoce a Dios en los sentimientos, y Le experimenta en las emociones que son aspectos de Él.

8. Emociones son fenómenos de resonancia de la estructura trinitaria que sustenta el proceso SER HUMANO.

9. Tenemos las *Orientaciones Eternas* que estimulan el desarrollo de consciencia en armonía con el proceso existencial.

10. Tenemos las *Actitudes Primordiales* que nos orientan hacia la experiencia de vida libre de sufrimientos e infelicidades.

Espíritu de Vida.

El Espíritu de Vida es el nivel de consciencia eternamente inmutable de Dios, proceso existencial que se reconoce a sí mismo. Es la referencia de Dios, del proceso existencial, del proceso ORIGEN.

Espíritu de Vida es la componente inmutable de la estructura de pulsación de la Unidad Existencial.

Espíritu de Vida <u>es el componente constante</u> del *arreglo de relaciones causa y efecto* definido por las estructuras de las constelaciones de información dentro de la Unidad Existencial, Dios, cuyas interacciones y comparaciones en diferentes constantes de tiempo resultan en su reconocimiento y entendimiento de sí mismo de esas interacciones y comparaciones. Estas interacciones y comparaciones, junto con la re-distribución energética de la pulsación primordial originada en las hipersuperficies límites de la Unidad Existencial, definen el proceso existencial.

El Espíritu de Vida es la componente absoluta, eterna, permanentemente inmutable de la convergencia de un sistema de infinitas estructuras de información en permanente re-distribución en la Unidad Existencial, que se entiende al extender la herramienta racional de la *Transformación de Fourier* a un hiperespacio multidimensional cuya naturaleza es binaria.

Esta componente eterna es la suma de todas las componentes temporales que conforman la Unidad Existencial, en cualquier y todo instante del proceso existencial.

Energéticamente es el componente eterno, inmutable, de la estructura de pulsación o de vibración de la Unidad Existencial, que rige todas las re-distribuciones energéticas e interacciones temporales que componen y definen al proceso existencial y a los entornos o sub-espectros de sus individualizaciones que nos definen a nosotros, a los seres humanos, en nuestra experiencia temporal, relativa, en nuestro entorno material.

Re-Creación de una Presencia Eterna, no Creación, y evolución de la Re-Creación.

El ser humano, no importa por ahora que sea el resultado de una Creación particular o de la evolución de una re-distribución energética, *de todas maneras proviene de una fuente inteligente consciente de sí misma*, ya que ningún proceso, tal como saben las disciplinas racionales de Ciencia y Teología, puede arrojar como resultado una imagen más evolucionada que la referencia que le guía al proceso para resultar en el sub-proceso SER HUMANO, ni más evolucionado que el algoritmo que supervisa al proceso.

Conforme a Ciencia, si la Unidad Existencial, <u>energía</u>, es eterna, no hubo creación de la vida inteligente que precede a la re-distribución de la energía para que esa re-distribución resulte en inteligencia, pues *el resultado de un proceso energético tiene una imagen de la referencia*, del proceso que le precede. En otras palabras, el ser humano, inteligente y consciente, solo puede ser el resultado de un proceso inteligente y consciente. Si Ciencia cuestionara esta última afirmación, que es inherente a todo proceso energético, sería sólo porque no ha alcanzado a reconocer que el proceso racional humano es un sub-espectro del proceso racional universal consciente de sí mismo ¡que precede a todos y cualquier proceso temporal! Esta relación ya ha sido establecida matemáticamente en otro nivel del proceso universal, aunque no se ha reconocido aún, en la *Transformación de Fourier* cuya expansión a un espacio multidimensional nos permite alcanzar la transformación entre espacio y tiempo. La Unidad Existencial es cerrada absolutamente; todo proceso local interno es cerrado por un tiempo, y todo resultado de un sub-proceso es una imagen a otra escala del proceso que le precede.

Referencia (2)

Otros Libros

Los otros libros de la Serie,
Hechos,
La Manifestación de Dios Tal Como Sucedió,
son los siguientes,

Libro 1, *¿Qué le Sucedió a Juan?*
Libro 2, *El Regreso a la Armonía.*

El autor puede ser contactado a través de e-mail,
jcmartino47@gmail.com

Próximamente se iniciará a través de las redes sociales una acción de interacción sobre estos libros y sus tópicos, y la participación del *Modelo Cosmológico Consolidado* al alcance de todos.

Los interesados tendrán información de acciones, eventos y publicaciones en Youtube,
https://www.youtube.com/channel/UCVoAjWGLbdDMw7s6 4bqOYjA

En este momento, en Youtube hay algunos videos sobre el calentamiento global que fueron publicados en mi primera etapa de participaciones, antes de la preparación de los libros.

También podrán acceder al website,
www.juancarlosmartino.com

que será re-diseñado para apoyar todas las acciones referentes al *Proyecto de Dios y Juan.* El re-diseño de este website se espera ser llevado a cabo hacia fines de este año 2015. Si el re-diseño no estuviese listo, al menos habrá una nueva primera página en español para canalizar la información referente al Proyecto y todas las publicaciones.

Los otros libros del autor listados a continuación se encuentran en versiones de trabajo [doc.] y copias en formato PDF 8.5"x11" en proceso de revisión. La revisión se reasumirá una vez que se hayan publicado los tres libros de la Serie *Hechos, La Manifestación de Dios Tal Como Sucedió*. Posteriormente serán preparados en los formatos 6"x9" para publicación.

Se espera tener los libros del apartado (I) listos y a disposición de los lectores a finales de este año 2015.

Los libros del apartado (II),

¡Yo Soy Feliz!

Bioelectrónica de las Emociones, vols. 1 y 2,

debido a sus extensiones, serán revisados a principios del próximo año y publicados en una primera versión en formato 8.5"x11" para ponerlos pronto a disposición de los lectores. Una segunda versión en formato 6"x9" se preparará y publicará más adelante.

(I)
Al alcance de todos.

1.

Diosiño, Dos Mil Años Después.
Alcanzando por ti mismo las respuestas que el mundo no puede darle a tu corazón de niño.

2.

El Celular Biológico,
Ciencia y Espiritualidad de la Interacción Consciente con Dios.
Una guía práctica de introducción a la operación de nuestro celular biológico, nuestra trinidad *alma, mente y cuerpo,* para "sintonizarnos" con Dios y establecer y cultivar una interacción consciente íntima, particular.

3.
Dios,
Origen del Concepto Dios en la Especie Humana en la Tierra.

(II)
**Más avanzado, que incluye una introducción al *Modelo Cos-*
mológico Consolidado,**

4.
¡Yo Soy Feliz!
Bioelectrónica de las Emociones,
Vols. 1 y 2.

Ciencia y Espiritualidad de las Emociones,
Al alcance de todos, para todos los intereses del quehacer
humano.

Dios, proceso existencial consciente de sí mismo, ¡es real
dentro nuestro!
Hoy podemos explorar la inseparable presencia de Dios en la
trinidad energética que nos define y el proceso existencial
que está codificado en la estructura ADN de la especie huma-
na.

Origen de las emociones en los arreglos biológicos de la especie
humana y su función en el control por sí mismo, de sí mismo del
ser humano, para el desarrollo de su consciencia, de entendimiento del proceso existencial, la vida, para experimentar, sana y
felizmente, la realización de sus deseos y creaciones; y
una motivación íntima, personal, individual, particular, a explorar
el proceso existencial del que provenimos, y del que somos partes inseparables, para entender nuestra función y propósitos, individual y colectivo, en él, a través de él, frente a cualquier y todas
las circunstancias de vida por las que nos toque pasar.

Volumen 1.

El Ser Humano es una Individualización del Proceso Existencial del que proviene a *imagen y semejanza.*

Volumen 2.

¡Yo Soy!
El Creador de Mi Realidad.

...

- « *Estás en el Cielo.*

No tienes otro sitio adónde ir; no puedes perderte pues estás dentro de Mí, eres parte inseparable de Mí. Ahora ve y vive conforme a lo que tienes en tu corazón ».

- Madre, ¿por qué me elegiste para esta misión de vida?

- « *Yo no te elegí a ti sino que Yo respondí a tu llamado, a tu reconocimiento.*

Tú me buscaste como Yo lo esperaba, como fue dispuesto en la eternidad; y Yo te respondí, como prometí hacerlo siempre y a todos, pero Me reconocen quienes Me buscan en, y con el corazón. Finalmente tú tomaste la decisión de seguirme, en reciprocidad...".

- ¡Bendita seas mi Madre, Espíritu de Vida!

www.ingramcontent.com/pod-product-compliance
Lightning Source LLC
Chambersburg PA
CBHW052029090426
42739CB00010B/1839